Stefan Wolle

Der Traum von der Revolte

Schriftenreihe Band 728

Stefan Wolle

Der Traum von der Revolte

Die DDR 1968

bpb:
Bundeszentrale für politische Bildung

Stefan Wolle, Jahrgang 1950, seit 2002 Mitarbeiter des Forschungsverbundes SED-Staat an der Freien Universität Berlin; wissenschaftlicher Berater des DDR-Museums in Berlin.

Bonn 2008
Lizenzausgabe für die Bundeszentrale für politische Bildung
Adenauerallee 86, 53113 Bonn

Umschlaggestaltung: Michael Rechl, Kassel
Umschlagabbildung: © ullstein bild. Pneumant-Rallye der DDR, 1968.
Ein Trabant legt sich bei einer Fahrprüfung auf zwei Rädern in die Kurve.

Satz: Nadja Rein, Berlin
Druck und Bindung: GGP Media GmbH, Pößneck

ISBN 978-3-89331-897-1

www.bpb.de

Inhalt

PROLOG

Das Ende der Großen Ferien

Die großen Ferien des Jahres 1968 neigten sich dem Ende entgegen. Nach einem kühlen und verregneten Sommer versprachen die letzten Ferientage, doch noch hochsommerlich schön zu werden. Am 20. August 1968 meldete die Zentrale Wetterdienststelle Potsdam: »An den kommenden Tagen ist zumindest vorübergehend mit Wetterbesserung und allmählichem Temperaturanstieg zu rechnen.« So blieb noch eine gute Woche Zeit zum Badengehen, faulen Herumliegen, Bücherlesen oder Verreisen, ehe Anfang September das Schuljahr und der Universitätsbetrieb wieder losgehen würden.

Auch in der hohen Politik war nach den Aufregungen der ersten Jahreshälfte endlich die Sauregurkenzeit eingekehrt, wie man die nachrichtenarme Zeit des Hochsommers damals nannte. Die rebellischen Studenten der westdeutschen und West-Berliner Universitäten waren in die Semesterferien gefahren. Die Weltrevolution machte Pause, und der Kurfürstendamm gehörte, wie eine West-Berliner Zeitung schrieb, wieder den Spaziergängern und den Damen, die mit großen Hüten im Café Kranzler saßen und Sahnetorten verspeisten.[1] In Frankreich, das im Mai vor einer Revolution zu stehen schien, war nach dem erdrutschartigen Wahlsieg der Konservativen unter Präsident Charles de Gaulle am 23. Juni 1968 Ruhe eingekehrt.

Auch in der Tschechoslowakei schien sich die Situation beruhigt zu haben. Offenbar hatte sich die Sowjetunion mit dem Kurs der reformkommunistischen Führung unter Alexander Dubček abgefunden. Die Medien der DDR hatten seit Anfang August jede Polemik gegen die Partei- und Staatsführung der Tschechoslowakei eingestellt. Am 13. August 1968 berichtete das *Neue Deutschland* ausführlich über ein Treffen zwischen Walter Ulbricht und Alexander Dubček. Auf den Fotos schüttelten sie sich freundschaftlich die Hände, und Schulkinder überreichten Blumen. Im Anschluss an eine gemeinsame Pressekonferenz erklärte Walter Ulbricht, es sei für ihn Zeit, endlich einmal Urlaub zu machen. Die Bemerkung wurde als positives Zeichen gewertet. Ein trügerischer Friede lag über dem Land.

Am frühen Morgen des 21. August 1968 zerrissen die Radiomeldungen über den Einmarsch der Armeen des Warschauer Paktes in die Tschechoslowakei jäh die sommerliche Idylle. Die Nachricht von der Militäraktion gegen die ČSSR gehört zu jenen Meldungen, die sich tief ins Gedächtnis der Zeitgenossen eingeprägt haben. Noch heute wissen viele, unter welchen Umständen sie die Nachricht erreicht hat.

Mich weckte an diesem Morgen die Stimme des RIAS-Sprechers aus der Nachbarwohnung. Jahre später konnte man in den Akten der Staatssicherheit lesen, dass viele Leute die Westnachrichten demonstrativ laut einstellten und sogar die Fenster aufrissen, so dass die Nachrichten über die Straße hallten. Wenigstens die Staatssicherheit registrierte solche subtilen Formen des Protestes. Im Radio war die Rede von sowjetischen Panzern in Prag, von Schüssen vor dem Rundfunkgebäude, von Demonstrationen in vielen Städten der Tschechoslowakei und ersten Protesten in aller Welt. Nach der damaligen Nachrichtenlage musste man davon ausgehen, dass die Nationale Volksarmee der DDR auch direkt an der Militäraktion beteiligt war. 30 Jahre nach dem Münchener Abkommen waren wieder deutsche Soldaten in die Tschechoslowakei einmarschiert. So wenigstens war die allgemeine Wahrnehmung, die auch von den Medien der DDR gestützt wurde.

Die erste spontane Reaktion auf diese Nachrichten war eine wild aufflammende Empörung. Jenseits aller späteren Analysen und nachvollziehenden Erkenntnisse hat sich dieses Gefühl über die Jahrzehnte hinweg erhalten. Intuitiv spürten damals gerade junge Menschen, dass an diesem Tag etwas zerbrochen war, das sich nicht mehr reparieren lassen würde.

Natürlich gab es auch damals schon viele kluge Zeitgenossen, die in dem Einmarsch der verbündeten Armeen nur eine neuerliche Bestätigung dafür sahen, dass die Sowjetunion auf jeden Versuch einer Veränderung mit brutaler Gewalt reagieren würde. Sie hatten den Glauben an die Reformierbarkeit des Systems schon lange verloren – oder sie hatten ihn nie besessen. Doch gerade die Erfahrungen des 17. Juni 1953, des Ungarnaufstandes von 1956 und des Mauerbaus von 1961 sprachen für eine allmähliche Entwicklung zum Besseren, für eine vorsichtige und systemimmanente Modernisierung des Sozialismus, die den Sicherheitsinteressen der Sowjetunion Rechnung trug. Immerhin gab es dafür Ansätze genug, selbst in der verknöcherten DDR. Auch die Tatsache, dass junge Menschen in Paris, West-Berlin, Rom und anderswo mit roten Fahnen durch die Straßen zogen, zeigte die Faszinationskraft der sozialistischen Idee und bestärkte im Osten viele in ihrem Traum von einem modernisierten und demokratischen Sozialismus.

Die Sympathie für den Prager Reformkurs war, wie auch die Anziehungskraft der antiautoritären Revolte im Westen, nicht unbedingt von großen Theorien gespeist, sondern weit mehr von der Sehnsucht nach einem kleinen bisschen Luft zum Atmen. Endlich öffnete sich das Fenster wenigstens einen Spaltbreit, und es wehte ein leiser Hauch von Freiheit durch die Stickluft des Mauerstaates. Am 21. August 1968 wurde dieses Fenster zugeschlagen.

An diesem Tag flossen viele Tränen. Immer wieder stößt man in Erzählungen auf diese einfache und schlichte Reaktion. Es war der Tag der Wut und Trauer über die Unbelehrbarkeit der Sowjetführung. Für viele war es auch ein Tag der Angst. Gerade bei älteren Leuten wurden böse Erinnerungen wach, als sie die Sondermeldungen im Radio hörten.

In der Küche stand meine Großmutter über das Abwaschbecken gebeugt und weinte still vor sich hin. »Immer wenn die Ernte vom Halm ist, gibt es Krieg«, schluchzte sie. Zweimal hatte sie es so erlebt, im August 1914 und Anfang September 1939. Sie war voller Sorge wegen der Familienangehörigen, die noch im Urlaub waren. Sicherlich würde das Militär die Zivilzüge mit Beschlag belegen, meinte sie. Sie reagierte auf ihre Weise auf die vorgebliche Kriegsgefahr und ging einkaufen: Mehl, Zucker, Haferflocken, Nudeln, Dauerbackwaren. Die Frauen ihrer Generation wussten, was in Krisenzeiten wichtig ist.

Im RIAS war davon die Rede gewesen, dass sich im Zentrum Ost-Berlins erregte Menschengruppen gebildet hätten. Also fuhr ich mit der S-Bahn ins Zentrum. Tatsächlich standen vor einer Kaufhalle einige ältere Frauen mit Einkaufstaschen und schimpften aufgeregt. Sie verstummten erschrocken, als sich ein Fremder näherte. Vielleicht hatten sie wegen der schnell um sich greifenden Rationierung von Lebensmitteln gemeckert. Angesichts der Hamsterkäufe gaben die Geschäfte knappe Lebensmittel nur noch in bestimmter Stückzahl aus.

Die Stadt lag träge im Dunst des schwülen Sommertages. Am Nachmittag zogen Gewitterwolken auf, und Regenschauer kündigten sich an. Die bleibende Erinnerung an jenen 21. August 1968 ist der bedrückende Gegensatz zwischen der inneren Aufgewühltheit und der äußeren Ruhe. Es mag sein, dass an jenem Tag noch mehr Volkspolizisten als sonst an den Straßenecken standen. Aus den Akten wissen wir heute, dass manche Passanten, die scheinbar ziellos durchs Berliner Zentrum schlenderten, von jener geheimen, aber allgegenwärtigen Überwachungspolizei waren, über die man damals noch sehr wenig wusste. Oder es handelte sich um treue Genossen, die von der Partei als »gesellschaftliche Kräfte« eingesetzt waren. In den Berichten der Bezirksverwaltung Groß-Berlin des Ministeriums für Staatssicherheit werden die Erfolge dieser Kräfte ausdrücklich gelobt. Aber ihre segensreiche Tätigkeit bei der Jagd auf »Schmierer von Hetzlosungen und Verbreiter von staatsfeindlichen Hetzflugblättern« entfaltete sich erst in den folgenden Nächten. Sichtbar war die verstärkte Präsenz der Sicherheitskräfte an jenem Sommertag nicht.

Einer jener Reisebusse aus West-Berlin, die man in der Reisezeit stets sah, fuhr im Schritttempo durch die Friedrichstraße. Neugierige Touristen starrten durch die getönten Scheiben auf die matten Lebenszeichen im Ostsektor. Sicherlich hatten auch sie morgens in ihrem West-Berliner Hotel die Rundfunkmeldungen gehört. Doch warum sollten sie deswegen die bereits gebuchte Sightseeing-Tour durch die Hauptstadt der DDR absagen? Vielleicht würde sich aus der Krise sogar ein interessantes Fotomotiv ergeben?

Auch im *Espresso* an der großen Kreuzung von Friedrichstraße und Unter den Linden herrschte hochsommerliche Leere. Während des Semesters ging es in dem Kaffeehaus zu wie im Taubenschlag. Am Schnittpunkt aller Wege zwischen Humboldt-Universität, Staatsbibliothek, den Akademieinstituten und den Buchhandlungen des Stadtzentrums gelegen, führte kaum ein Weg am *Espresso* vorbei. Das kulinarische Angebot war selbst für DDR-Verhältnisse armselig, die Innenausstattung hatte den Charme eines Bahnhofsbistros, und die Luft war gesättigt von Zigarettenqualm. Die Serviererinnen allerdings waren von mütterlicher Güte. Hier hielten es ohnehin nur Mitarbeiter aus, die ein Herz für die jungen Leute hatten, die drei Stunden diskutierten und dazu nur eine Tasse Kaffee tranken. Schön war das *Espresso* nicht. Dafür war man am Puls der Zeit. Hier war der Weltgeist zu Hause. Auch Westbesucher aus der linken Szene kamen gern hierher, um zufällig oder gezielt Gesprächspartner zu treffen. Sie erzählten mit leuchtenden Augen von ihrer Revolte gegen das Establishment. Einige hatten sogar im Pariser Quartier Latin auf der Barrikade gestanden. Sie waren wie kleine Kinder, die aufgeregt von ihren Spielen im Buddelkasten erzählten. Wenn sie von den prügelnden »Bullenschweinen«, gar von der »repressiven Toleranz des scheißliberalen Systems« oder vom »Konsumterror« sprachen, wirkte das damals schon wunderlich naiv. Einen leisen Stich gab es mir, als Germanistikstudenten von der revolutionären Forderung nach Abschaffung des Mittelhochdeutschen erzählten. Den »alten Säcken« der Professorenschaft hätte man es tüchtig eingetränkt. In der DDR hatten gerade jene unzeitgemäßen, als angestaubt geltenden Fächer den heimlichen Geruch des Widerständigen. Gerade weil hier mehr als ideologische Phrasendrescherei verlangt wurde, bildeten diese Bereiche die letzten Fluchtburgen solider oder, wenn man es so nennen wollte, bürgerlicher Wissenschaft. In dieser Sache war die Perspektive der Genossen aus West-Berlin eine gänzlich andere. Bürgerliche Wissenschaft war ihnen ein Hassbegriff, und sie standen damit den SED-Bürokraten gefährlich nahe. Wenn man es gewollt hätte, wäre es möglich gewesen, an diesem Fädchen den fundamentalen Widerspruch zwischen Ost- und Westoppositionellen aufzudröseln. Doch wer hätte das gewollt. Allein die grünen Parkas, die verwaschenen Bluejeans, die langen Haare und die kreisrunden Nickelbrillen, der gnadenlos intellektuelle Sprachgestus, die vielen unverständlichen Wörter, die Respektlosigkeit gegenüber allen Autoritäten – all das reichte, um die Gäste aus dem fremden Sonnensystem mit einer Aura von Sympathie zu umhüllen. Von der DDR hielten sie genau wie wir nicht sonderlich viel. Doch erklärten sie uns oft: »Streng historisch gesehen seid ihr schon einen Schritt weiter. Ihr müsst weiter vorangehen und eine neue Gesellschaft aufbauen, ohne ökonomische Zwänge und Ausbeutung, demokratisch, menschlich, freiheitlich. Dann haben die Rechten auch bei uns verspielt.« Ich weiß noch, dass ich es damals versprochen habe. Einfach so. Wie man mit 17 irgendetwas verspricht. Heimlich dachte ich: »Eines Tages werden wir euch die Show stehlen. Die eigentliche Schlacht wird im Osten geschlagen werden – in Prag, Budapest, Warschau und eben bei uns.«

Am späten Vormittag des 21. August 1968 hatte sich niemand von den Revolutionären in das Ost-Berliner *Espresso* verirrt. Sicherlich waren sie noch in den Semesterferien, oder sie hatten Wichtigeres zu tun. Auch sonst war im Kaffeehaus nicht viel los. Der Lyriker Hermann K. saß einsam und traurig an einem der Tische. Sonst war er von nicht zu bremsender Eloquenz. Oft saß er hier umgeben von Jüngern, die den Erzählungen lauschten, wie es die Stasi verstanden hatte, die Veröffentlichung seiner Werke zu hintertreiben. Seine Schmähreden gegen Partei und Regierung glichen elementaren Naturereignissen. An jenem Tag war er verstummt. »Aus Trauer um den Sozialismus trinke ich heute meinen Kaffee schwarz«, meinte er melancholisch und rührte verzweifelt in der trüben Brühe, die ohne das winzige Kännchen Milch und das mitgelieferte Stück Würfelzucker eigentlich ungenießbar war. So saß er noch viele Jahre dort, rührte im Kaffee und schimpfte auf das SED-Regime.

Ich suchte zwei oder drei Bekannte auf. In den Hinterhöfen des Prenzlauer Bergs hatte sich die stickige Schwüle des Sommertages verfangen. Misstrauisch glotzten die alten Leute, die hier offenbar immer am Fensterbrett lehnten, dem fremden Besucher hinterher. Waren vor mir schon andere Besucher da gewesen? Hatten jene allgemein bekannten auffällig unauffälligen jungen Männer hier bereits vor der Haustür gestanden, um das Kommen und Gehen zu registrieren? Die Wohnungstüren waren verschlossen. Die Vögelchen waren schon ausgeflogen. Einige meiner Bekannten sind in der folgenden Nacht von der Stasi verhaftet worden. Sie hatten mit bunten Filzstiften Parolen auf Zettel geschrieben und diese in Hausbriefkästen geworfen. Auf den Blättern aus den kleinkarierten Rechenblocks, die vorher im Schreibwarenladen gekauft worden waren, stand: »Helft dem roten Prag!« oder »In Prag ist Pariser Kommune«. Mit solchen Losungen wollten sie die Menschen aufrütteln. Die Stasi hatte schon an der nächsten Ecke gestanden, um die Straftäter festzunehmen. »Es kann eingeschätzt werden, dass alle größeren Aktionen der Flugblattverteilung aufgeklärt wurden. Von 63 Prozent aller verbreiteten Flugblätter sind die Täter ermittelt.«[2] Es folgten Gefängnisstrafen, Ausschlüsse von Oberschulen und Universitäten, Abbrüche beruflicher Laufbahnen. Eine Rückkehr in die Anpassung war von diesem Moment an kaum noch möglich.

Es gibt Tage, über denen scheint ein Fluch zu liegen. Was man an diesem Tag tut, ist man verdammt, ein Leben lang zu tun. So wie der Fliegende Holländer. Er hatte beim Teufel geschworen, es bis zum Jüngsten Tag immer wieder zu versuchen, das Kap der Guten Hoffnung zu umschiffen, und wurde vom Bösen beim Worte genommen. Oder wie die Seeleute auf Wilhelm Hauffs Gespensterschiff, die verflucht waren, jede Nacht von neuem zu meutern und ihren Capitano an den Mastbaum zu nageln, um anschließend mit wildem Geheul als Unglücksboten die tosende See zu durchmessen.

Wer an diesem Tag des Fluches feige war, sollte es sein Leben lang sein. Wer damals beschloss, klüglich auf bessere Zeiten zu warten, sollte lange warten. Wer sich an diesem Tag in stille Betrachtung zurückzog, musste lange so verharren. Wer an diesem Tag die Konfrontation mit der übermächtigen Staatsmacht wagte, fand nur selten den Weg zurück in die Normalität.

Es war ein Tag voller dramatischer Spannung, den viele als Bruch in ihrer Biografie beschreiben. Ein Abgrund tat sich auf, der sich nie wieder schließen sollte. Die sowjetischen Panzer hatten bewiesen, dass Gewalt stärker ist als Argumente. Damit war eine unausgesprochene Illusion zerstört. Natürlich wusste jeder, dass es in der Geschichte schon schlimmere Gewaltakte gegeben hatte. Aber sie waren von den reaktionären Kräften ausgegangen. Die Sowjetunion aber hatte trotz Stalins Verbrechen immer noch den Heiligenschein des Guten. So wurde dieser 21. August 1968 zu einem historischen Wendepunkt, dessen Bedeutung weit über den unmittelbaren Anlass hinausging. Gerade wer damals noch ganz jung war, hat das intuitiv und schmerzhaft empfunden.

Und doch ist damals in der DDR wenig oder nichts geschehen. Gerade dieses permanente Nichtgeschehen – wenn das widersinnige Wort erlaubt ist – prägte das Jahr 1968 wie auch die gesamte Geschichte der DDR. Der Gegensatz zwischen dem überwachen und angespannten individuellen Sensorium und der bedrückenden Friedhofsruhe in der Gesellschaft hat uns begleitet. Insofern ist dieser 21. August 1968 von großer Symbolkraft für die gesamte Geschichte wenigstens der mittleren Generation. Ein Roman über die DDR könnte an diesem Tag handeln.

Wurde in Prag der Traum von einer Gesellschaft zu Grabe getragen, die Friedrich Engels das »Reich der Freiheit« genannt hatte? Starb an jenem Tag die Utopie von einem Sozialismus mit menschlichem Antlitz, wie es die tschechoslowakischen Reformkommunisten genannt hatten? Oder hat gerade die Militärintervention der Staaten des Warschauer Paktes den demokratischen Sozialismus vor einem tragischen Scheitern an den inneren Widersprüchen bewahrt?

Scheiterte mit dem Prager Frühling auch im Westen die Linksbewegung, die sich seit dem Herbst 1968 zunehmend aufsplitterte und radikalisierte? Sicher ist, dass in der DDR viele die Träume von einem demokratischen Sozialismus bis in den Herbst 1989 hinein mit sich herumtrugen. Sie spielten sowohl in den intellektuellen Kreisen als auch in den Oppositionsgruppen der achtziger Jahre eine Rolle, die größer war, als es viele Beteiligte heute wahrhaben wollen. Hat die friedliche Revolution von 1989 die Ziele von 1968 verwirklicht oder widerlegt? Bleiben von 1968 nur ein Stück sentimentaler Erinnerung, ein Paar Bilder und Anekdoten, oder geht es um eine hochbrisante Zukunftsfrage angesichts eines globalisierten Wirtschaftssystems, dessen Widersinnigkeit die Welt in eine Katastrophe zu stürzen droht?

ERSTER TEIL

Tauwetter und Dauerfrost

Die DDR-Gesellschaft in den sechziger Jahren

Frierend und zitternd im eisigen Schnee,
in den scharfen Stößen des heulenden Windes
stapft man Schritt für Schritt.
Mit klappernden Zähnen durch die klirrende Kälte.
Glücklich und zufrieden verbringt man die Tage am Feuer,
während der Regen draußen jeden durchweicht.
Man geht auf dem Eise mit zögernden Schritten,
vorsichtig geht man, ängstlich zu fallen.
Wer eilt, gleitet aus und fällt nieder.
Doch immer wieder geht man aufs Eis und läuft,
bis das Eis krachend zersplittert und bricht.

Antonio Vivaldi: Der Winter, Sonett zu dem Konzert »Die vier Jahreszeiten« (1725)

ERSTES KAPITEL

Durch die Erde ein Riss

Die Welt des Jahres 1968 war tief gespalten. Begriffe wie bipolare Weltordnung, Blockkonfrontation oder Systemauseinandersetzung sind keineswegs unzutreffend, aber sie vermögen die Schärfe der Auseinandersetzung kaum zu erfassen. Selbst das zum Epochenbegriff gewordene Schlagwort vom Kalten Krieg sagt wenig mehr aus, als dass es zwischen den Großmächten keinen heißen Krieg, also keine direkte militärische Auseinandersetzung, gegeben hat.

Die Zeit war getränkt von Hass, Misstrauen, Verleumdung und Angst. Es standen sich in der globalen Auseinandersetzung nicht allein Staaten oder Machtblöcke gegenüber, sondern Glaubenssätze. Staaten können Kompromisse schließen, Ideologien schließen einander aus. Ihr oberster Grundsatz lautet wie das erste Gebot auf den Gesetzestafeln des Moses: »Du sollst keine anderen Götter haben neben mir.« Zwischen Ost und West herrschte ein solcher ideologisch-moralischer Weltbürgerkrieg, der keine Neutralität zuließ.

Nicht, dass es zwischen den beiden Supermächten keine Verhandlungen und Kompromisse gegeben hätte – die Niederschlagung des Volksaufstandes in Ungarn durch Sowjettruppen im November 1956 wäre ohne die stillschweigende Duldung des Westens nicht möglich gewesen. Die Errichtung der Berliner Mauer im August 1961 war weltpolitisch ein Kompromiss. Die Kuba-Krise im Oktober 1962 endete mit einem Agreement. Ein Jahr später schlossen die Großmächte das Teststoppabkommen, aufgrund dessen sie die Atombombentests in der Atmosphäre einstellten. Gerade die Ultralinken jener Jahre wurden nicht müde, die beiden Supermächte der Kumpanei anzuklagen. In ihren Augen waren die USA und die UdSSR gleichermaßen hegemoniale Mächte, die es beide zu bekämpfen galt. Dennoch herrschte zwischen Ost und West ein Glaubenskrieg, der an die Religionskriege des 16. und 17. Jahrhunderts erinnerte. Auch damals vermischten sich machtpolitische Interessen mit dem unversöhnlichen Hass der kämpfenden christlichen Konfessionen. Im aufgeklärten 20. Jahrhundert ging es nicht mehr um den rechten Weg ins Himmelreich, sondern um die Glückseligkeit auf Erden. Zwei unvereinbare Systeme bestritten einander ihre historische Existenzberechtigung. Die »friedliche Koexistenz« gehörte zwar seit 1956 zum propagandistischen Inventar der sowjetischen Außenpolitik. Doch je erfolgreicher auf der weltpolitischen Bühne Entspannungspolitik zelebriert wurde, desto heftiger wurde der Kampf der Weltanschauungen gepredigt.

Das geteilte Deutschland und seine Hauptstadt Berlin befanden sich unmittelbar an der Frontlinie des Krieges. Der »Kampf um die Hirne und Herzen der Menschen«, wie es im SED-Jargon pathetisch, aber nicht unzutreffend hieß, war ins Zentrum der Ost-West-Auseinandersetzung gerückt. Ununterbrochen griff die Partei nach den ganzen Menschen. Die SED gab sich nicht mit staatsbürgerlicher Loyalität zufrieden. Selbst Gehorsam und Untertanengeist reichten ihr nicht aus. Sie forderte die Liebe der Menschen. Die Liebe zur Partei gelobten die Jungpioniere, die Treue zur Heimat wurde in Liedern besungen, die Hingabe an die Partei, der Glaube an die Sowjetunion wurden in Feierstunden beschworen. Die Bezeichnung »Liebesministerium« für den allgegenwärtigen Terrorapparat in George Orwells Roman 1984 ist keineswegs eine ironische Pointe, sondern trifft das Wesen des Totalitarismus. Die Partei hatte eine Diktatur der Liebe errichtet. Sie liebte ihre Untertanen und wollte wiedergeliebt werden. Unbewusst hat Erich Mielke diese Realität mit äußerster Schärfe getroffen, als er am 13. November 1989 in der Volkskammer seinen Liebesschwur stammelte, der in der Fassung »Ich liebe euch doch alle!« in den ewigen Schatz der geflügelten Worte eingegangen ist.

Neutralität im Klassenkampf war Untreue. Der Vorwurf, »zwischen den Fronten zu stehen«, galt als Verdammungsurteil, ein »Wanderer zwischen den Welten« zu sein oder sich »im ideologischen Niemandsland« zu bewegen, war eine gefährliche politische Denunziation. Wer am Sendeknopf drehte, um beim RIAS die »Schlager der Woche« zu hören, öffnete sich den Argumenten des Feindes. Man wolle nur die Musik hören, galt als die dümmste aller Ausreden. Sie zeigte nur, dass man die perfiden Methoden der psychologischen Kriegsführung nicht durchschaute. Alle diese Floskeln stammen aus dem stets verfügungsbereiten Repertoire der Staatsbürgerkundelehrer, Propagandaredner und Zeitungsschreiber. Im Jahre 1968 machte das gefährliche Wort von der »schleichenden Konterrevolution« die Runde. Jede Kritik galt als vom Gegner inspiriert.

Trotz alledem suchten immer mehr Menschen nach einem dritten Weg zwischen den Blöcken und Systemen, die ihnen gleichermaßen als ablehnenswert erschienen. Die Suche nach einem solchen Weg schien damals durchaus nicht aussichtslos zu sein.

Reformzeit ohne Reform

Die Jahre zwischen dem Mauerbau und dem Prager Frühling waren in der DDR von einer merkwürdigen inneren Widersprüchlichkeit.

Keine Periode der 40-jährigen Geschichte der DDR entzieht sich stärker den einfachen Formeln als jene sieben bis acht Jahre, an deren Ende der Prager Frühling stand. Es war eine Zeit des Neubeginns, in der zum Schluss fast alles beim Alten blieb. Seit 1962/63 herrschte im Lande ein hektischer Reformeifer und brachte manche Modernisierung auf den Weg. Dabei setzte die Führung unter Walter Ulbricht ganz und gar auf Wissenschaft, Technik und Forschung. Durch großzügige Investitionen sollten Ausbildung und Forschungskapazitäten ausgebaut werden. Dies war bitter nötig, doch scheiterte es oft an der Alltagsrealität. Eine Hochschulreform und eine Akademiereform wirbelten viel Staub auf und vertrieben ohne Zweifel auch manchen »Muff von tausend Jahren«. Doch am Ende der Umbauphase standen noch mehr Bürokratie, Zentralismus und ideologische Gängelei.

Die Wirtschaft wurde umstrukturiert. Statt Planung sollte es mehr Eigenverantwortung geben, statt Tonnenideologie marktgerechte Produkte, statt Kommandowirtschaft eine wirtschaftliche Rechnungsführung, statt zentraler Planvorgaben mehr Eigenverantwortung und ein »System der materiellen Hebel«. Gute Arbeit sollte sich auch für den Einzelnen lohnen. Doch die Reformen bewirkten in der zentralistischen Planwirtschaft mehr Durcheinander als durchgreifende Erfolge. Großartige sozialistische Stadtzentren sollten den Ruhm der neuen Gesellschaft verkünden. Wenn dabei alte Gebäude verschwanden – zumal Gotteshäuser wie die Universitätskirche in Leipzig –, umso besser. Das neue Gebäude der Karl-Marx-Universität ragte als Symbol des Fortschritts hoch in den Himmel, und natürlich sollte es ein Himmel ohne Gott sein. Doch die Großbauten belasteten den Staatshaushalt bis über die Grenzen des Erträglichen hinaus.

Es herrschte eine unbestreitbare Diskussionsfreude und Offenheit für neue Ideen. Gleichzeitig war es die Blütezeit eines buchstabengläubigen Dogmatismus. Aus der revolutionären Theorie von Marx und Engels war eine staatstragende Scholastik geworden. Kunst und Literatur wurden von der SED-Führung ungeheuer wichtig genommen, mehrfach beschäftigten sich die obersten Gremien der Partei mit Theaterstücken, Filmen und Büchern. Und trotzdem – oder gerade deswegen – wurden spätestens seit dem 11. Plenum des ZK der SED im Dezember 1965 die Künstler bis zur Lächerlichkeit bevormundet. In der SED-Presse war ständig von Mitsprache und Teilnahme der Bürger die Rede. Und wie die Volksaussprache zur neuen Verfassung von 1968 zeigte, wünschte sich dies das Regime durchaus. Dennoch wurden die eisernen Schrauben der Repression nur wenig gelockert. Gerade nach dem 21. August 1968 mussten viele DDR-Bürger ihre Kritik an der »Hilfsaktion der Bruderstaaten« mit Haftstrafen und Diskriminierungen bezahlen.

Auch der SED-Führung unter Walter Ulbricht war klar, dass man eine moderne Gesellschaft nicht allein mit den Methoden eines Polizeistaates regieren konnte. Sie brauchte die oft beschworene Schöpferkraft der Jugend und der werktätigen Intelligenz. Sie begann, ihren eigenen Bürgern Angebote zu machen. »Der Sozialismus ist so gut, wie wir ihn machen«, lautete eine der damals üblichen Parolen. Das hörte sich gut an. Es war eine Aufforderung zur Teilhabe, zur Mitverantwortung, zur Gestaltung der Gesellschaft. Wolf Biermann brachte es auf die Formel: »Gegen den Sozialismus gibt es nur ein Mittel, voranzuschreiten zum Kommunismus.« Wer es denn glauben wollte, war aufgefordert, an einer großartigen Menschheitsutopie mitzuwirken. Der Kern dieses Angebotes war die alte kommunistische Heilserwartung, aufpoliert durch den ungebrochenen Technik- und Fortschrittsglauben dieser Jahre.

Dabei waren die sechziger Jahre für die DDR nicht ohne Erfolge gewesen. Die außenpolitische Reputation der DDR war gewachsen, wenn ihr auch die ersehnte diplomatische Anerkennung als souveräner Staat durch die Länder außerhalb des sozialistischen Lagers versagt blieb. Immerhin gehörte die DDR als Sportnation zu den Großmächten. Während der Olympischen Spiele in Mexiko im Jahre 1968 schaffte sie wenigstens auf diesem Gebiet den Durchbruch. Das IOC beschloss, dass die DDR künftig unter ihrer offiziellen Bezeichnung mit eigener Flagge und Hymne antreten konnte.

Langsam, aber stetig stieg in den sechziger Jahren auch der Lebensstandard. Zwar war die DDR vom Konsumniveau des Westens immer noch weit entfernt. Doch hielten auch im Osten Waschmaschinen und Kühlschränke, Fernsehapparate, Stereoradios und andere Geräte der Haushaltstechnik und Heimelektronik Einzug in die Haushalte. Ein privates Auto war trotz langer Wartezeiten und hoher Preise für einen Durchschnittshaushalt kein unerfüllbarer Wunsch mehr.

Diese Entwicklung brachte natürlich auch Konflikte mit sich. In der DDR war eine neue Generation herangewachsen. *Jahrgang 45* hieß einer der DEFA-Filme aus der verbotenen Jahresproduktion von 1965. Fast dokumentarisch schildert der Film einige Tage aus dem Leben eines durchschnittlichen jungen Mannes. Das Elend der Kriegs- und Nachkriegszeit kannte er nur noch aus Erzählungen. Das Pathos der Aufbaujahre war ihm fremd geworden, die ständige Forderung nach Verzicht unter Hinweis auf die lichtvolle Zukunft schien ihm verlogen.

Die 20-Jährigen wollten jung sein, sich modisch kleiden, flotte Musik hören, tanzen gehen und nicht dauernd gegängelt und belehrt werden. Manche junge Menschen maßen die Realität an den großen Worten, mit denen sie aufgewachsen waren. Der utopische Zeitgeist, der in der ganzen Welt junge Leute auf die Straße trieb, war als zarter Hauch selbst in dem Land hinter der Mauer zu spüren. Dem trug die neue Jugendpolitik der SED seit 1963 Rechnung. Zum Preis der grundsätzlichen Teilhabe an der neuen Gesellschaft sollte der Jugend etwas geboten werden: eine große Utopie und ein kleines Stück Freiheit. Es waren nicht die Schlechtesten, die meinten, man müsse die Partei beim Worte nehmen. Das bedeutete, die kommunistische Utopie ernst nehmen und sie als Antithese zur Realität zu begreifen. Für die Parteiobrigkeit war diese Haltung von einer gefährlichen Doppeldeutigkeit. So gern sie an den Idealismus der Jugend appellierte, so verdächtig war ihr der utopische Weltentwurf, wenn er das Bestehende in Frage stellte. Sie setzte gegen die Utopie den seltsam resignativen Begriff des »real existierenden Sozialismus«. Er entstand in unmittelbarer Auseinandersetzung mit dem Prager Frühling und westlichen radikalen Linken. Das Schlagwort wirkte wie eine sorgenvolle Mahnung eines vom Leben enttäuschten Vaters an seine unmündigen Kinder. Die revolutionäre Ungeduld der Jugend, die in Propagandareden oft beschworen wurde, drohte sich Ende der sechziger Jahre in den sozialistischen Ländern gegen die Mächtigen zu wenden.

Damals trafen sich in der DDR zwei Zeitströmungen: die Idee vom demokratischen Sozialismus, die im ganzen Ostblock umging, und eine antikapitalistische Revolte, die rund um die Welt einen Teil der Jugend mobilisierte. Teils widersprachen sich die Theorien, teils ergänzten sie einander. Habituell jedoch bildeten sie in der öffentlichen Wahrnehmung eine Einheit. Dass die demonstrierenden Studenten in Warschau und Prag genau jene bürgerliche Freiheit ersehnten, die von den antiautoritären Jungrebellen im Westen als reformistische Verblendung verhöhnt wurde, konnte man dabei leicht übersehen. Die neuen Protestformen und die Lust an der Provokation fielen auch im Osten auf fruchtbaren Boden. Sie verbanden sich zwanglos mit der Forderung nach Freiheit und der Ablehnung der Politbürokraten der SED. Der Generationskonflikt der sechziger Jahre war in der DDR, wie auch in den anderen sozialistischen Ländern, mit gefährlichem ideologischem Sprengstoff aufgeladen.

Tauwetter im Reich von Väterchen Frost

Auch aus dem Sowjetreich gab es hoffnungsvolle Signale. Endgültig und unwiderruflich wurden im November 1961 die Denkmale Stalins gestürzt. Der einbalsamierte Leichnam des Diktators wurde von der Seite Lenins entfernt und aus dem Mausoleum in ein schlichteres Grab an der Kremlmauer umgebettet. In der DDR wurde Stalinstadt in Eisenhüttenstadt umbenannt, die Stalinallee in Berlin wurde zur Karl-Marx-Allee, und das Stalin-Denkmal vor der Sporthalle verschwand spurlos und für immer. Der Parteichef Nikita Sergejewitsch Chruschtschow pflegte einen neuen Stil der Selbstdarstellung. Seine impulsive Art machte ihn zur beliebtesten Figur des politischen Witzes, verhalf ihm aber auch zu einer gewissen Popularität. Das Imperium zeigte menschliche Züge.

1962 lief in den Filmtheatern der DDR der zweiteilige Dokumentarfilm *Das russische Wunder* von Annelie und Andrew Thorndike. Die beiden Dokumentaristen der DEFA hatten in sowjetischen Archiven beeindruckendes Filmmaterial zusammengetragen. Man sah die Kinder des Zaren Nikolai II. beim Baden und erfuhr nebenbei, dass der Herrscher aller Reußen Hobbyfilmer gewesen war. Andere Filmsequenzen zeigen das russische Dorf vor der Revolution. Es folgen Bilder von den Großbaustellen des Sozialismus, der Alphabetisierungskampagne und der Kollektivierung. Diesen Filmdokumenten wurden aktuelle Aufnahmen aus der Sowjetunion gegenübergestellt. Gezeigt werden sollte der Kontrast zwischen der Rückständigkeit der Zarenzeit und der Anfangsjahre nach 1917 und den Erfolgen der Sowjetgesellschaft auf dem Weg in den Kommunismus.

Der Film wurde durch ein großformatiges und aufwendig gestaltetes Buch ergänzt.[3] Der Begleittext ist von suggestiver Simplizität, die Auswahl der Bilder von der deutlichen Absicht diktiert, ein Märchenland vorzuführen. Zwischen die Wirklichkeit und die Bilderwelt schiebt sich ein rosaroter Filter, der jeden dunklen Fleck tilgt. Dennoch sind Buch und Film Ausdruck einer neuen Sicht auf die Sowjetgesellschaft.

»Die Partei wird unablässig dafür sorgen, dass Literatur, Kunst und Kultur zur Blüte gelangen, dass alle Bedingungen für die volle Entfaltung der persönlichen Fähigkeiten eines jeden, für die ästhetische Erziehung aller Werktätigen geschaffen werden und sich im Volke guter Kunstgeschmack und Kulturempfinden herausbilden«, zitieren die Autoren das Programm der KPdSU.[4] Eine versteckte Kamera beobachtet dann die Leser in der Bibliothek des Kulturhauses in Magnitogorsk, wie sie sich, in Büchern und Katalogen blätternd, Lesestoff auswählen. Am Ausgang lassen sich die Autoren von den Lesern zeigen, welche Bücher sie sich mitgenommen haben. Ein Mann »zeigt es uns bereitwillig: Anna Seghers ›Das siebte Kreuz‹, Emile Zola ›Germinal‹. Es war der pensionierte Baubrigadier Jakow Arsenjewitsch Lenkin, 64 Jahre alt. Er sagte lächelnd: ›Ich bin auf meine alten Tage ein Bücherwurm geworden. (...) Leider habe ich nicht viele Jährchen. Meine beiden Töchter und mein Sohn haben es besser. Sie konnten früher anfangen mit dem Lesen. Sie werden im Kommunismus leben.‹«[5]

Auf den Seiten des Begleitbuches findet sich ein gutes Dutzend lesender Menschen. Alle blicken aufmerksam, fast ehrfürchtig in die Bücher, halten sie in ihren groben Arbeiterhänden wie etwas unendlich Wertvolles.

Es folgen ähnliche Bildsequenzen von Laienkünstlern, Malern, Amateurfilmern. Die Werktätigen erobern die Höhen der Kultur, brechen das Bildungsmonopol der Ausbeuterklasse, und alle sind erfüllt von der großen Aufgabe.

Im Klub der Maschinenfabrik von Omsk findet ein Blumenball statt. Die Säulenhalle im »barocken« Stil der Stalinzeit ist mit Luftballons und Papierschlangen geschmückt. Dazu gibt es – oh Wunder! – recht flotte Jazzmusik. Natürlich handelt es sich um ein Ensemble werktätiger Laienkünstler, genauer gesagt um das Tanzorchester der Arbeiter des Werkes »Oktober« in Omsk. Der Orchesterchef ist Brigadier einer Brigade der kommunistischen Arbeit. Ein »Virtuose an der Drehbank wie am Saxophon« wird kommentierend hinzugefügt. Der Mann am Schlagzeug ist Schlosser. Seine Kollegen sagen, er habe »goldene Hände«. Der Bassist ist Rohrleger und spielt als Zweitinstrument die Ziehharmonika.

Wieder setzen die Filmemacher eine unsichtbare Kamera ein. Sie filmen durch den Spiegel im Foyer, wie die Mädchen sich die Lippen nachmalen, die Frisuren zurechtrücken und einen letzten prüfenden Blick auf ihr Äußeres werfen, ehe sie in den Ballsaal gehen. »So entstanden diese Zeugnisse weiblicher Anmut und Eitelkeit in Sibirien.«[6]

Solche Filmszenen waren so banal wie sensationell. Komsomolzinnen greifen zum Lippenstift und zur Puderquaste! Das wäre einige Jahre zuvor undenkbar gewesen, oder wenigstens wäre darüber nicht berichtet worden.

Doch auch im Sowjetreich stand die Geschichte nicht still. Dort tat sich Erstaunliches, ohne dessen Kenntnis die Vorgänge Ende der sechziger Jahre unverständlich wären. Es kündigten sich große Dinge an. Am 31. Juli 1961 veröffentlichte das *Neue Deutschland* das neue Programm der Kommunistischen Partei der Sowjetunion (KPdSU). Auf der ersten Seite stand die Schlagzeile: »Kommunismus bringt der Welt Frieden, Arbeit, Freiheit, Gleichheit und Glück.« Vom 17. bis 31. Oktober 1961 tagte in Moskau der XXII. Parteitag der Kommunistischen Partei der Sowjetunion. Im neu erbauten Kongresspalast wurden ein neues Parteiprogramm und ein neues Parteistatut angenommen.

Die Schritte auf dem Weg in den Kommunismus hat dieser Parteitag genau festgelegt. Innerhalb von 20 Jahren sollte der Kommunismus errichtet werden. »Die Produktion der Industrie wächst bis 1980 auf das sechsfache, die der Landwirtschaft auf das 3,5-fache«, verkündete der Parteitag in Moskau. »Die UdSSR erreicht die höchste Produktion in Industrie und Landwirtschaft in der Welt und übertrifft damit die fortgeschrittensten kapitalistischen Länder. (…) Es wird das Prinzip gelten: Jedem nach seinen Fähigkeiten, jedem nach seinen Bedürfnissen.« Zuerst würde es die Grundnahrungsmittel umsonst geben, dann würde man Miete und Strompreise und schließlich das Geld überhaupt abschaffen. Jeder könnte sich dann im Laden aus der Überfülle des Angebots so viel mitnehmen, wie er brauche. Damit gehörten auch Verbrechen, Gerichte, Gefängnisse der Vergangenheit an. Der Unterschied zwischen körperlicher und geistiger Arbeit würde verschwinden. Die Arbeit sei dann nur noch Lebens- und Glückserfüllung. »Der Traum, ›100 Jahre zu leben, ohne zu altern‹, wird Wirklichkeit«, erfuhren die erstaunten Leserinnen und Leser auf der Titelseite des SED-Organs. All dies sollte bereits 1980 Realität werden. Der Beginn von Utopia war im Kalender angekreuzt.

Neonazis, Revanchisten, Bonner Ultras

Die Märchenwelt der kommunistischen Propaganda war säuberlich in Gut und Böse geteilt. Auf den Plakaten und in den täglich erscheinenden Karikaturen trugen die Imperialisten Zylinderhüte und gestreifte Hosen. Sie saßen mit langen Hakennasen auf Geldsäcken mit dem Dollarzeichen oder wateten im Blut der unterdrückten Völker. Die Bonner Ultras als besonders verabscheuungswürdige Spezies trugen Stahlhelme der Naziwehrmacht und waren durch Hakenkreuze und SS-Runen kenntlich gemacht. Sie dürsteten nach Revanche für den verlorenen Krieg und streckten ihre spinnenartig dürren Finger gen Osten aus. In der Sprache der Agitation ausgedrückt, gab es zwischen der nationalsozialistischen Diktatur und der scheindemokratischen Spielart des staatsmonopolistischen Imperialismus nur einen taktischen Unterschied. Die politische Macht lag in den Händen des gleichen Monopolkapitals, das Hitler in den Sattel gehoben hatte und nun mit Unterstützung der verräterischen »SP« regierte. Eine der vergessenen Kuriositäten der deutsch-deutschen Propagandaschlacht bestand darin, dass man der Sozialdemokratie aufgrund ihres »nationalen Verrates« das »D« in ihrem Parteinamen aberkannt hatte. Immerhin wurde eingeräumt, dass die westdeutsche Arbeiterklasse teilweise der Sozialdemagogie erlegen sei und die siegreichen Schlachten zur Befreiung des Proletariats auf sich warten ließen. Eine theoretische Reflexion über den Wandel der westlichen Gesellschaft fand jedoch nicht statt. So geriet die SED-Propaganda seit Mitte der sechziger Jahre in eine tiefgreifende Erklärungsnot angesichts der beginnenden Entspannungspolitik.

Die DDR legitimierte sich durch die Geschichte. Der erste deutsche Friedensstaat war das Ergebnis eines langen Kampfes der fortschrittlichen Klassen gegen die Reaktion. Die DDR war der End- und vorläufige Höhepunkt dieser Geschichte. Dazu bedurfte es keiner Legitimation durch formale Mehrheiten und keiner Freiheit im bürgerlichen Sinne. Wozu sollte man etwa Neonazis und Kriegstreibern Pressefreiheit geben, hieß es oft demagogisch.

Umgekehrt wischte die SED die demokratische Legitimation der Bundesrepublik als manipuliert vom Tisch und versuchte, den Bonner Staat als Fortsetzung des Nazireichs darzustellen. Dort seien die gleichen Konzernherren und Industriebarone an der Macht, so lautete die Botschaft der SED-Propaganda, die Hitler 1933 in den Sattel gehoben hatten. Nach dem verlorenen Krieg dürsteten sie nach Revanche, nach Wiedergewinnung der Ostgebiete, sie hätten sich seit 1945 nur unwesentlich geändert. Nach der nationalsozialistischen Variante bevorzuge man nun das parlamentarische Kasperletheater. Für die Verdummung der Wähler sorgen die vom Monopolkapital beherrschten Massenmedien, insbesondere diejenigen des Springer-Konzerns. Dessen vorgebliche oder tatsächliche Meinungsmanipulation nahm eine zentrale Stellung im Argumentationsmuster der SED ein. Die Macht der Pressekonzerne zeigte in den Augen der SED, wie manipuliert und illusionär die bürgerliche Freiheit sei. Jeder Forderung nach Zugang zu westlichen Printmedien wurde demagogisch entgegengehalten, damit sei dem Gift des Revanchismus und Neonazismus sowie der Volksverdummung der *Bild*-Zeitung Tür und Tor geöffnet.

Aufgrund einer Weisung direkt aus dem Politbüro der SED und ausgestattet mit reichem Material aus dem Ministerium für Staatssicherheit produzierten Karl Georg Egel und Harri Czepuck den fünfteiligen Fernsehfilm *Ich, Axel Cäsar Springer,* dessen erster Teil im Frühjahr und dessen weitere vier Teile im November und Dezember 1968 vom Deutschen Fernsehfunk ausgestrahlt wurden. Springer wurde von Horst Drinda verkörpert, der diabolische Verführer Horst-Herbert Alsen von Fernsehliebling Otto Mellies. Der Kunstgriff bestand darin, dass Springer im Film ein im Grunde gutmütiger und bequemer Schwächling ist, der sich aus Ehrgeiz und Eitelkeit von den wirklich Mächtigen missbrauchen lässt.

Nachdem Axel Cäsar Springer auf Druck der sozialdemokratischen Hamburger Stadtregierung zehn ehemalige Nazis aus seinem Verlag entlassen hat, wird er in die Villa der Industriellenfamilie Alsen einbestellt. Dort treffen sich in gepflegte Atmosphäre ehemalige SS-Chargen mit Unternehmern und britischen Besatzungsoffizieren. Auch ein alter Bekannter Springers taucht dort auf, Horst-Herbert Alsen, ein ehemaliger SS-Adjutant, frisch entlassen aus der Kriegsgefangenschaft, nun Teilhaber seines Vaters, übrigens stockschwul und mit einer gewissen Neigung zu dem charmanten und gut aussehenden Axel Cäsar Springer, den er ständig »mein Cäsar« nennt.

In einem luxuriösen Marmorbad, gehüllt in altrömische Badegewänder und bedient von einem schweigsamen Leibdiener erklärt der ehemalige SS-Mann dem Jungverleger die politische Strategie der Herrschenden.

»Nationalsozialismus?«, fragt er ironisch. »Begriffe kommen und gehen, wie Parlamentarismus, wie Königtum von Gottes Gnaden, wie das kaiserliche Rom oder das alte Rom des Senats. Wechselnde Bezeichnungen für Nuancen eines bleibenden Prinzips: Plebs arbeitet und stirbt, damit die Elite Überfluss erhält und Zeit. Zeit zum Denken und Regieren.«

»Sehr souverän und sehr simpel«, wendet Springer zaghaft ein.

»Unser Faschismus war die effektvollste Herrschaftsform seinerzeit ...«, referiert der Philosoph mit dem Gestus eines Lehrers der platonischen Akademie.

»Sehr effektvoll, den Krieg so zu verlieren« meinte Springer, um dann weitgehend zu schweigen.

»... wurde dann starr und fehlerhaft. Leider. Ein neuer Begriff wird gebraucht und eine veränderte Methode. Noch wirksamer und noch moderner. Das ist alles. (...) Was das Dritte Reich geschaffen hat, gilt es den neuen Umständen anzupassen. Statt Volksgemeinschaft christlich-soziale Klassenharmonie. Aber nicht jedem das Gleiche, sondern jedem das Seine. Statt Führerprinzip in der Wirtschaft soziale Marktwirtschaft (...) Abendland plus Antikommunismus. (...) vom Dritten Reich ins Vierte.«

Springer beugt sich der Gewalt der historischen Argumente. Er unterschreibt zehn Briefe, in denen die Kündigung der Nazi-Journalisten zurückgenommen wird. Auf einem Schaukelstuhl sitzend, still vor sich hinlächelnd, begreift er seine Mission, das Vermächtnis des Nationalsozialismus den neuen Umständen anzupassen.

Suggestiv in Szene gesetzt und von hervorragenden Schauspielern dargestellt, erhielt der Fernsehzuschauer eine in sich stimmige Interpretation der jüngsten deutschen Geschichte.

Zynisch, arrogant und moralisch verworfen. So sind die Reichen, mag sich der Fernsehzuschauer gedacht haben. Sie schwimmen immer oben, das heißt im konkreten Fall im Planschbecken der Kellersauna. So garniert wird auch die historische These glaubhaft, Hitler sei der geistige Vater der NATO gewesen. Gemeinsam mit den Westmächten gegen den Bolschewismus zu ziehen, war das Vermächtnis des toten Führers. Der Europagedanke, die soziale Marktwirtschaft, die christlich-soziale Partei – all das sei in Hitlers Testament angelegt und würde exekutiert von einer Verschwörung homosexueller SS-Männer, finanziert aus dem verschwundenen SS-Schatz und gutgeheißen von teils ähnlich denkenden, teils bestochenen Vertretern der westlichen Besatzungsmächte.

Doch nicht allein die vermeintliche oder tatsächliche Nazivergangenheit der Repräsentanten des BRD-Systems stand am Pranger der Ostpropaganda. 1966 gelang dem Filmteam Walter Heynowski und Gerhard Scheumann ein erster großer Coup. Sie schafften es, »Kongo-Müller«, den aus Deutschland stammenden Söldnerführer Siegfried Müller, vor die Kamera zu bringen. Der ehemalige Wehrmachtsoffizier, der sich 1964 im Kongo bei dem Mordfeldzug gegen die Anhänger des ermordeten Präsidenten Patrice Lumumba hervorgetan hatte, saß in Fallschirmjägeruniform vor der Kamera und schwadronierte ungeniert über seine Untaten in Afrika. Der Film *Der lachende Mann – Bekenntnisse eines Mörders* zeigt über 60 Minuten in Großaufnahmen das an sich harmlos wirkende rundliche Gesicht des Mörders, seine Hände, Stiefel, das Eiserne Kreuz mit dem eingefügten Hakenkreuz, die Flasche Pernod, das Schnapsglas in der Hand. Durch geschickte Fragen gelang es den unsichtbar agierenden Interviewern, den Kongo-Söldner als einen typischen Repräsentanten der »neofaschistischen« Bundesrepublik darzustellen.

Über seinen Feldzug in Zentralafrika plauderte Müller grinsend und ungeniert: »Nie weiß man ganz genau, ob es ein Gegner ist oder ob es nur ein Flüchtling ist (...) Das war unklar. Auf jeden Fall, wir haben ihn dann ganz klar umgelegt. (...) Man macht normalerweise keine Gefangenen, und wenn es doch vorkommt, dann wird also stückchenweise abgeschnitten. Erst das rechte Bein und dann das linke Bein.«

Nachdem Kongo-Müller sich bereits reichlich aus der Schnapsflasche bedient hat, fragte ihn der unsichtbare Reporter Heynowski: »Ich könnte mir einen Fall vorstellen, wo Sie möglicherweise Ihre Erfahrungen des verdeckten Kampfes vielleicht zur Verfügung stellen müssten, für die Befreiung dieses deutschen Bevölkerungsteils außerhalb der Grenzen der Bundesrepublik?«

»Ja leider – leider«, antwortete Müller.

Darauf Heynowski: »Könnten Sie sich vorstellen, dass in Ihrer Tätigkeit (...) auch Namen wie Magdeburg oder Leipzig oder Dresden usw. eine Rolle spielen könnten?«

»Richtig«, antwortete der Söldner mit bereits schwerer Zunge.

»Könnten Sie sich vorstellen«, hakte Heynowski nach, »dass Sie gegebenenfalls einem Ruf folgen würden, um Ihre Erfahrungen, die Sie im Kongo gesammelt haben, auch eines Tages in Deutschland zur Verfügung zu stellen?«

»Jedem Land, das dem Westen zugewandt ist«, antwortete der Berufsmörder bereitwillig.

Das war es, was die DDR-Reporter hören wollten. Kongo-Müller war ein Geschenk für die SED-Propaganda. Der rundliche Biedermann mit dem Hakenkreuz an der NATO-Uniform, der in einem Zeitungsinterview bekannt hatte: »Ich liebe Mozart und das leichte Maschinengewehr«, der über seine Kontakte zu US-Stellen plauderte, im Dienste des Neokolonialismus als Söldner in Afrika mordete, nun eine deutsche Legion in Vietnam erstrebte und von der Befreiung von Magdeburg, Leipzig und Dresden träumte – das alles hätte man in der Hexenküche der SED-Propaganda nicht besser zusammenbrauen können.

Der Interviewtext erschien als Broschüre im Verlag Neues Leben und entfaltete eine breite Wirkung innerhalb und außerhalb der DDR.[7] Der Gegner hatte nun ein Gesicht, und dieses Gesicht war die Fratze des Unmenschen. Wer im Osten Freiheit, Demokratie und Pluralismus einforderte, dem wurde von den Agitatoren der Partei und der FDJ entgegengehalten: »Freiheit für Kongo-Müller? Demokratie für Neonazis? Pluralismus für Kriegstreiber?«

Angesichts dieser Polarisierung schien es nur noch einen einzigen vernünftigen Weg zu geben: Eben jenen dritten Weg, von dem alle behaupteten es gäbe ihn nicht.

Vietnam

Es brannte damals an vielen Ecken der Welt. Die Balance zwischen den Atommächten – das sogenannte Gleichgewicht des Schreckens – garantierte den Großmächten und ihrem strategischen Vorfeld in Europa einen labilen Waffenstillstand im Weltbürgerkrieg der Ideologien. Doch überall, wo sie das Feuer unter Kontrolle zu halten glaubten, riskierten beide Seiten den »begrenzten Konflikt«. Sie pumpten Staaten der Dritten Welt mit Kriegsmaterial voll und schickten sie in sogenannte Stellvertreterkriege. So war es im Kongo, den permanenten Krisenherd im Inneren Afrikas, so war es in Biafra, der abtrünnigen Erdölprovinz von Nigeria, so geschah es im Nahen Osten und vor allem in Vietnam, das zum Trauma der zivilisierten Welt werden sollte.

Das 20. Jahrhundert präsentiert sich in der Rückschau wie ein Siegeslauf der parlamentarischen Demokratie und der Marktwirtschaft. Es hat jedoch auch Momente gegeben, in denen ein nur sehr enger Spielraum zwischen Faschismus und Kommunismus bestand. Die westlichen Demokratien erschienen als schwach und unentschlossen, heftige Krisen schüttelten ihre Wirtschaft, ihre liberale Ordnung hielten viele Zeitgenossen lediglich für eine Tarnung der Herrschaft der Reichen und ihr politisches System für kaum mehr als ein Marionettenspiel. Auch in den Jahren des Kalten Krieges war das Erscheinungsbild des Westens selbst für jene, die nicht gedankenlos alle Parteilosungen nachplapperten, häufig mehr als angekratzt. Die Konfliktherde wechselten, das Anschauungsmaterial blieb das gleiche: brennende Hütten, weinende Kinder, ermordete Freiheitskämpfer. Die Älteren erinnerten sich an die Kolonialkriege in Indochina und Algerien, das englisch-französische Suez-Abenteuer im Jahre 1956, die Konflikte im Kongo, die Schweinebucht-Invasion und manches andere. In den Schulklassen der DDR hingen Weltkarten mit vielen kleinen Flämmchen, die Aggressionen des Imperialismus gegen »fortschrittliche Befreiungsbewegungen« bezeichneten.

Wer sich über die Widrigkeiten des Alltags beklagte, erhielt zur Antwort, dass angesichts der »sich ständig weiter verschärfenden weltpolitischen Situation und des dadurch notwendigen Friedenskampfes« Konsumwünsche eben zurückstehen müssten. Wer gar größere Freiheiten einforderte, den fragte man mit drohendem Unterton und deutlichem Hinweis auf den Abwurf amerikanischer Napalmbomben auf »friedliche vietnamesische Dörfer«, ob dies die erstrebte Freiheit sei. Natürlich gab es auch in der DDR jene »schweigende Mehrheit« der politisch Indifferenten. Sie schwieg nicht nur, weil ihr der Staat keine Artikulationsmöglichkeiten einräumte und in ihrem Namen sprach, sondern auch, weil sie sich wohl dabei befand. Doch gerade junge Menschen, Intellektuelle, Studenten und andere dem Tagesgeschehen gegenüber aufgeschlossene Kreise gerieten zwischen die Fronten der internationalen Konflikte. Gut und Böse schienen auf der Erde keineswegs so eindeutig verteilt, wie es die Retrospektive suggeriert.

Das seit dem – 1956 formell beendeten – Indochinakrieg geteilte Vietnam wurde zum Schauplatz eines langen mörderischen Krieges: Der kommunistische Norden versuchte, mit chinesischer und sowjetischer Unterstützung im amerikanisch dominierten Süden des Landes einen Volkskrieg zu entfesseln. Die USA schickten zunächst Militärberater, dann kleinere Truppenkontingente und schließlich regelrechte Kampfverbände. Während des Höhepunktes des Krieges waren 550000 US-Soldaten in Vietnam. 58000 von ihnen fanden den Tod. Im Jahre 1964 begannen die fürchterlichen und militärisch erfolglosen Bombardements Nordvietnams. Trotz der gewaltigen technischen Überlegenheit gelang es den USA weder, Nordvietnam in die Knie zu zwingen, noch den Partisanenkrieg im Süden zugunsten der proamerikanischen Kräfte zu entscheiden. Amerika geriet immer tiefer in den Sumpf von Gewalt und Gegengewalt.

Die Nachrichtenagentur AP verbreitete im November 1967 eines jener Bilder, die später zu Ikonen des Zeitalters werden sollten. Auf dem Foto drückt ein amerikanischer Soldat die Mündung seines M16-Gewehres einer vietnamesischen Bäuerin an die Schläfe. Zu sehen sind allein der Lauf der automatischen Waffe und das von Leid und Angst verzerrte Gesicht der Frau.

In dem Text von AP heißt es dazu: »Der Zwischenfall ereignete sich während eines Auftrages der 101. Luftlandebrigade, die Dörfer nahe Tam Ky in der Küstenebene von Südvietnam (310 Meilen nordöstlich von Saigon) nach Verdächtigen zu durchsuchen.«[8]

Das Bild zeigt den Zusammenstoß von brutaler Gewalt und Machtlosigkeit. Die Gewalt ist technisch überlegen, aber gesichtslos. Das Opfer dagegen hat das Gesicht einer älteren vietnamesischen Frau. Am 12. November 1967 veröffentlicht das *Neue Deutschland* das Bild und setzte die Unterschrift hinzu: »Wie die USA-Barbaren die ›Befriedung‹ Südvietnams betreiben: Verhör einer südvietnamesischen Mutter. Die Finger des amerikanischen GI liegen am Abzug, die Waffe presst er an die Schläfe der Patriotin, um die Aussage zu erzwingen. Sekunden später wird sich der Finger krümmen – ein neuer Mord kommt auf das Schuldkonto der Aggressoren.«[9]

Was auch immer tatsächlich an diesem Tag in der Tiefebene nordöstlich von Saigon geschah – die USA begannen, den Krieg der Bilder zu verlieren, lange bevor sie auf dem Schlachtfeld geschlagen worden waren.

Die Kenntnis von der Wirkungsmacht des Bildes im Kampf der Meinungen war damals keineswegs mehr neu. Aber sie erreichte in den sechziger Jahren des 20. Jahrhunderts eine neue Dimension. Der Vietnamkrieg war einer der Umschlagpunkte auf dem Weg zur Visualisierung der politischen Information. Die Bilder machten jeden zum Zeugen des Geschehens und damit zum Betroffenen. Hinzu kam die immer perfekter werdende Informationstechnik. Alle diese Bilder wurden auch in der DDR verbreitet. So unwirksam die stumpfsinnigen Parolen und die schwerfälligen Wortungetüme der SED-Propaganda waren, so wirksam waren die Bilder. Natürlich hat jeder gewusst, der es wissen wollte, dass diese Bilder westlicher Agenturen auch ein Ausdruck von Freiheit waren. Offenbar war die Zensur der Militärbehörden weitgehend unwirksam. Doch was nützte die Freiheit, wenn sie machtlos war gegen den Widersinn eines Krieges, den auch in den USA viele nicht mehr wollten.

In den Rundfunksendern, wohlgemerkt den westlichen, hämmerte die deutsche Version von Barry Sadlers »The Ballad Of The Green Berets«. Unter der Hand wurde aus der Ballade der US-Spezialeinheit ein Antikriegslied, als Freddy Quinn, der König des deutschen Seemannsliedes, schmetterte:

Irgendwo im fremden Land
Ziehen wir durch Stein und Sand
Fern von Zuhaus und vogelfrei
Hundert Mann, und ich bin dabei
Hundert Mann und ein Befehl
Und ein Weg, den keiner will
Tagein, tagaus, wer weiß wohin
Verbranntes Land, und was ist der Sinn?

Die Landserromantik war im Gegensatz zu den sanften Songs von Joan Baez und Bob Dylan für jedermann klar und verständlich.

In dem 1968 ausgestrahlten Vierteiler *Piloten im Pyjama* gelang es den Dokumentaristen Heynowski und Scheumann, durch einen Film von großer Suggestionskraft der antiimperialistischen Propaganda der SED jenes Leben einzuhauchen, das ihr in der Regel fehlte. Sie präsentierten keine abstrakten Feindbilder, sondern Menschen – in diesem Falle über Nordvietnam abgeschossene Bomberpiloten, die in Gefangenschaft geraten waren. Der Film stellte die Frage: Was sind das für Männer, die ihre tödliche Bombenlast über dem fremden Land abladen? Was geht in ihren Köpfen vor, wenn sich unter ihnen die Welt in ein Inferno verwandelt? Das Drehteam aus der DDR bekam tatsächlich die Erlaubnis, die gefangenen US-Piloten zu interviewen. Kühl und emotionslos schilderten diese ihre Beweggründe dafür, den Job bei der Air Force auszuüben, beschrieben ihren Abschuss, die Gefangennahme und ihre Motive – entgegen dem ausdrücklichen Befehl, vor der Kamera Auskünfte zu geben. Jahre später haben die ehemaligen Gefangenen bestätigt, dass sie in ihren Antworten frei gewesen seien, also keinem Druck ausgesetzt waren. Die Wirkung des Filmes wurde von den Verantwortlichen des Deutschen Fernsehfunks differenziert eingeschätzt. Die Piloten wirkten keineswegs brutal oder primitiv, vielleicht waren sie zu intelligent und zu sympathisch für ein funktionierendes Feindbild. Die Interviewpassagen wurden nur sparsam kommentiert, der Film wirkte dadurch unterkühlt und sehr sachlich. Übrigens war auch die Einschaltquote enttäuschend. So erfüllte der Film gerade wegen seiner Qualitäten die Erwartungen der SED nicht vollständig.

Überall in der Welt entwickelte sich eine Antikriegsbewegung. Es mag wohl richtig sein, dass viele Menschen den Krieg nur über seine Symbole wahrnahmen und sich eigentlich nicht mit der Situation in Vietnam auseinandersetzten. Doch die Aussagekraft der Symbole war eindeutig. Und sie sprach gegen Amerika. Die Anti-Vietnam-Krieg-Bewegung wurde zum Katalysator der antiautoritären Jugendbewegung.

Die Napalmbomben auf vietnamesische Dörfer waren in jeder politischen Diskussion das erste und das letzte Argument, bewies der »schmutzige Krieg« der USA doch auch die Notwendigkeit, den Frieden mit der Waffe in der Hand zu verteidigen. Das Feindbild des US-Imperialismus war in der DDR täglich präsent. Es bot die

Begründung dafür, dass sich die Partei- und Staatsführung politisch einigelte und sich in den Schützengräben des Kalten Krieges offenbar für alle Zeiten einrichtete. Es ging das Wort von der »Globalstrategie« um. Gegenüber den sozialistischen Staaten habe der Imperialismus die weiche Platte aufgelegt. Hier propagiert er heuchlerisch die Verbesserungen des Systems, verbirgt sein wahres Antlitz hinter pseudosozialistischen Parolen, säuselt die Lügenmärchen von Meinungsfreiheit, lockt mit falschem Glanz des Wohlstandes und den zweifelhaften Produkten seiner perversen und dekadenten Kultur – in Südostasien aber zeigt der Imperialismus sein wahres Gesicht. Imperialismus heißt unverändert Aggression gegen friedliche Völker, Weltherrschaft der Monopole, Napalmbomben auf vietnamesische Dörfer, Entlaubung des Regenwaldes durch hochtoxische Chemikalien, Terror gegen die Zivilbevölkerung. Wer es nicht glaubt, der solle die Bilder anschauen, die doch für sich sprechen.

Unter der Losung »Für Dich, kämpfendes Vietnam, unser Herz und unsere Hand« wurde in Berlin im April 1968 eine Vietnam-Ausstellung veranstaltet. Außer dem Herz und der Hand begehrte der Staat vom Bürger einen finanziellen Beitrag. Der permanente Griff ins Portemonnaie der Untertanen wurde damals allgemeiner Brauch, so auch während der Vietnam-Ausstellung. Es entstand ein »Mosaik der Solidarität« aus 50 000 bunten Steinchen. Jedes Mosaiksteinchen kostete eine Mark. Dafür konnte der Spender selbst bestimmen, welche Partie des Kunstwerkes vervollständigt werden sollte. »Von einem Steinchen, das ein Schulkind von seinem Taschengeld erwarb, bis zu tausend Steinchen einer Wohnparteiorganisation reichen die Spenden für das tapfere vietnamesische Volk, mit dem uns seit Jahren brüderliche Solidarität verbindet«, hieß es dazu in der SED-Presse.[10]

Permanent wurde zu Soli-Spenden aufgerufen. Betriebskollektive verpflichteten sich, ein Prozent ihres Gehaltes zu spenden. Gern wurden offene Listen herumgereicht, in denen jedermann seine Treue zum proletarischen Internationalismus unter Beweis stellen konnte. Oft stiegen die Mitglieder der Parteileitung mit einem Zehner oder Zwanziger ein, so dass es für die anderen Genossen schwer war, wesentlich dahinter zurückzubleiben. Von Haustür zu Haustür zogen Sammeltrupps, verlangten Unterschriften für den Weltfrieden oder Geld. Auch Soli-Schichten waren beliebt. So zogen die Studenten am Wochenende in Betriebe und spendeten den Lohn ganz oder teilweise für das heldenhaft kämpfende Volk von Vietnam.

Militärisch wurde so getan, als stünden die Soldaten der NVA an vorderster Front in der Schlacht gegen den US-Imperialismus. In den Kasernen tauchten öffentliche Tafeln auf, die täglich die Abschüsse der Terrorbomber in Vietnam meldeten. Tag für Tag erhöhten sich die Zahlen, erreichten schnell den drei- und schließlich sogar den vierstelligen Bereich. Mit Maschinenpistolen der Marke Kalaschnikow holten die tapferen Vietnamesen angeblich die schweren US-Bomber vom Himmel. Immerhin, es waren sowjetische Waffen, die hier ihre Überlegenheit über die NATO-Technik unter Beweis stellten. Das ließ die Herzen der NVA-Offiziere höher schlagen und das traurige Fiasko vergessen, das die sowjetische Waffentechnik im Juni 1967 auf der Halbinsel Sinai und den Golanhöhen erlitten hatte.

Doch auch der Anti-Vietnam-Protest hatte in der DDR eine seltsame Ambivalenz. Volker Braun veröffentlichte noch ganz im Gestus des zornigen jungen Mannes einen *KriegsErklärung* betitelten Band mit Fotos und Gedichten über den Krieg in Südostasien. Ein Bild zeigt die betriebsame New Yorker Börse. Dazu heißt es: »Seht hier die höhern Mächte schweben. / Sie tragen euer Urteil unterm Latz. / Hier steigt und fällt die Chance zu überleben. / Sehts schaudernd an: das ist ein Kriegsschauplatz.« Keiner der Börsianer trägt einen Latz, doch irgendwie musste es sich reimen. Es folgen die Bilder vom Kriegsgeschehen aus Vietnam. US-Soldaten zünden Strohhütten an, Zivilisten fliehen, Vietcongs werden verhört. Gern flüchteten sich die Junglyriker in den wohlfeilen Protest gegen den Imperialismus. Es war wohl ein kleines bisschen Rechtfertigung vor dem eigenen künstlerischen Gewissen, ein bisschen Legitimation vor den Instanzen der SED-Kulturpolitik, die man ja irgendwie zum Leben brauchte. Doch die Protesthaltung richtete sich auf diffuse Art auch gegen die eigene Elterngeneration und deren vorgebliche Gleichgültigkeit. Eines der »Fotogramme« von Volker Braun bezieht sich auf das eigene Land. Es zeigt eine junge Dame auf der Pritsche einer Blutabnahmestation des Deutschen Roten Kreuzes. Offenbar spendet sie Blut für Vietnam, eine viel propagierte Geste der Solidarität. Die Bildunterschrift in bemüht falscher Rechtschreibung lautet: »Hundert leipziger Studenten spenden am 4.8.1966 Blut«. Dazu gibt es einen holprigen Sinnspruch: »Ich kenne ihr Gesicht. Ich sah es oft. / Hab ich es hier erwartet? Doch erhofft. / Noch ihre Eltern sah ich hier nicht so. / Dies Blutvergießen macht mich endlich froh.«[11]

ZWEITES KAPITEL

Wirtschaft als Laborversuch

Seit 1962 diskutierten die Führungsgremien der SED eine grundlegende Wirtschaftsreform. Es war offensichtlich, dass die DDR ohne eine Erhöhung der Effizienz ihres Wirtschaftssystems immer weiter hinter dem Westen zurückzubleiben drohte. Die sozialistische Volkswirtschaft war dabei, die sogenannte »Wissenschaftlich-technische Revolution« zu verschlafen. Die Anhänger einer Reformpolitik erhielten durch ähnliche Diskussionen unter sowjetischen Ökonomen Ende 1962 den entscheidenden Auftrieb.

In den Jahren 1962/63 wurden in den Ministerien Arbeitsgruppen gebildet, in denen die Wirtschaftsreformen vorbereitet werden sollten. Ende Juni 1963 fand eine Wirtschaftskonferenz statt, auf der die Grundzüge des »Neuen Ökonomischen Systems der Planung und Leitung der Volkswirtschaft« (NÖSPL) vorgestellt wurden. Theoretisch ausgedrückt bestand das Ziel der Reformen in einer Kombination von zentraler Leitung der Wirtschaft und indirekter Steuerung der Betriebe durch ein »System der ökonomischen Hebel«. Es ging dabei um mehr Eigenverantwortlichkeit für die Betriebe, um die Verbesserung des Kosten-Nutzen-Denkens, größere Flexibilität in der Planung, vorsichtige Einführung von Marktmechanismen und schnelle Überführung moderner wissenschaftlicher Erkenntnisse in die Praxis. Das übergreifende Ziel war die Steigerung der Arbeitsproduktivität und damit die Verbesserung des Lebensniveaus der Menschen in der DDR. Die Vorzüge des Sozialismus sollten in Ost und West sichtbar gemacht und die SED schließlich aus der historischen Defensive herausgeführt werden.

Anfang 1964 begann die Parteiführung, die Reformideen in die Praxis zu überführen. Das Kernstück der Umgestaltung war die Industriepreisreform. Endlich sollte ein realistisches Verhältnis zwischen Rohstoffen, Halbfabrikaten und Endprodukten hergestellt werden. Dies sollte die Grundlage für einen sozialistischen Markt bilden. Nach Jahren der Kommandowirtschaft erwies sich die Einführung realer Preise als unendlich schwierig. Es war nicht möglich, das gewachsene System heimlicher und offener Subventionen abzuschaffen, ohne die Lebenshaltungskosten erheblich zu steigern. Dies aber hätte die politische Stabilität der DDR gefährdet. Faktisch bedeutete die Steigerung der Industriepreise also ein Wachstum der Subventionen für Verbrauchsgüter.

Immerhin hatten die neu geschaffenen »Vereinigungen Volkseigener Betriebe« (VVB) und die Kombinate mehr Planungsspielräume als früher. Auf der anderen Seite nutzten die VVB ihre faktische Monopolstellung, um zu Lasten der Finalproduzenten weitere Steigerungen der Industriepreise durchzusetzen. Bereits in den ersten Anfängen des Aufbaus eines sozialistischen Marktes begannen sich marktwirtschaftliche und planwirtschaftliche Prinzipien gegenseitig im Wege zu stehen. Natürlich bezogen die Reformgegner daraus gute Argumente, die ganze Richtung in Misskredit zu bringen. Das »System der ökonomischen Hebel« war ohne Zweifel richtig, führte aber zu Reibungen zwischen den Betrieben. So verfielen die Wirtschaftsfunktionäre schnell wieder in die alte Praxis des Eingriffs von oben. Bei aller Eigenständigkeit war doch die Macht des ZK der SED unangefochten und musste als Feuerwehr bei allen Konflikten eingesetzt werden. Die Reformen gerieten in immer schwierigeres Fahrwasser. Das 11. Plenum des ZK der SED im Dezember 1965 brachte einen schweren Rückschlag für die Reformkräfte. Um vom Kurs der Wirtschaftsreform als dem Kern des Problems abzulenken, machte das ZK kritische Intellektuelle als Sündenböcke für den ausbleibenden Erfolg verantwortlich und verbot Filme, Theaterstücke und Bücher.

Die späten sechziger Jahre brachten eine zweite Phase der Auseinandersetzung. Die Kursänderung wurde durch einen Austausch der Begriffe signalisiert. Statt NÖSPL oder NÖS hieß der neue Kurs nun ÖSS. Die Abkürzung stand für »Ökonomisches System des Sozialismus«. Die Reformideen bezogen sich nicht mehr allein auf die Wirtschaft, sondern sollten die gesamte Gesellschaft erfassen. Die Führung setzte sehr stark auf die Effizienzsteigerung durch wissenschaftliche und technische Innovation. 1968 prägte Walter Ulbricht das dialektisch kluge Wort vom »Überholen ohne einzuholen«. Er meinte damit, dass der Kapitalismus auf technologischem Gebiet überholt werden könne, ohne dass dabei gesellschaftspolitisch die negativen

Begleiterscheinungen des Fortschritts zum Tragen kommen würden. Das Diktum Ulbrichts ist belächelt und oft falsch verstanden worden. Es war wohl der letzte Versuch, die Utopie vom weltweiten Sieg des Sozialismus als Tagesaufgabe konkret zu formulieren. Ulbricht hatte auf seine alten Tage erkannt, dass sich die Entscheidung zwischen Sozialismus und Kapitalismus auf dem Gebiet der Arbeitsproduktivität vollziehen würde, und er hoffte auf die vermeintliche Überlegenheit seines Systems durch eine gesamtstaatliche Planung der wissenschaftlichen Innovation.

Die kommunistische Vision verband sich organisch mit der Fortschrittseuphorie und Wissenschaftsgläubigkeit jener Jahre. Man berauschte sich an irrealen Zahlenspielereien und modern klingenden Begriffen wie automatisierte Produktionsvorbereitung, volkswirtschaftliches Planungssystem, wissenschaftliche Führungstätigkeit, unifizierte Gerätesysteme, elektronische Rechentechnik oder numerische Steuerung. Vieles wurde mit dem Begriff »System« gekoppelt und erhielt damit den erstrebten Klang von weltoffener Fortschrittlichkeit und Modernität – kurzum also von Weltniveau. Nichts lief ohne »wissenschaftliches Leitungssystem«, »Netzplan« und »Programmsprache«. Die einfachsten Dinge wurden in »mathematisch-ökonomischen Modellen« dargestellt. Inflationär gebrauchte Abkürzungen signalisierten Rationalität und Tempo.

Hinzu kam, dass die faktischen Resultate der Wirtschaftsreformen nicht überzeugen konnten. Die Strukturänderungen waren – und das ist die andere Seite des Paradoxons – nicht weitgehend genug, um wirklich spürbar zu werden. Nur der Verzicht auf zentrale Steuerungsmechanismen und die Einführung einer wirtschaftlichen Rechnungsführung hätte die DDR-Wirtschaft aus dem Dilemma führen können. Insofern war das Modell einer Mischform zwischen Plan- und Marktwirtschaft wohl nicht praktikabel.

Trotz alledem war die Periode von 1963 bis 1968 die reformreichste Zeit in der Geschichte der DDR. Zu keinem früheren und keinem späteren Zeitpunkt gab es den Versuch einer entschlossenen Reform von oben. Selbst die parteiinternen Kritiker der Endphase der DDR, die im Windschatten der Perestroika neue Gesellschaftskonzepte entwarfen, blieben in ihren theoretischen Ansätzen hinter der NÖSPL-Periode zurück. Vor allem aber setzten die Reformen der sechziger Jahre menschliche Ressourcen frei. Ein Teil der wissenschaftlich-technischen Intelligenz und der Wirtschaftsfachleute war bereit, sich mit seinen Fähigkeiten für den neuen Kurs einzusetzen, dem Sozialismus also eine Chance zu geben. Sie mussten früher oder später erkennen, dass die Grenzen eng gezogen waren. Im Konflikt zwischen Rationalität und Machterhalt sollte letztlich die Macht das Primat behalten.

Geheimwissenschaft Kybernetik

Der sozialistische Zauberlehrling hoffte vor allem auf einfache und wirksame Formeln. Und was er nicht im Zauberbuch der »alten Meister« Marx, Engels und Lenin fand, suchte er sich zusammen aus anderen Quellen. Zaubersprüche müssen vor allem fremd und geheimnisvoll klingen. Und so stieß man in der DDR schon in den fünfziger Jahren auf den Begriff der Kybernetik. Das quasi offizielle *Wörterbuch der Ökonomie des Sozialismus* aus dem SED-eigenen Dietz Verlag verrät, worum es dabei ging: »Die Kybernetik gehört zu den bei der Gestaltung des Sozialismus in der DDR stärker in Erscheinung tretenden Instrumenten wissenschaftlich begründeter Planungs- und Leitungstätigkeit. (...) Sie untersucht die Strukturen und Verhaltensweisen der gesellschaftlich-ökonomischen Systeme und Prozesse aus der Sicht optimaler Strukturen und Verhaltensweisen.«[1] Das klingt sachlich, modern, fortschrittlich, und doch lauert hinter den scheinbar so glatten Formulierungen das Teufelchen der Ketzerei. Steht die Systemanalyse der Kybernetik über dem Marxismus-Leninismus, gar über den Entscheidungen der Partei? Das zitierte Wörterbuch beeilt sich denn auch hinzuzufügen: »Dabei ist stets auf den Charakter der bestimmenden sozialen Prozesse und die entscheidende Funktion der marxistisch-leninistischen Gesellschaftswissenschaften zu achten. Das Primat der Politik, die bestimmende Rolle des Inhalts schließt eine Überbewertung der Hilfsinstrumente, auch die der Kybernetik aus.«

Es war das uralte Problem der Scholastik nach dem Primat des Glaubens vor dem Denken. Die Beteuerung mittelalterlicher Rationalisten, wonach die Philosophie die Magd der Theologie sei, hatte nur aufschiebende Wirkung. Es war strukturell der gleiche Konflikt wie in den modernen Ideokratien. Gelten die Gesetze der Partei oder die der Logik?

Insofern waren die ursprünglichen Einwände der Ideologen gegen die Kybernetik aus deren Sicht vollkommen berechtigt. In den fünfziger Jahren hatte man die in Amerika entwickelte Kybernetik als bürgerliche Ideologie rubriziert. Erst nach 1961 griff man zu der neuen Methode in der Hoffnung, die Leitungsprobleme der Volkswirtschaft dadurch in den Griff zu bekommen. Vor allem der Technikphilosoph Georg Klaus versuchte in mehreren Publikationen, die Thesen des Marxismus-Leninismus mit den Prämissen der mathematischen Logik zu vereinbaren. Der Drahtseilakt schien tatsächlich zu gelingen. Im April 1961 wurde eine »Kybernetik-Philosophie-Gesellschaft« gegründet, Georg Klaus' Werk mit dem Titel *Kybernetik in philosophischer Sicht* erschien, und bei der Akademie der Wissenschaften der DDR wurde eine »Kommission für Kybernetik« gebildet. Der Durchbruch des neuen Wissenschaftszweiges gelang auf einer Kybernetik-Konferenz im Jahre 1962, auf welcher Wissenschaftler aus mehreren RGW-Staaten auftraten. Ihre parteiamtliche Anerkennung erhielt die Kybernetik auf dem 2. Plenum des ZK der SED im November 1962. Ulbricht und seine Wirtschaftsreformer erhofften sich von der Rechentechnik den ökonomischen Durchbruch. So geriet die Steuerungstechnik auch in das auf dem VI. Parteitag der SED verabschiedete neue Parteiprogramm und wurde Teil der SED-Sprache. Von da an gab es keine Rettung mehr vor der spezifischen Begriffswelt der Kybernetiker.

In der Praxis zeigte sich allerdings nur ein geringer Nutzeffekt der neuen Sichtweise und Terminologie. Es sei denn, man hätte das gesamte SED-System einer wissenschaftlichen Optimierung unterzogen. Dies aber scheiterte an den Machtverhältnissen. So verschwand die Kybernetik mit Walter Ulbricht faktisch aus der Welt des realen Sozialismus. Professor Kurt Hager veröffentlichte 1971 in dem SED-Theorieorgan *Die Einheit* einen Nachruf auf die inzwischen ironisierend »Systemzeit« genannte Hochphase der sozialistischen Kybernetik: »So wichtig Kybernetik und Systemtheorie sind und bleiben, so können wir natürlich nicht zulassen, dass sie an die Stelle des Dialektischen und Historischen Materialismus, der politischen Ökonomie des Sozialismus, des wissenschaftlichen Kommunismus (...) treten.« Hager warnte davor, dass »die Sprache einer Spezialwissenschaft die politische Sprache einer Partei wird«, die damit aufhören würde, »eine marxistisch-leninistische Partei« zu sein.[2]

Mit der Kybernetik vollzog sich auch der Siegeszug der Mikroelektronik. Am Anfang stand die Lochkarte, die bereits in den fünfziger Jahren in der DDR eingesetzt wurde. Bezüglich der Möglichkeiten der Elektronischen Datenverarbeitung war sich die DDR-Wirtschaft um 1960 noch vollkommen unsicher. Erst 1963 kaufte die Staatliche Plankommission einen Rechner der Marke »Gamma-3« der französischen Firma Bull, um die Masse der statistischen Zahlen zu bewältigen. Im selben Jahr beschloss der Ministerrat der DDR ein »Programm zur Entwicklung der elektronischen Bauelemente und Geräte«. Kaum hatte die DDR mit den Planungen begonnen, waren ihre Rechner auch schon den kapitalistischen haushoch überlegen. Zwar verfügten die Kapitalisten selbst über Computer, doch »den modernen Rechenmaschinen fehlt der Raum zur vollen Entfaltung«, schrieb das *Neue Deutschland*. Es gab sich überzeugt, »dass der Sozialismus auch die kybernetischen Maschinen fruchtbringender nutzen kann, als es dem Kapitalismus je möglich ist«.[3]

Eine hierzu einberufene Regierungskommission legte als Ergebnis ihrer Untersuchung ein vom Ministerrat im Juli 1964 beschlossenes »Programm zur Entwicklung, Einführung und Durchsetzung der maschinellen Datenverarbeitung in der DDR bis 1970« vor. Den in der VVB Datenverarbeitung und Büromaschinen zusammengeschlossenen zwölf Betrieben gelang es, in Zusammenarbeit mit dem Institut für Datenverarbeitung in Dresden in den Jahren 1966/67 den »Robotron 300« fertigzustellen. Dieses Gerät entsprach dem Weltstandard. Es mangelte indessen an Möglichkeiten des effektiven Einsatzes. Die Betriebe der DDR begnügten sich mit der herkömmlichen maschinellen Rechentechnik. Es fehlte offenbar an qualifiziertem Personal und wohl auch an der Notwendigkeit des Einsatzes moderner Rechentechnik, welche die Arbeitsabläufe de facto eher behinderte als förderte. Zudem stellten die peripheren Geräte bis zum Ende der DDR einen erheblichen Schwachpunkt dar, zumal die gesamte Druckertechnik strengsten Sicherheitsvorschriften unterlag. Anfang 1968 waren erst 18 Geräte vom Typ »R 300« im Einsatz. Insgesamt wurden 350 Stück bis zur Einstellung der Produktionsserie im Jahre 1972 ausgeliefert.

Die Auslastung der Rechner wurde zu einer weiteren Planziffer, die erfüllt und abgerechnet werden musste. Es wurde die Geschichte kolportiert, dass manche Betriebe alle Rechnungen mehrmals durchlaufen ließen, um die Geräte auszulasten und dadurch den Planungsbehörden Positives vermelden zu können.

Um den Anschluss an die Weltspitze zu erreichen, vereinigten die Staaten des RGW ihre Ressourcen. Im Dezember 1968 unterzeichnete die DDR die Vereinbarung über ein Einheitliches System Elektronischer Rechenmaschinen (ESER), das von der Sowjetunion geleitet wurde und das die IBM-Serien 360 und 370 kopierte. Alle Ostblockstaaten lieferten Teile für die ESER-Rechner. Die Prozessoren kamen aus der Sowjetunion und von Robotron aus Dresden. Drucker und Lochkarten lieferte die Tschechoslowakei, Bulgarien sorgte für die Festplatten. Allerdings gelang es trotz gemeinsamer Anstrengungen den RGW-Staaten nicht, die Kapitalisten auf dem Gebiet der Computertechnik zu schlagen.

Die sozialistische Wohlstandsgesellschaft

Die offizielle DDR-Statistik vermeldete 1964 bis 1967 pro Jahr kontinuierlich zehn Prozent Steigerung im Einzelhandelsumsatz, 1968 waren es 13 und 1969 sogar 17 Prozent. In Sachen des individuellen Konsums war die DDR keineswegs mehr hinter dem Mond. Ein Beispiel dafür ist die moderne Heimelektronik. Der große Durchbruch der späten sechziger Jahre war die Stereofonie. Schrittweise gingen die Rundfunkanstalten und die Schallplattenproduzenten in aller Welt zur Zweikanaltontechnik über, die ein räumliches Hörerlebnis verschafft. Radio DDR I und II sowie die »Berliner Welle« strahlten vom 19. bis zum 25. Februar 1968 eine Programmwoche im Zeichen der Stereofonie aus. Auch die Zeitschrift *Funk und Fernsehen* und andere Presseorgane rührten die Werbetrommel für die neue Hörtechnik. Die Radiohörer und Schallplattenfreunde waren offenbar noch skeptisch gegenüber dem Raumton und fühlten sich mit der traditionellen Monotechnik ganz gut bedient. Zudem betrug die Stereosendezeit im DDR-Rundfunk vorläufig nur 15 Stunden pro Woche und sollte erst im vierten Quartal auf 30 Wochenstunden erhöht werden. Eine gute Empfangsqualität garantierten ohnehin nur die UKW-Sender, die eine geringe Reichweite hatten. Anspruchsvolle Musikfreunde mussten sich also neben dem Radiogerät auch noch eine UKW-Hochantenne zulegen. Immerhin wurde Anfang 1968 die Einrichtung von UKW-Sendern in Karl-Marx-Stadt, Schwerin und Dequede bei Magdeburg angekündigt. Dadurch sollten die Bezirke Karl-Marx-Stadt, Schwerin, Rostock und Magdeburg besser mit den UKW-Programmen versorgt werden. Auch am Farbfernsehen wurde zügig gearbeitet. Die DDR hatte sich dem französisch-sowjetischen

SECAM-System angeschlossen. Dieses System hat sich in letzter Konsequenz als technisch unterlegen erwiesen. Aber wichtig war zunächst, dass die DDR weder Kosten noch Mühe scheute, dem internationalen Trend Rechnung zu tragen. Zum 20. Jahrestag der Republik im Oktober 1969 leuchteten schließlich auch in der DDR einige wenige Bildschirme in bunten Bonbonfarben.

1968 brachte die elektronische Industrie der DDR ein Spitzenerzeugnis auf den Markt. Das tragbare batteriebetriebene Stereotonbandgerät »Bändi«. Doch die Kundennachfragen im Einzelhandel »mussten abschlägig beantwortet« werden, wie die *Wochenpost* berichtete, mit anderen Worten: Dem Kunden wurde im Fachhandel das wohlvertraute »Hamwanich!« an den Kopf geworfen. Die *Wochenpost* lüftete das Geheimnis des Mangels. Es liege daran, schreibt sie, »dass sich das Versandhaus Leipzig dafür das Alleinverkaufsrecht gesichert hat. Man kann es also nur von dort im Versandhandel beziehen«.[4]

Wenn auch auf dem Sektor »Waren täglicher Bedarf« – im DDR-Amtsdeutsch zu WTB abgekürzt – noch manche Kundenwünsche offen blieben, so war doch das Bemühen spürbar, die Konsumwünsche der Bürger ernst zu nehmen. In gewissen Grenzen war eine sachliche und vorwärtsweisende Kritik in den Medien gestattet und sogar erwünscht. Der Käufer sollte eine gewisse Auswahl haben, also am Ladentisch mitentscheiden über die Qualität einer Ware. Dies sollte sich in der Bilanz des Herstellers widerspiegeln, auf Gewinn und Verlust also auswirken und gewisse Konsequenzen bei der Entlohnung der Arbeit haben.

Der Begriff der sozialistischen Marktwirtschaft war streng verpönt, dennoch ging es um eine begrenzte Marktorientierung, zumindest bei Produkten der Konsumgüterindustrie. Anlässlich der Leipziger Herbstmesse im September 1968 tönte denn auch die SED-Propaganda: »Die ökonomische Leistungsfähigkeit der DDR ist wieder ein Stück gewachsen. Jeder konnte es sehen, alle mussten es sehen. Erfreulich das attraktive Angebot der Leichtindustrie, die mit einer wahren Parade weltmarktgerechter Spitzenerzeugnisse aufwartete. Viele sind in erstaunlich kurzer Zeit entwickelt und in die Serienproduktion überführt worden. Andere entstanden im Ergebnis nutzbringender Kooperation bzw. in Erzeugnisgruppenarbeit. Auf Schritt und Tritt konnten wir das erfolgreiche Bemühen unserer Betriebe feststellen, sich auf die Dynamik der wissenschaftlich-technischen

Revolution einzustellen, den Wünschen der Kunden im In- und Ausland mit neuen Waren und Qualitäten sowie einem umfangreichen Angebot nachzukommen.«[5]

Produktwerbung und politische Propaganda bildeten ein seltsames Amalgam. Das System identifizierte sich – ja es definierte sich regelrecht – mit und durch seine industrielle Leistungsfähigkeit. Ein Produkt war nicht einfach eine Ware, deren Wert durch Angebot und Nachfrage realisiert wurde, sondern ein Fetisch im Sinne der marxistischen Theorie, eine Projektionsfläche für die Leistungsfähigkeit des sozialistischen Systems.

Die Kehrseite dieser Identifikationssucht war, dass auch die Unzulänglichkeiten der einheimischen Produkte vom Käufer grundsätzlich dem System angelastet wurden. Die SED-Führung profilierte sich gerade auf einem Terrain, auf dem der Westen schwer zu schlagen war. Sie propagierte bereits in den sechziger Jahren eine Art Konsumideologie, akzeptierte den westlichen Wahn nach ständig neuen Produkten, die interne Rationalität eines irrationalen Systems der Produktion von immer neuen Bedürfnissen, die anschließend befriedigt werden mussten. »Weltniveau« lautete der hohe Anspruch. Doch er bedeutete praktisch kaum mehr als Westniveau.

Allerdings gab es 1968 noch einige zaghafte Versuche gegenüber der Binnenlogik der Warenproduktion. In der Modebranche wurden Modelle propagiert, die pflegeleicht, knitterfest und atmungsaktiv sein sollten. Diese Kleidung galt als ideal für die berufstätige Hausfrau und Mutter, also praktisch, hygienisch und wenig aufwendig in der Reinigung. Vor allem sollten aufwendige Bügelprozeduren durch bügelfreie Produkte aus Chemiefasern vermieden werden. Die Kleidung sollte nicht so häufig neu gekauft werden müssen, also kombinationsfähig sein. Synthetische Stoffe wurden als große Errungenschaft propagiert. Abgesehen von den praktischen Eigenschaften wollte die Staatswirtschaft die Einfuhr von Baumwolle überflüssig machen. Die Qualitätsmerkmale pflegeleicht, praktisch, kombinationsfähig galten auch für die Herrenmode. So wurde auf der Herbstmesse 1968 der Ganzjahresmantel des VEB Herdas aus Greiz vorgestellt. Das auswechselbare Innenfutter aus Malimo-Teddy-Synthetic sollte weich und wärmend für den Winter sein und in der schönen Jahreszeit herausgenommen werden können. Der Ganzjahresmantel war zudem waschbar, also für alle Lebenslagen geeignet.

Kein Rundgang ohne Korb

Der allgemeine Trend zur Modernisierung brach sich in vielen Alltagsbereichen Bahn.

Auch in der DDR hatte der Tante-Emma-Laden ausgedient. Der Siegeszug der Kaufhalle – oder des Holfix, wie es in Sachsen hieß – war nicht aufzuhalten. Ende 1966 gab es insgesamt 13 994 Lebensmittel-Selbstbedienungs-Verkaufsstellen mit 745 000 Quadratmetern Verkaufsfläche.[6] Dazu kamen noch 1339 Verkaufseinrichtungen mit gemischtem Sortiment auf 91 689 Quadratmetern. Die Handelseinrichtungen der Selbstbedienung verbuchten 1966 insgesamt 49 Prozent des Umsatzes. Bis 1970 – so war die Planung – sollte der Anteil 70 Prozent betragen. Es entstanden einfache Standardbauten, die überall in die Wohngebiete hineingesetzt wurden.

»Bediene dich selbst« lautete der griffige Werbespruch der neuartigen Handelseinrichtungen.

Die Ersparnis vollzog sich allerdings auf Kosten der Kunden. Im Eingangsbereich machten Schilder mit der Aufschrift »Kein Rundgang ohne Korb!« darauf aufmerksam, dass man sich ein tragbares Metallgitterkörbchen zu besorgen hatte. Das war in der Regel mit Anstehen in der Schlange verbunden, denn die Zahl der Körbe hatte man begrenzt, damit das Verkaufspersonal nicht den Überblick verlor. Weitere Schlangen bildeten sich an den Ständen Obst und Gemüse, Fleisch- und Wurstwaren sowie Backwaren. Schließlich musste man an der Kasse zum dritten Mal anstehen. Hatte man das rettende Ufer erreicht, begann die Einpackerei. An einer Art Packtisch drängelten sich die Kunden, um die erworbenen Waren in Papiertüten oder Packpapier zu verstauen. Eingepackte Waren gab es kaum, Plastetüten waren nur aus der Wunderwelt des Westens bekannt und sickerten in gebrauchter Form erst allmählich in den Osten ein.

Erleichterung versprachen die vorverpackten Produkte. Vakuumverpackte Wurstwaren, industriell abgepacktes Brot, Feinfrostgemüse und sogar das Angebot von Fertiggerichten in Alufolie sollten den Einkauf erleichtern, die Abläufe im Haushalt effektiver gestalten. Das Idealbild war die berufstätige Hausfrau, die nach Feierabend den Einkauf erledigt, Abendbrot macht und die Kinder versorgt. 1967 wurden bereits 60 Tonnen Verbundfolie eingesetzt, mit deren Hilfe 2222 Tonnen Wurstwaren vakuumverpackt wurden. 1968 – so meldete der Einzelhandel – sollte sich die eingesetzte Folie auf 300 Tonnen, laut Plan 1969 sogar auf 700 Tonnen steigern. Eine stolze Bilanz und große Pläne! Doch die geschmackliche Qualität der eingeschweißten Wurst- und Backwaren entsprach nicht immer den Kundenwünschen. Mit anderen Worten, sie waren vollkommen ungenießbar.

Erfunden wurde 1968 auch die Milchtüte aus geschweißten Polyäthylenschläuchen. Sie sollte schrittweise die Milchflasche und damit die aufwendige Rücklaufprozedur des Leergutes ersetzen. Die Kunststoffschläuche hatten die unangenehme Eigenheit, gelegentlich zu tropfen. Bereits in der Kaufhalle hinterließen sie auf dem Weg zur Kasse eine Tropfspur. Größer noch war das Malheur, wenn die Tropftüten erst im Einkaufsbeutel verstaut waren und dort allmählich den Rest des Einkaufs in ein Feuchtbiotop verwandelten. Gewitzte Kunden unterzogen also die Milchschläuche vor dem Kauf einer Tropfprobe. Sie hielten Tüte für Tüte in Augenhöhe und beobachteten das Abtropfen der weißen Flüssigkeit. Das war nicht ganz leicht, musste man doch zwischen Eigentropfenbildung und Fremdbefeuchtung unterscheiden. Anders gesagt, durch undichte Milchtüten in der Kühltruhe waren alle anderen Tüten bereits mehr oder weniger stark benässt und tropften nun, aus dem feuchten Element erhoben, allmählich ab. So hatte der Fortschritt seine Tücken, und mancher wünschte sich die einfache und praktische Milchkanne der fünfziger Jahre zurück.

DRITTES KAPITEL

Die sozialistische Menschengemeinschaft

Eine der am häufigsten gebrauchten Floskeln jener Jahre war die »sozialistische Menschengemeinschaft«. Im April 1968 fand dieser Terminus sogar Eingang in den Text der neuen Verfassung. Dort hieß es in Artikel 18, Absatz 1: »Die DDR fördert und schützt die sozialistische Kultur, die dem Frieden, Humanismus und der Entwicklung der sozialistischen Menschengemeinschaft dient.«

Der Begriff blieb dennoch verschwommen. Das Individuum im Sozialismus, so hieß es bei Ulbricht, sollte sich durch »Hilfsbereitschaft, Güte, Brüderlichkeit, Liebe zum Mitmenschen« auszeichnen. Seine Erfüllung sollte der neue Mensch in gemeinsamer Arbeit, im Lernen und in der »Teilnahme an der Planung und Leitung der gesellschaftlichen Entwicklung besonders auch in der Arbeit in der Nationalen Front« finden.[1] Sozialistische Menschengemeinschaft war eher ein Gefühl als ein konkreter Zustand. Wenn die Brigade am Wochenende einen gemeinsamen Ausflug machte, wenn es Bier und Schlagermusik vom Tonband gab, wenn der Chefingenieur und die Hilfsarbeiterin miteinander tanzten – dann war »sozialistische Menschengemeinschaft« angesagt. Im Wohngebiet wurden Veranstaltungen auf die Beine gestellt unter dem Motto »Wir sind eine große Familie«. Da bekam jeder Rentner eine Tasse Kaffee und ein Stück Blechkuchen aus dem Backwarenkombinat. Der Saal war mit bunten Lampions und Papierschlangen geschmückt, alle schunkelten und waren eine große Gemeinschaft – eben eine sozialistische Menschengemeinschaft.

Dabei hatte der Begriff durchaus einen ideologischen Hintersinn. Die sozialistische Menschengemeinschaft war sozusagen der »vorläufige Kommunismus«, der konkrete Vorgriff auf jene in der Sowjetunion verkündete kommunistische Erfüllung. Der Sozialismus sei keine kurzfristige Übergangsperiode, so verkündete Walter Ulbricht 1967, sondern eine »relativ selbständige sozialökonomische Formation in der historischen Epoche des Übergangs vom Kapitalismus zum Kommunismus im Weltmaßstab«. Die DDR-Gesellschaft mit ihren Resten an privatkapitalistischer Produktionsweise war also keineswegs nur eine Übergangslösung, sondern eine relativ selbständige Epoche. Diese schöpferische Weiterentwicklung des Marxismus-Leninismus hatte den Pferdefuß, dass sie der sowjetischen Lehrmeinung deutlich widersprach. Die Lehren von Marx, Engels und Lenin weiterzuentwickeln, war schön und gut, aber eigentlich kam dies dem kleinen Satrapen Ulbricht nicht zu, hieß es in Moskau hinter vorgehaltener Hand.

Nach Ulbrichts Meinung war man vom Kommunismus mit dem geplanten Überfluss an Gütern, der Abschaffung des Geldes und des privaten Eigentums noch ein ganzes Stück Weges entfernt. Vorläufig brauchte die Gesellschaft mehr an finanziellen Leistungsanreizen, das hieß faktisch mehr Differenzierung. Das System der materiellen Hebel musste verbessert werden. Die Betriebe sollten marktgerecht produzieren, das hieß auch verkaufen. Dazu musste es Auswahl geben, das hieß eine kontrollierte Konkurrenz. Gewinn und Verlust der Betriebe sollten in der Lohntüte spürbar sein, nicht zuletzt auch bei den Betriebsleitern. Um zu zeigen, dass dies alles nichts mit Kapitalismus zu tun hatte, sollte eifrig geschunkelt werden. Die TV-Variante der Utopie von der sozialistischen Menschengemeinschaft war die Sendung *Mit dem Herzen dabei* von und mit Hans-Georg Ponesky. Rückblickend wird man sagen können, dass diese Fernsehsendung ein Vorgriff auf mediengeschichtliche Errungenschaften war, die erst 30 Jahre später die schöne neue Fernsehwelt beglücken sollten. *Mit dem Herzen dabei* war als Live-Übertragung einer Massenveranstaltung eine Art Reality-Show mit Spieleinlagen, Musik, prominenten Gästen und viel Publikum. Die Grenzen zwischen Medium und Wirklichkeit verschwanden. Die Fernsehsendung war Realität, und diese wurde live im Fernsehen übertragen. Zeremonienmeister war der Entertainer Hans-Georg Ponesky, dessen Markenzeichen sein ewiges Grinsen und seine salbungsvolle Stimme waren. *Mit dem Herzen dabei* wurde am 18. Januar 1964 als Rundfunksendung gestartet. Sie lief jeweils am Samstagnachmittag über zwei Stunden auf Radio DDR 1. Anlässlich des 15. Jahrestages der DDR, am 7. Oktober 1964, erlebte die Sendung ihre Fernsehpremiere. Sie war schon bei ihrer ersten Ausstrahlung eine Art offizielles Programm zum Geburtstag der DDR. Die Mixtur aus Unterhaltung und Politik passte ins kulturpolitische Konzept der Parteiführung. Die nächste Sendung fiel mit dem 25. Dezember 1964 auf einen ebenfalls idealen Sendeplatz, und eine weitere Folge lief am 16. April 1965 zum 20. Jahrestag der Gründung der SED.

In einer der Sendungen wurden zwei Mitspieler mit verbundenen Augen aus dem Saal geführt und fanden sich in einem neuen Personenkraftwagen Marke »Trabant« wieder – dem vermeintlich größten Traum eines jeden DDR-Bürgers. Dann wurde das Auto mitsamt den noch immer ahnungslosen Mitspielern mit einem Hubschrauber zur Autobahn geflogen. Dort begann für sie eine gemeinsame Reise in die Sowjetunion.

Am 7. Oktober 1965 wurden alle Dimensionen der Fernsehunterhaltung durchbrochen. Über den ganzen Tag verteilt lief die Sendung viermal etwa eine Stunde, während aus unterschiedlichen Teilen der Republik Live-Schaltungen stattfanden – so aus einem D-Zug, aus einem Bergwerk bei Zwickau und aus Eisenhüttenstadt, wo ein Trabikonvoi Rentner spazieren fuhr. Rein fernsehtechnisch war das eine Pionierleistung. Hans-Georg Ponesky entwickelte eine besondere Überraschungsdramaturgie. Sie basierte auf der Erfüllung geheimer Wünsche der Mitwirkenden, die zuvor in deren Umfeld verdeckt ermittelt worden waren. Auf diese Weise erfuhren Mitglieder sozialistischer Arbeitskollektive eine öffentliche Ehrung. Ein anderes Mal erfüllte sich für einen älteren Herrn ein Kindheitswunsch, indem er in seinem Bett im Lichte der Halogenscheinwerfer in den Berliner Friedrichstadtpalast gefahren wurde. Dem Wagen folgte aufgrund der televisionären Aufmerksamkeit bald ein Autokorso von 5000 Kraftfahrzeugen. Anschließend wurde der ehemalige Kampfgefährte von Ernst Thälmann im Schlafanzug von den Zuschauerinnen und Zuschauern im Saal stürmisch gefeiert. Solche Szenen suggerierten das gewünschte Bild von der DDR-Gesellschaft als einer großen Familie.

Tränen der Wiedersehensfreude und Rührung flossen, als vor laufender Kamera eine Volkspolizistin mit einem inzwischen herangewachsenen polnischen Kind zusammengebracht wurde, das sie 1945 aufgenommen und gerettet, dann aber aus den Augen verloren hatte. In einer weiteren Episode saß ein älteres Ehepaar nichtsahnend im Publikum, während ihr Haus ohne ihr Wissen renoviert wurde. Als der Entertainer Ponesky sie auf die Bühne bat und mit dem live übertragenen heimischen Baugeschehen konfrontierte, war die Überraschung perfekt.

Die Grenze zum Makabren überschritt zweifellos ein Auftritt Walter Ulbrichts. Auf der Showbühne traf der erste Mann des Staates mit dem ehemaligen Justizminister Max Fechner zusammen, der nach dem 17. Juni 1953 in einem Zeitungsinterview für die Nichtverfolgung der Mitglieder der Streikkomitees eingetreten war. Er wurde daraufhin verhaftet und zu acht Jahren Zuchthaus verurteilt. Nun traf er auf der Showbühne erstmals auf den Mann, der dieses Urteil politisch zu verantworten hatte. Selbstverständlich wurde kein kritisches Wort über die Vergangenheit gesprochen. Auch der ehemalige politische Häftling war Teil einer großen Gemeinschaft fröhlicher Leute geworden.

Sonnenstadt

Doch in den sechziger Jahren war die Utopie noch lebendig und zog selbst im Knirpsenland ein. Die kommunistische Vision als Märchen machte die Ambivalenz der Utopie zwischen Heilsversprechen und Herausforderung deutlich.

»In einer Stadt des Märchenlandes wohnten die Knirpse. Sie hießen so, weil sie nicht größer als Einmachgurken waren. Ihre Stadt sah wunderhübsch aus. Vor jedem Haus wuchsen Blumen. (…) die Straße trugen Blumennamen (…) und die Stadt selbst hieß Blumenstadt.«

So beginnt Nikolai Nossows Klassiker *Nimmerklug im Knirpsenland*, der 1954 in der Sowjetunion und 1956 in der DDR erschien.[2]

Der Held des Buches ist der Knirps Nimmerklug, ein liebenswürdiger, wenn auch manchmal etwas frecher kleiner Bursche. Er kleidet sich gerne grellbunt, zieht den Mädchen an den Zöpfen und erzählt Lügengeschichten. Doch natürlich lieben alle Nimmerklug, der im Grunde ein feiner Kerl ist und zum Schluss sogar Besserung gelobt.

Im Jahre 1959 ließ Nikolai Nossow auf seinen Kinderklassiker passend zur politischen Linie der KPdSU *Nimmerklug in Sonnenstadt* folgen. Bereits ein Jahr später erschien die deutsche Übersetzung im Kinderbuchverlag. Das Buch war mit den Illustrationen des russischen Originals ausgestattet. Auf dem Einband prangt Nimmerklug mit seinem riesigen, leuchtend blauen Sonnenhut, kanariengelben Hosen und orangefarbenem Hemd mit grüner Krawatte. Er klettert auf einer Strickleiter hinauf zu einem der fliegenden Häuser von Sonnenstadt, die man nur auf diesem Wege erreichen kann.

Die Bezeichnung »Sonnenstadt« nimmt deutlich Bezug auf den Staatsroman des Tommaso Campanella *La Città del Sole* aus dem Jahr 1602. Das Werk erfreute sich in der Sowjetunion einer gewissen Popularität. Das Buch erschien in russischer Übersetzung, und dazu gab es mehrere populäre Biografien Campanellas. Auch in der DDR wurde die Schrift in deutscher Übersetzung bereits 1955, allerdings in einer akademischen Ausgabe, verlegt.

Der italienische Dominikaner Campanella, der jahrzehntelang durch die Kerker der Inquisition gezerrt worden war, galt im Weltbild des Marxismus-Leninismus neben Thomas Morus als wichtigster Vertreter des utopischen Kommunismus. Nicht zu Unrecht beriefen sich die Marxisten auf eine lange utopisch-kommunistische Tradition, die zurückreichte bis zu den antiken Legenden von den glückseligen Inseln jenseits der Säulen des Herakles. Karl Kautsky hatte 1895 darüber ein vielgelesenes Werk geschrieben. Trotz des schlechten Rufes des deutschen Sozialistenführers, dem Lenin das böse Wort vom »Renegaten Kautsky« hinterhergeworfen hatte, legte der Ost-Berliner Dietz Verlag 1947 das Werk neu auf.

Die soziale Harmonie in Campanellas Idealstaat beruht in der Tat auf einer verordneten Gütergemeinschaft sowie einer Gesetzgebung, die allein von der Vernunft geleitet wird. Nach dem Prinzip der Zuchtwahl werden Paare durch behördliche Entscheidung auf Zeit zusammengeführt. Die Aufzucht der Kinder erfolgt in Staatseinrichtungen. Auch gibt es bei Campanella Fahrzeuge und Schiffe, die sich aus eigener Kraft bewegen, künstlich erzeugtes Licht, Möglichkeiten, das Klima zu regeln, und sogar Flugapparate und Sehrohre, um den Kosmos zu erkunden.

Der Zukunftsstaat bildet also ein vielversprechendes Sujet für ein Kinderbuch. Nach drei guten Taten, die Nimmerklug um ihrer selbst willen und nicht der Belohnung wegen tun musste, erhält der Knirps von einem Magier einen Zauberstab. Damit ausgerüstet, machen sich der Knirps und seine beiden Gefährten, Pünktchen und Buntfleck, auf die Reise nach Sonnenstadt und werden bald schon mit erstaunlichen Errungenschaften des Fortschritts konfrontiert. Ein Kraftfahrer nimmt sie mit seinem futuristischen Gefährt mit in die Stadt.

»›Weshalb heißt der Ort Sonnenstadt? Dort sind wohl alle Häuser aus Sonne?‹ fragte Nimmerklug.

›Nein!‹ Der Fahrer lachte. ›Er heißt Sonnenstadt, weil dort immer die Sonne scheint.‹
›Gibt es nie Wolken?‹, Nimmerklug staunte.
›Doch die gibt es. Aber unsere Gelehrten haben ein Pulver erfunden, mit dem die Wolken bestreut werden, wenn sie heranziehen. Dann verschwinden sie sofort. Ja, Leute, das ist eben Chemie!‹
›Wie bestreut man Wolken mit Pulver?‹
›Man steigt mit dem Flugzeug auf und streut das Pulver über die Wolken.‹
›Aber dann regnet es doch nie‹, warf Pünktchen ein.
›Für Regen gibt es ein anderes Pulver. Doch wir lassen es nur dort regnen, wo es gebraucht wird: über den Feldern und Gärten. Und die Städte lassen wir nur nachts beregnen, damit es niemand stört. Die Blumen werden mit Gummischläuchen begossen.‹«[3]

Die Knirpse kommen aus dem Staunen nicht heraus. Auf den Feldern arbeiten vollautomatische Erntemaschinen, und auch die Produktionsprozesse in den Fabriken funktionieren ohne menschliches Zutun. Dafür gibt es eine Überfülle von kulturellen Angeboten, Freizeitspaß und Gemeinschaftsleben.

Die Sonnenstadt erinnert an jene »Parks der Kultur und Erholung«, die damals in allen sowjetischen Städten entstanden. Bei Lautsprechermusik konnten sich dort die Werktätigen harmlosen Vergnügungen hingeben – eine Runde Karussell fahren, Schach spielen, Speiseeis schlecken und Limonade trinken. Dazu gab es populärwissenschaftliche Vorträge, Puppentheater, Freilichtkino und Tanzveranstaltungen. So ähnlich, nur eben viel perfekter, ging es in Sonnenstadt zu.

»In jedem Haus befand sich ein Restaurant. Die Tische standen nicht nur drinnen, sondern auch draußen auf dem Bürgersteig. Überall saßen Knirpse. Sie aßen zu Mittag, sie tranken Kaffee, Tee oder Limonade. Andere lasen Zeitung und Illustrierte oder spielten – Lotto, Domino, Dame oder sonst etwas. Besonders zahlreich waren die Schachspieler, die man überall erblicken konnte, wo es nur eine Gelegenheit gab, ein Schachbrett aufzustellen. (…) Zu jedem Restaurant gehörte eine Ausleihe für Tischspiele. Außerdem waren in vielen Häusern Ausleihen untergebracht, wo man sich Fahrräder, Roller, Tennisschläger, Fuß- und Volleybälle, Kegel- und Pingpongspiele leihen konnte. Überall spielten die Knirpse damit: in den Alleen, auf Spielplätzen oder auf den Höfen.«[4]

Nossows Zukunftsvision ist an sich liebenswert. Die Menschen leben keineswegs in den gesichtslosen Wolkenkratzern, die als Hypertrophie der damaligen Gegenwartsarchitektur auch die Zukunftswelten prägten. Die Sonnenstadt der Knirpse ist bunt und verspielt. Die Häuser ähneln ein bisschen dem Moskauer Kreml und der Basilius-Kathedrale auf dem Roten Platz, ein bisschen den späteren Entwürfen des österreichischen Visionärs Hundertwasser. Teilweise sind die Häuser drehbar, so dass in jedes Zimmer stündlich einmal die Sonne scheint. Andere Häuser hängen an Heißluftballons und sind nur über Strickleitern zu erreichen. Verlassen kann man sie durch den Absprung mit einem Fallschirm. In der Musikstraße »sahen Häuser wie Musikinstrumente aus. Ein Haus hatte die Form eines Flügels, ein anderes die eines Klaviers, ein drittes die einer Harfe, ein viertes die einer Ziehharmonika, ein fünftes die einer Trommel. Nur das Eckhaus sah wie ein Blumentopf aus«.[5]

Auch die Ökonomie des Kommunismus wird erklärt. Feinfädchen, die Ingenieurin einer vollautomatischen Textilfabrik, ist sehr erstaunt über Nimmerklugs Schilderung der altmodischen Verhältnisse in Blumenstadt. Dort herrschte immer noch eine Art Geldwirtschaft, in der die Krankheit der Besitzgier grassiert.

»Feinfädchen lachte über diese Schilderung. Doch dann wurde sie ernst. ›Ich sollte eigentlich nicht über kranke Knirpse lachen‹, sagte sie. ›Nur gut, dass bei uns niemand an diesem schrecklichen Leiden erkranken kann. Denn wozu sollten wir die Kleider haufenweise aufbewahren, wenn wir jeder in den Laden gehen und uns ein hübsches, neues Kleid holen können?‹«[6]

Das Wiegenlied vom kommenden Reich des Friedens ist jedoch nicht ohne schrille Misstöne. Hinter dem Samtpfötchen der Glücksverheißung verbirgt sich auch im Knirpsenland die totalitäre Krallentatze. Der Andersdenkende und Andersfühlende wird als Kranker gesehen. Das Streben nach Individualität wird als krank denunziert. Auch in Campanellas Sonnenstaat wird der Gebrauch von Schminke und anderem weiblichen Tand mit dem Tode bedroht.

Dennoch hat die Knirpsenwelt zwei entgegengesetzte Potenzen. Sie ist als Versprechen einer künftigen Glückseligkeit Parteipropaganda und ideologische Indoktrination, wenn auch in einer sanften und teilweise sogar humorvollen Form. Sie ist aber auch die Antithese zur real existierenden Welt des Sozialismus und damit eine Art Kritik an den Zuständen einer tristen Gegenwart.

Der Krieg der Welten

Die kommunistischen Zukunftsvisionen verbanden sich organisch mit der Bilder- und Begriffswelt des Kosmos und der Eroberung des Weltraumes, zunächst in der Literatur und dann zunehmend in der politischen Propaganda.

»Das Raumschiff ›Kosmos‹ stürmte fast lichtschnell seinem fernen Ziel entgegen«, beginnt einer der vielen Zukunftsromane, »ein winziger Stern inmitten des endlosen Raumes. (...) So unendlich war der Raum, so umfassend das Nichts, durch das die ›Kosmos‹ stürmte. Ein Stäubchen in der Unendlichkeit. Und doch barg dieses Stäubchen irdisches Leben, irdisches Schicksal, barg es Wünsche und Hoffnungen, barg es menschlichen Willen und menschliche Kraft.«[7]

So poetisch wurde der DDR-Leser bereits 1959 in die Weiten des Alls entführt. Das Buch mit dem grellbunten Einband und dem vielversprechenden Titel *Titanus* stammt von Eberhardt del'Antonio, einem der Wegbereiter des utopischen Genres in der DDR-Literatur.[8]

Nicht lange nachdem die »Kosmos« das heimische Sonnensystem verlassen hat, werden Funksignale einer fremden Zivilisation empfangen. Die »Genossen des Leitungskollektivs« – das Raumschiff ist organisiert wie ein volkseigener Betrieb der DDR – sind voller Vorfreude auf die interstellare Völkerverbrüderung. Und in der Tat treffen sie nicht auf schleimige Monster oder Rieseninsekten, sondern geraten auf dem Planeten Titanus in eine Art Klassenkampf. Die Bewohner des fremden Himmelskörpers erweisen sich als Vertreter der vom Nachbarplaneten Titanus II geflüchteten Ausbeuterklasse. Sie wollen die Menschen zwingen, bei der Vernichtung dieses befreiten Planeten zu helfen, vernichten sich jedoch selbst. Die klassenlose Gesellschaft siegt mit Hilfe des Expeditionskorps von der Erde. In der Schlussszene werden die Interbrigadisten vom Blauen Planeten feierlich verabschiedet.

Die Parallelen zur damaligen Gegenwart waren keineswegs zufällig. Ausdrücklich schrieb der Autor in einem Nachwort: »Noch kein Entwicklungsabschnitt der Menschheit war so zukunftsträchtig wie unsere Zeit. (...) Wir wissen, dass wir heute den Grundstein legen für das Leben in der hoch entwickelten sozialistischen Gesellschaft. Deshalb gewinnt das Träumen in die Zukunft als eine Vorausschau auf die Früchte unserer heutigen Anstrengungen eine gewichtige Bedeutung für die Gegenwart.«[9]

Eberhardt del'Antonio griff mit seinem *Titanus* ein damals in der Sowjetunion blühendes literarisches Genre auf. I. A. Jefremow hatte in seinem ein Jahr zuvor erschienenen wissenschaftlich-utopischen Roman *Der Andromedanebel* das Bild einer durch technischen Fortschritt und soziale Harmonie geprägten kommunistischen Gesellschaftsordnung entworfen.

Jefremows Roman war ein literarisches Leichtgewicht. Manche Passagen lesen sich wie Leitartikel aus der Parteizeitung *Prawda*. Doch die utopischen Entwürfe hatten zwei Seiten. Auf der einen Seite stand die naive Heilserwartung einer klassenlosen Gesellschaft. Auf der anderen Seite konnte das Buch in seiner Betonung ethischer und moralischer Werte wie Schönheit, Schöpfertum und wissenschaftlichem Forscherdrang leicht als Kritik an der kargen Wirklichkeit des Sowjetreiches verstanden werden. So erschien das Buch in der DDR unter dem Titel *Das Mädchen aus dem All* 1958 zunächst nur in einer gekürzten Ausgabe. Wie der Kommunismus auszusehen habe, entschied immer noch die Partei und nicht sowjetische Science-Fiction-Autoren. Erst 1965 erschien eine vollständige Übersetzung. Im Nachwort heißt es halb distanzierend, halb begeistert: »Gewiss wäre es verfehlt, das Buch als eine Art Leitfaden für den Aufbau der kommunistischen Gesellschaft zu betrachten. Nehmen wir Jefremows neuartiges Werk als das, was es ist: der phantastische Beitrag eines angesehenen marxistischen Gelehrten zu dem großen Gespräch über das Schicksal künftiger Generationen.«[10]

In den späten fünfziger und den frühen sechziger Jahren hatten in der ganzen Welt Zukunftsvisionen Hochkonjunktur. Der Mensch eroberte den Kosmos, das Computerzeitalter warf seine Schatten voraus, die Natur schien beherrschbar. Es war die Zeit der scheinbar grenzenlosen Machbarkeit. Gleichzeitig aber schärfte sich das Bewusstsein für die Gefahren einer technisierten und total verwalteten Welt. George Orwells *1984* und Aldous Huxleys *Schöne neue Welt* gehörten zu den meistgelesenen und einflussreichsten Büchern der Zeit. Aber auch in den trivialen Variationen der Science-Fiction-Kultur wurde die Wunderwelt der Zukunft zunehmend unbewohnbarer.

Im Sozialismus ging die Fortschrittseuphorie eine Synthese mit der konkreten politischen Programmatik ein, war doch die marxistische Gedankenwelt auf einen ungebrochenen, fast naiven Entwicklungs- und Fortschrittsglauben gestellt. Der Gedanke, dass die Wissenschaft auch Unheil bringen könnte, galt eigentlich nur für die Waffentechnik. Vor dem Missbrauch technischer Erfindungen durch die Kriegstechnik zu warnen, wurde die offizielle Propaganda allerdings nicht müde. Dabei war klar, dass diese Warnung stets nur für die andere Seite galt.

Auch die drei Digedags – die Helden der bunten Bildergeschichtenzeitschrift *Mosaik* – beugten sich im Dezember 1958 dem Trend der Zeit. Drei Jahre lang hatten sich Dig, Dag und Digedag auf exotischen Inseln oder im alten Rom getummelt und auf vollkommen unpolitischem Terrain viele Freunde gewonnen. Damit sollte jetzt Schluss sein. Hannes Hegen, der Vater der drei Knollennasen, beugte sich nach heftigen internen Auseinandersetzungen den Wünschen der Partei. Im Dezemberheft 1958 stand plötzlich ein Raumschiff in der Wüste und entführte die drei Digedags mitsamt ihrem Gefährten Sinus Tangentus in eine ferne Zukunft, die dennoch dem Leser seltsam vertraut vorkam. Auf dem Planeten Neos bekämpfen sich zwei Staaten: die Republikanische Union und das Großneonische Reich. Die Anklänge sind überdeutlich. Die Union verkörpert den Frieden und den Fortschritt, genau wie die Union der Sozialistischen Sowjetrepubliken auf der alten Erde. Das Großneonische Reich ist eine Art Auferstehung des großdeutschen Reichs mit deutlichen Zügen der amerikanisierten Bundesrepublik. Die Menschen aus der Republikanischen Union sind adrett gekleidet, freundlich und meist blond, die Feinde schwarzhaarig, bärtig, hakennasig und oft von fast olivgrüner Hautfarbe. Im Übrigen sind sie tollpatschig, dumm und durch die aufgeweckten Unionsmenschen leicht zu entlarven.

DDR-Jugendkultur der sechziger Jahre

Die offiziöse Bildersprache und Topologie der SED war angefüllt mit den Symbolen von Jugend und Jugendlichkeit. Doch in der Realität war die Jugend durch den pseudoproletarischen Puritanismus, die von der FDJ und der Partei praktizierte fast militärische Verbands- und Parteidisziplin und eine kleinbürgerliche Provinzialität eingeengt bis zum Ersticken.

Der Blick zurück in die fünfziger Jahre bietet – soweit er nicht durch Verklärung getrübt ist – wenig Erfreuliches. Rock'n'Roll war streng verboten, westliche Moden waren verpönt, Tanzvergnügen karg bemessen, in Sachen Liebe herrschte noch immer die kleinbürgerliche Doppelmoral des 19. Jahrhunderts. Die zehn Gebote der sozialistischen Moral wurden intensiv propagiert und wenig eingehalten. Doch wenigstens der Schein sollte gewahrt bleiben. Dies alles gefiel einem Teil der Erwachsenenwelt jenseits aller Ideologie ganz gut, bekämpften doch gerade in den USA viele Kirchenleute den obszönen Hüftschwung von Elvis Presley.

Die verblüffte Leserschaft konnte der Parteipresse am 21. September 1963 entnehmen, dass die Jugend ohne »Gängelei, Zeigefingerheben und Administrieren« erzogen werden solle.[11] Das waren für DDR-Verhältnisse erstaunliche Ankündigungen, zumal manche Leserinnen und Leser hätten schlussfolgern können, dass dieser Erziehungsstil bisher üblich gewesen sei. Welche praktischen Folgen das vom Politbüro der SED verabschiedete Jugendkommuniqué auch immer hatte, es war ein deutliches Signal in Richtung eines offeneren Umgangs mit der Jugend. Natürlich wurden in dem Dokument der SED der Aufbau und die Verteidigung des Sozialismus gefordert. Doch ganz deutlich warb die Parteiobrigkeit für mehr Toleranz, Offenheit und Individualität. Die Verfasser des Jugendkommuniqués betonten den Unterschied zwischen einer Diskussionsveranstaltung und einem Tanzabend und wollten der Jugend künftig in Bezug auf die Musikrichtung keine Vorschriften mehr machen. »Welchen Takt die Jugend wählt, ist ihr überlassen«, heißt es in der SED-Entschließung, »Hauptsache, sie bleibt taktvoll!« Damit war der damals populäre Twist parteiamtlich zugelassen, und der 1. Sekretär des Zentralrates der FDJ, Horst Schuhmann, riskierte vor den klickenden Kameralinsen der Reporter eine »flotte Sohle« auf dem glatten Twistparkett.

Der bisher verpönten oder zumindest schief angesehenen westlichen Schlagermusik war nun Tür und Tor geöffnet. Die Beatmusik zog auch in die DDR ein. Auf den Tanzabenden in den Jugendklubs oder in Gaststätten erklangen die Songs der Beatles vom Tonband oder von den wenigen Schallplatten, die ihren Weg in die DDR gefunden hatten. Zunehmend wurde die Musik auch von eigenen Bands nachgeahmt. Sowohl die Musiker als auch das jugendliche Publikum wollten ihren Idolen aus Liverpool möglichst ähnlich sein und ließen sich zum Entsetzen der älteren Leute die Haare über die Ohren wachsen. Strenger Fassonschnitt war bis dahin üblich gewesen. Nun wurden die Haare länger und die Röcke kürzer. Es war seit dem Jugendkommuniqué für Eltern, Lehrer und Vorgesetzte nicht mehr ganz so einfach, auf die neuen Moden mit Verboten zu reagieren. Bald schon zeigte sich, dass die Partei der Geister, die sie gerufen hatte, nicht mehr Herrin wurde.

»Damals begann, was gute Genossen ›die ideologische Aufweichung des Sozialismus‹ nannten. Der spürbare Erfolg dieser Aufweichung wurde mit der ›raffinierten Demagogie des Gegners‹ begründet. Aber daran lag es nicht. Wir hatten einfach das Gefühl, dass die Zentrale auf unsere alltäglichen Lebensprobleme nicht reagierte. (...) Wie war es mit Disko-Musik, modischer Kleidung, mit Freizeit und Sex? Die Angebote der Zentrale, geprägt vom hausbackenen, prüden und verlogenen Geschmack der alten Genossen, fanden wir insgeheim lächerlich. Als es nicht mehr anders ging, wurden in den DDR-Diskotheken die Beatles und Bee Gees gespielt. Doch konnten wir uns dieser kindlichen Genüsse ungestört erfreuen? Die Zentrale schien zu denken: Da sei Gott vor! Die Jugend, diese Reserve, dieses Material, durfte nicht vom Gegner verdorben werden. Man schirmte uns ab und steuerte gegen, vor allem, indem man die ›Taktik des Gegners‹ entlarvte. Wir erfuhren, dass die Musik der Beatles und der Bee Gees nicht nur unmoralisch war, sondern auch ein Vehikel der ›ideologischen Diversion‹. Vorsorglich wurde alles unterdrückt und für unerwünscht erklärt: lange Haare, zu enge oder zu weite Hosen, bunte Plastiktüten und Kaugummis, Anglizismen oder gar Amerikanismen. Jede harmlose Mode, Mini-Röcke, Maxi-Röcke, gestreifte Hemden, diese Art zu tanzen und jene, bestand einen langen Kampf, ehe sie von der Zentrale notgedrungen hingenommen wurde. Und einige besonders verhärtete Genossen führten nach wie vor ihren Privatkrieg dagegen, mit heimlichem Wohlwollen der Zentrale, und in dem beglückenden Gefühl, in einer vom Westen aufgeweichten Welt als sozialistischer Partisan ›unwandelbare Treue zur Sache‹ unter Beweis zu stellen. Es war nicht weiter bemerkenswert, wenn junge Leute wegen unerwünschten Tragens von Blue Jeans oder Vollbärten folgenschwere Eintragungen in ihre Kaderakten erhielten, auch nicht, wenn man sie deshalb von Oberschulen und Universitäten relegierte. Sie konnten sich ›in der Praxis bewähren‹.«[12]

Das Dilemma der Parteiführung war offensichtlich. Verwehrte sie den Jugendlichen das kleine bisschen Freiheit, sich modisch zu kleiden und Twist zu tanzen, schuf sie ein Unruhepotential. Öffnete sie dagegen der westdeutschen Unkultur die Schleusen, so konnte es passieren, dass sich die Schleusentore nicht wieder schließen ließen und mit den Twistrhythmen und Nietenhosen auch freiheitliches Gedankengut in die ummauerte DDR eindrang. Also handelte die Parteiführung wie stets nach dem Motto: von allem ein bisschen und nichts konsequent.

Der Geist der Neuerung ebenso wie die Kräfte der Beharrung wurden während des Deutschlandtreffens der Jugend für alle sichtbar. Während der Pfingsttage, vom 16. bis 18. Mai 1964, fand in Berlin ein Jugendtreffen statt, das an ähnliche Großveranstaltungen in den Jahren 1950 und 1954 anknüpfte. Es fehlten auch diesmal nicht die Massenaufmärsche und andere politisch-ideologisch ausgerichtete Veranstaltungen. Doch dem jugendlichen Frohsinn, Musik und Tanz war ein deutlich höherer Stellenwert eingeräumt worden. Nach offiziellen Angaben kamen über eine halbe Million Jugendliche aus der ganzen Republik nach Berlin, darunter befanden sich 25 000 aus Westdeutschland und West-Berlin. Der Berliner Rundfunk sendete unter dem Namen DT 64 rund um die Uhr ein Festivalprogramm mit viel Musik und Reportagen, Veranstaltungstipps u. a. in einer lockeren, jugendgemäßen Form. Auffallend war der große Anteil an eingespielter Beatmusik, die auch in den westlichen Sendern damals nur über relativ eingeschränkte Sendeplätze verfügte. Der neue Sender kam gut an und fand auch das Wohlwollen der politischen Führung. Das Staatliche Komitee für Rundfunk und Fernsehen entschied, die Sendung auch nach dem Ende des Deutschlandtreffens beizubehalten. So wurde die Radiolegende des Ostens geboren. DT 64 wurde zur festen Einrichtung und brachte nun jeden Nachmittag eine Mischung aus flotter Musik und locker vorgetragenen Wortbeiträgen. Auch im Westen blieb die Neuerung nicht unbemerkt. Der RIAS konterte mit dem zeitgleich ausgestrahlten »Treffpunkt« und der SFB mit der täglich einstündigen Sendung »SFBeat«. Beide übernahmen das Rezept aus dem Osten und mischten aktuelle Beiträge, Veranstaltungstipps und Beatmusik zu einer jugendgemäßen Mixtur.

Das Deutschlandtreffen wurde von der Parteiführung als großer Erfolg bewertet. Immerhin war es möglich, Hunderttausende Jugendliche in Ost-Berlin, unweit der Mauer, zu versammeln, ohne dass es zu einem spontanen Aufbegehren gekommen wäre. Die DDR-feindliche Stimmung der Jugend schien überwunden oder doch wenigstens in kontrollierte Bahnen geleitet worden zu sein. Während der Abschlussveranstaltung defilierten 30 000 Jugendliche an der Tribüne auf dem Marx-Engels-Platz vorbei, schwenkten die Winkelemente und jubelten der Führung zu. Das Politbüro der SED formulierte als Fazit der Massenveranstaltung: »Das Deutschlandtreffen hat gezeigt, dass die Jugend der Deutschen Demokratischen Republik ein gesundes Verhältnis zu ihrem Staat hat. Das kam nicht nur in den vielen offenen Gesprächen mit jungen Westdeutschen, im ›Abblitzenlassen‹ so manchen Provokateurs, sondern vor allem in den Leistungen der Jugend zum Ausdruck, die sie in sozialistischen Brigaden und Arbeitsgemeinschaften in Industrie und Landwirtschaft, in Schulen und Hochschulen zur Vorbereitung auf das Treffen vollbrachte. Die ganze bunte Palette des künstlerischen Schaffens, die die neuen Probleme unseres Lebens zum Ausdruck brachte, stieß auf gewaltiges Interesse bei den Teilnehmern des Deutschlandtreffens. Diese Erscheinung ist etwas Neues im Leben der Jugend, auf ihr Interesse an der Entwicklung unserer sozialistischen Nationalkultur kommt es an. Das Deutschlandtreffen bewies, dass das neue Schaffen der Schriftsteller, Lyriker, Bildhauer, Maler, der Ensembles und Solisten der ernsten und heiteren Muse mehr und mehr fester Bestandteil des Lebens der Jugend wird. (...)

Die Jungen und Mädchen ›stürmten‹ im wahrsten Sinne des Wortes den Schriftstellerbasar, tanzten anschließend bis in die Nacht hinein Twist, blieben dabei taktvoll und sagten zwischendurch einigen Provokateuren ›ein paar Takte‹. (...) Alle Spekulationen darauf, dass die Jugend der DDR gegen ihren Staat eingestellt und der Staat dogmatisch sei, sind durch das Deutschlandtreffen sinnfällig widerlegt worden.«[13]

Die Folgen der kulturpolitischen Öffnung ließen nicht auf sich warten. Mit Unterstützung der FDJ entwickelte sich die Gitarrenbewegung. In den Jugendklubs bildeten sich Rockbands nach westlichem Vorbild. Oft wurden die Gesänge nach Tonbandmitschnitten einfach nachgeahmt. Die Musiker beherrschten weder die englische Sprache noch besaßen sie Notenkenntnis. Aber sie ersetzten diese Defizite durch Spontaneität und Enthusiasmus. Endlich gab es das, was die FDJ immer gefordert hatte – eine selbst organisierte Volkskunstbewegung der Jugend. Dort, wo die Gitarrengruppen auf verständnisvolle Klubhausleitungen und aufgeschlossene Funktionäre stießen, fanden sie ein Domizil in Jugendklubs und Kulturhäusern. Aber die Veranstaltungen fanden auch in privaten Dorfkneipen, Tanzlokalen und auf Freilichtbühnen statt. Am Wochenende setzten sich ganze Pilgerscharen von Teenagern in Bewegung, um den erregenden Hauch von Freiheit und Rebellion zu schnuppern. Die Hochburgen der Beatbewegung lagen insbesondere in den Randgebieten der Großstädte wie Leipzig sowie im ländlichen Bereich der südlichen Bezirke der DDR.

Die Partei sah dem wilden Treiben zunächst wohlwollend zu. Die Musikgruppen wurden von der Parteipresse sogar gelobt. Vor allem aber öffneten die offiziellen Medien der DDR für die neue Jugendkultur die Tür wenigstens einen Spaltbreit. *Amiga*, das einzige Tanzmusiklabel, veröffentlichte im Februar 1965 unter dem Titel *Big Beat* die erste Platte mit DDR-eigener Beatmusik. Unter den vertretenen Gruppen befanden sich sowohl professionelle Tanzkapellen als auch Amateurgruppen wie die Sputniks oder das Franke-Echo-Quintett. Noch im August desselben Jahres veröffentlichte *Amiga* eine weitere Platte der neuen Richtung unter dem Titel *Big Beat II*. Daraufhin brach die Kritik des 11. Plenums des ZK der SED wie ein Unwetter auch über die Leitung des VEB Deutsche Schallplatte herein.

Als geradezu sensationell wurde die Veröffentlichung der ersten – und dann für viele Jahre auch letzten – Langspielplatte der Beatles empfunden. *Amiga* brachte im April 1965 eine Lizenz-LP heraus, auf die im Juni drei Singles folgten. Der Musikverlag Lied der Zeit veröffentlichte Noten und Texte von Beatles-Songs, und in der DDR-Presse widmete man sich dem Phänomen des Aufstiegs der vier Liverpooler zu international gefeierten Stars. Natürlich ging dies nicht ganz ohne ideologische Verrenkungen ab. Die Musik der Beatles war auf einmal der Protest von Arbeiterjungs aus der englischen Vorstadt gegen den Kapitalismus. Das Zentralorgan der SED lobte die Beatles: »Sie wenden sich mit einer jugendlich-unbefangenen Ursprünglichkeit gegen die verlogene und sentimentale Scheinwelt eines von Werbe- und Show-Industriellen gelenkten Vergnügungsgeschäftes. Dieses Abwenden ist, wenn wir die Beatles in der Gesamtheit ihres Auftretens betrachten, im Grunde nichts anderes als ein Aufbegehren gegen den Konservatismus und die Starrheit ihrer wohlsituierten und spießerhaften kapitalistischen Umwelt, deren freudlose und bedrückende Atmosphäre sie selbst als Kellerkinder der verrauchten Industrie- und Hafenstadt Liverpool so nachhaltig zu spüren bekamen.«[14]

Das *Neue Deutschland* lag mit seiner Einschätzung sicherlich nicht falsch, wenn es die Popmusik als einen Protest gegen »Konservatismus und Starrheit einer verspießerten Umwelt« diagnostizierte. Jedoch gab es in der DDR diesen Grundkonflikt ebenfalls. Es handelte sich dabei zunächst um einen systemindifferenten Generationskonflikt, wie er typischerweise bei Heranwachsenden auftritt und für die Selbstfindung der Jugend auch unabdingbar ist. Doch unter den spezifischen Verhältnissen der DDR mit ihrer eklatanten Unfreiheit und ideologischen Bevormundung wurde der Generationskonflikt schnell politisiert. Diese Politisierung war beiderseitig. Die habituelle Protesthaltung der Beatfans richtete sich nicht nur allgemein gegen die »Welt der Erwachsenen«, sondern auch konkret gegen die Vorgaben der Ideologie und die Einschränkungen des DDR-Alltags. Auf der anderen Seite musste die Partei in der Zurschaustellung westlicher Moden eine Herausforderung sehen.

Die Gitarrenbewegung begann der Obrigkeit politisch zu entgleiten. Im Stadtbild der DDR tauchten sogenannte Gammler auf. Es handelte sich dabei um Jugendliche mit langen Haaren und Schlaghosen. Sie sammelten sich an bestimmten Stellen der Stadt, hörten gemeinsam Kofferradio oder Musik aus dem Tonbandgerät, tranken Bier und zogen gemeinsam zu Beatveranstaltungen. In Berlin war der Bahnhof Lichtenberg als Treffpunkt der Gammler verrufen. Sie hielten sich im Halbdunkel der U-Bahnschächte auf und bildeten ein allgemeines Ärgernis. Auch den Dienststellen der Polizei und der Staatsicherheit waren die Ansammlungen ein Dorn im Auge. Nach dem 11. Plenum des ZK der SED im Dezember 1965 bekamen sie grünes Licht, dagegen vorzugehen. In den Zeitungen wurden abstoßende Bilder von Gammlern veröffentlicht. Ihr Auftreten wurde als unhygienisch und unästhetisch beschrieben. Insbesondere in dem FDJ-Organ *Junge Welt* gab es Berichte darüber, dass die Kollegen in den Arbeitskollektiven zur Selbsthilfe gegriffen und den Langhaarigen mit Gewalt »anständige Frisuren« verpasst hätten. In anderen Fällen wurden solche nicht angepasste Jugendliche von der Polizei eingesammelt, auf dem Revier geschoren oder teilweise sogar zur Arbeitserziehung für eine gewisse Zeit in die Braunkohlengruben geschickt. Gegen die jugendliche Subkultur vom Bahnhof Berlin-Lichtenberg gab es Prozesse wegen asozialer Lebensweise und anderer Delikte.

Merkwürdigerweise befand sich die Staatsmacht in ihrem Kampf gegen unangepasste Jugendliche Mitte der sechziger Jahre durchaus in Übereinstimmung mit einem gewissen Teil der Bevölkerung. Viele Menschen in der DDR waren mit dem rigiden Vorgehen der Ordnungshüter einverstanden. Es gab sogar untergründiges Lob aus dem Westen, wo viele Zeitgenossen sich ähnliche Maßnahmen gegen die linksradikalen Chaoten gewünscht hätten.

Kampf gegen angelsächsische Überfremdung

Auf Weisung der Partei setzte Anfang 1967 in der DDR eine neue Welle des Kampfes gegen westliche Unkultur ein. Sie zielte insgesamt auf die Dominanz der angelsächsischen Kultur im Unterhaltungsbereich. Englische Namen von Musikformationen sollten grundsätzlich unterbunden werden. Bands mussten nun Combos oder Tanzmusikformationen genannt werden, aus Hits wurden Spitzentitel. Ältere Menschen fühlten sich an die »Fremdwortausmerze« der Nationalsozialisten oder die »Entwelschung« in der Zeit des Ersten Weltkrieges erinnert.

Der Hauptangriff der Parteidogmatiker richtete sich diesmal gegen die Hootenanny-Bewegung. Sie war 1960 von dem in der DDR lebenden kanadischen Folksänger Perry Friedman organisiert worden. Hootenanny bedeutete nichts weiter als eine lose Zusammenkunft, bei welcher zur Gitarre gesungen wurde. Meist pflegte man nach amerikanischem Vorbild eine Art Volksmusik. Die Veranstaltungen entwickelten sich zur Keimzelle vielfältiger Sangestalente der DDR, die später ganz unterschiedliche Wege gehen sollten. Friedman gründete 1966 einen Hootenanny-Club, der sein Domizil im Kino *International* in Ost-Berlin fand. Die Liederabende, von denen es sogar Schallplatten gab, wurden teilweise im Radio übertragen. Partei und FDJ betrachteten die Aktivitäten der Musikfreunde zunächst wohlwollend, wenn es auch nicht verborgen blieb, dass sich die jungen Leute für DDR-Verhältnisse auffallend spontan verhielten.

Dann setzte plötzlich eine Kampagne der FDJ gegen die Hootenanny-Bewegung ein. Am 25. Februar 1967 erschien in dem Organ des Jugendverbandes *Junge Welt* ein ganzseitiger »Leserbrief«. Darin war zu lesen: »Dieser Tage fiel mir ein Plakat an den Berliner Litfasssäulen besonders auf, und zwar deshalb, weil auf diesem Plakat das Wort Volk mit F geschrieben wird. Es handelt sich jedoch nicht um einen Druckfehler, sondern es stand dort ›Folk‹ in Verbindung mit ›Song‹. Folksong also, das heißt auf gut Deutsch Volkslied. Auf der Veranstaltung, die durch dieses Plakat angekündigt wird, sollen offenbar Volkslieder gesungen werden. Vielleicht auch einige in englischer Sprache, aber warum muss man das mir in englischer Sprache ankündigen?« Weiter hieß es: »Ich kann mich des Eindrucks nicht erwehren, dass manche unter uns ihre Liebe zum Volkslied in dem Augenblick entdeckten, als ›Folksong‹ Mode wurde. In diesem Eindruck werde ich auch bestärkt durch die Tatsache, dass diese Mode dazu führte, Volkslieder in zunehmendem Maße zu verhotten und zu entstellen. Ich frage mich, wer und was manche von uns dazu zwingt, Maschen mitzumachen, die in einer Welt gestrickt werden, die nicht die unsere ist.

Noch ein Beispiel: Ich finde es gut, dass sich Mädchen und Jungen in Berlin in einem Klub zusammenfinden, um zu singen. Ich war selbst schon dort und habe mitgesungen. Aber sie nennen das nicht Singen, sondern sie machen ›Hootenanny‹. Und dieser Klub ist ein ›Hootenanny‹-Klub. Das unverständliche Wort kommt aus dem Amerikanischen und ich frage mich, warum man es der viel einfacheren Bezeichnung Sing-mit-Klub (als Beispiel) vorzieht. Das gemeinsame Singen ist doch nicht etwa in Amerika erfunden worden? Auch ist der progressive Charakter der Bezeichnung keineswegs eindeutig. Sicher spielt er in fortschrittlichen Bewegungen der USA eine Rolle, aber ich habe auch davon gelesen, dass es Hootenanny-Spezialisten der psychologischen Kriegsführung gibt, die im Auftrage des USA-Imperialismus durch die USA und durch andere Länder fahren und auch in Südvietnam wirken. Es gibt keinen akzeptablen Grund für den Versuch, diesen Begriff in unserer sozialistischen DDR einzubürgern.«[15]

Es folgten weitere Zeitungsartikel, die gegen englische Bezeichnungen und gegen westliches Showgeschäft polemisierten, wobei klar war, dass die Kampagne auf höchste Weisung losgetreten worden war. Im Rundfunk wurde daraufhin keine englischsprachige Musik mehr gespielt, die DDR-Musikgruppen mussten ihre angelsächsischen Bezeichnungen durch deutsche Namen ersetzen. Aus »Team 4« wurde »Thomas Natschinski und seine Gruppe« und aus dem »Hootenanny-Klub« wurde der »Oktoberklub«. Er übernahm diesen Namen zur Ehrung der Großen Sozialistischen Oktoberrevolution, deren 50. Jahrestag im Jahre 1967 zelebriert wurde. Diese Namensänderung war Programm. Die wilden Zeiten der relativ spontanen Musikkultur waren vorbei. Der Oktoberklub war in den folgenden 22 Jahren staatsfromm bis zur Peinlichkeit.

Ein weiterer Stein des Anstoßes war kurze Zeit später die Veranstaltung »Jazz & Folksongs« in der Berliner Volksbühne am Rosa-Luxemburg-Platz. Dort sollten am 4. März 1967 Manfred Krug, Gerry Wolf, Eva-Maria Hagen sowie Sänger des Hootenanny-Clubs singen. Die Veranstaltung wurde kurzerhand verboten, die bereits aushängenden Plakate überklebt. Später durfte das Programm allerdings unter dem geänderten Titel »Jazz und Volkssongs« in der DDR auf Tournee gehen.

Statt des ursprünglich angekündigten Programms fand am 4. März 1967 in der Volksbühne eine Veranstaltung »Kommt und singt!« statt. An jenem Abend traten Mitglieder des nunmehr Oktoberklub genannten ehemaligen Hootenanny-Clubs gemeinsam mit dem Erich-Weinert-Ensemble der Nationalen Volksarmee auf. Es erklangen sowohl Arbeiterkampflieder als auch Hartmut Königs berühmtes Lied »Sag mir, wo du stehst!«. In den Presseorganen der DDR setzten nach der Veranstaltung die bestellten Lobeshymnen ein. Das *Neue Deutschland* bezeichnete die Veranstaltung als eine »Kampfansage gegen die Vorstellung, westliches Importgedudel sei der Jugend musikalisches Ideal«,[16] die *Berliner Zeitung* jubelte: »Das sind sie, die Jugendlieder der fünfziger Jahre. Rhythmisch, mitreißend, zündend.«[17]

Sexuelle Revolution in der DDR

Der Pariser Mai des Jahres 1968 wurde ausgelöst durch die Forderung der Studierenden der Pariser Vorortuniversität Nanterre nach gemischten Wohnheimen. Als der französische Jugendminister die Universität besuchte, bat ihn ein auffallend rothaariger Student um Feuer für seine Zigarette. Der Minister reagierte locker und reichte ihm Feuer. Der Rotschopf zog genüsslich den Rauch seiner Zigarette ein, blies ihn dem Minister ins Gesicht und meinte dann: »Monsieur le Ministre, ich habe Ihr Weißbuch über die Jugend gelesen. Auf 300 Seiten kein Wort über Sex.« Dieser Dialog machte den Studenten Daniel Cohn-Bendit zu »Dany le Rouge«, dem Wortführer der antiautoritären Revolte. Einige Wochen später stellte er erst die Universität Nanterre auf den Kopf, dann Paris und schließlich ganz Frankreich. In West-Berlin propagierte und praktizierte die legendäre Kommune I die freie Liebe.

Überall ging es zuerst um freie Liebe und Drogen, um lange Haare und kurze Röcke, um laute Rockmusik und Festivals. Die bornierte Reaktion der Obrigkeit machte daraus eine Revolte gegen die Autoritäten und schließlich einen Kampf für die Weltrevolution. Trotzdem mischten sich die drei Ebenen in der medialen Welt der Bilder zu einem Ereignis – einer karnevalistisch bunten Spaßrevolution zu der sanften, elegisch verhaltenen und dennoch rebellischen Musik jener Jahre.

Auch in der DDR fand jener Kulturbruch statt, der oft als sexuelle Revolution bezeichnet wird. »Echte Liebe gehört zur Jugend«, hatte es im September 1963 im Jugendkommuniqué der SED geheißen. »Oft wird noch die Meinung vertreten, die Liebe zwischen zwei jungen Menschen sei eine nebensächliche Erscheinung, über die man sowenig wie möglich zu sprechen habe. Tatsächlich aber greifen Probleme der Liebe und der Ehe in alle gesellschaftlichen Bereiche maßgebend ein – jeder Leiter sollte sich darüber klar sein. Unglückliche Liebe kann die Entwicklung eines jungen Menschen lange Zeit lähmen, glückliche Liebe beflügelt ihn.«[18]

Nach Jahren eines merkwürdigen kleinbürgerlich-proletarischen Puritanismus durfte seit dem Jugendkommuniqué endlich auch über die Liebe öffentlich gesprochen werden. Seit 1963 erschien in der *Jungen Welt* eine Rubrik unter dem Titel »Unter vier Augen gesagt…«. Dort beantworteten bekannte Sexualwissenschaftler wie Professor Klaus Trummer Fragen von Jugendlichen. So stellte eine Briefschreiberin die Frage, ob eine Liebesbeziehung am Arbeitsplatz schädliche Folgen für die Kollektivbildung haben könne. Professor Trummer verneint dies energisch: »Die Gebote der sozialistischen Moral und Ethik verlangen von jedem Menschen in unserer Gesellschaft, sauber und anständig zu leben. Steht diese Forderung im Widerspruch zu den Beziehungen, die sich zwischen den Menschen im sozialistischen Produktionsprozess entwickeln? Bedeutet das, freundschaftliche Beziehungen zwischen den Geschlechtern, zwischen Mädchen und Jungen im Betrieb seien ›unmoralisch‹? (…) Keinesfalls. Ich möchte sogar sagen, dass in solchen Beziehungen in weit größerem Maße echte Ideale und hohe Ziele vorhanden sind als in manch anderen Freundschaftsbeziehungen. Das gemeinsame Wirken in der sozialistischen Gemeinschaft, in der sich neue Beziehungen zwischen den Menschen überhaupt herausbilden, lässt in vielfacher Hinsicht neue Maßstäbe für die Beziehungen zwischen den Geschlechtern entstehen, die sich über das Verhältnis zueinander in der Produktion hinaus auch auf andere Lebensbereiche auswirken und den Menschen in seiner ganzen Persönlichkeit verändern.«[19]

Solche Maximen kündigten nicht gerade die sexuelle Revolution an, doch immerhin durfte geliebt werden ohne Furcht vor damit provozierten Aussprachen vor der Gruppenleitung. Dem einzelnen Mitglied des Kollektivs wurde eine Privatsphäre zugebilligt. Vorsichtig begannen sich die individuellen Freiräume in der Gesellschaft zu vergrößern. Auch einige Straftatbestände, wie der berühmte Paragraph 175 für »widernatürliche Unzucht zwischen Männern« wurden in dem Strafgesetzbuch von 1968 ersatzlos gestrichen.

Die Einführung der Anti-Baby-Pille bedeutete ähnlich wie in der westlichen Gesellschaft einen deutlichen mentalitäts- und sozialgeschichtlichen Einschnitt. In West wie Ost kann man anhand der demografischen Kurve klar den sogenannten Pillenknick erkennen. Allerdings gab es einen signifikanten Unterschied, der seine Ursachen im politischen Umfeld hatte. In der DDR sprach man zumindest auf offizieller Seite nicht von der Anti-Baby-Pille, sondern – sozusagen die Sache ins Positive kehrend – von der Wunschkindpille. Nicht die Verhütung der Schwangerschaft stand im Vordergrund, sondern der geplante und bewusste Kinderwunsch. Der Zeitpunkt und die äußeren Lebensumstände der Geburt von Kindern sollten sich in die Planung von Ausbildung und Berufstätigkeit einfügen. Das betraf sowohl die individuelle Lebensgestaltung als auch die Planung der gesellschaftlichen und ökonomischen Abläufe.

Die Pille – sei sie nun als Wunschkind- oder Anti-Baby-Pille bezeichnet – passte den Gesellschaftsplanern der DDR also gut ins Konzept. Sie war in der Bundesrepublik seit 1961 auf dem Markt und wurde seit dieser Zeit auch in der DDR in Ausnahmefällen verschrieben. Wer die richtigen Beziehungen hatte, konnte sich das Präparat aus dem Westen besorgen. 1965 kam als erstes hormonelles Kontrazeptivum aus der DDR-Produktion Ovosiston in die Apotheken. Es wurde im VEB Jenapharm hergestellt, dem einzigen Betrieb der DDR, welcher Hormonpräparate entwickelte und herstellte. Auf der Leipziger Frühjahrsmesse 1965 erhielt Ovosiston als »ein Produkt der hervorragenden Qualitätsarbeit« eine Goldmedaille. Eine Monatspackung kostete zunächst 3,50 Mark der DDR. Sie bestand aus einem Glasröhrchen, gefüllt mit 21 grünen Pillen sowie sieben Placebos, so dass die Tabletten fortlaufend eingenommen werden konnten.

Von 1965 bis 1967 wurden noch unter einer Million Monatspackungen verschrieben bzw. verkauft. 1968 waren es bereits 2,5 Millionen, 1969 schon vier Millionen und 1970 insgesamt fünf Millionen. In den folgenden Jahren stieg die Ausgabe auf 13 Millionen (1972). Relativ ausgedrückt nahmen 1968 etwa zehn Prozent der Frauen im entsprechenden Alter die Pille. Ein Jahr später waren es in Berlin bereits 20 Prozent.

Rowdyhafte Ausschreitungen

Im Jahre 1966 wird in einem speziellen Befehl des Ministers für Staatssicherheit auf die aus seiner Sicht bedenklichen Tendenzen unter Jugendlichen hingewiesen: »In der letzten Zeit kam es in einigen Großstädten der DDR zu rowdyhaften Ausschreitungen und Zusammenrottungen von Jugendlichen, die im erheblichen Maße die öffentliche Sicherheit und Ordnung beeinträchtigten. Es handelt sich hierbei um direkte Provokationen, die von bestimmten negativen und feindlichen Elementen angestiftet und angeführt wurden. In allen Fällen gelang es einigen wenigen Rädelsführern unter Ausnutzung oftmals geringfügiger Anlässe, eine große Zahl von Jugendlichen zu aktiven feindlichen Handlungen zu verleiten, die sich gegen die Organe der Staatsmacht und zum Teil auch gegen unsere sozialistische Staats- und Gesellschaftsordnung richteten.«[20]

Sehr deutlich wird in den folgenden Ausführungen Erich Mielkes das Bestreben, »gesellschaftliche und staatliche Institutionen« der DDR für diese Fehlentwicklung verantwortlich zu machen. Damit richtete er sich zumindest indirekt gegen die neue Jugendpolitik des Politbüros. Die offensichtlichen Übertreibungen in dem Mielke-Papier sind kaum anders zu erklären. Die Detailschilderungen von Vorkommnissen rund um den Humannplatz im Ost-Berliner Problemviertel Prenzlauer Berg ließen zwar ein unerfreuliches Bild entstehen. Das Treffen selbst unterschied sich jedoch wenig von vergleichbaren Zusammenkünften Jugendlicher in westlichen Ländern. Der Berliner Stadtbezirk Prenzlauer Berg war für die Stasi ein Brennpunkt sozialer und politisch-ideologischer Probleme. Am Humannplatz trafen sich allabendlich langhaarige Jugendliche, die aus ihren Kofferradios laut Westmusik ertönen ließen und auch sonst so überhaupt nicht in das Bild der »sozialistischen Persönlichkeit« passten.

In einem längeren Untersuchungsbericht des MfS heißt es:

»Die Untersuchungen der Vorkommnisse auf dem Humannplatz ergaben, dass sich etwa ab September 1966 allabendlich eine wachsende Zusammenrottung Jugendlicher zeigte. Anfang November erreichte dieser Prozess der Zusammenrottung bei einer Beteiligung von etwa 150 Jugendlichen seinen quantitativen Höhepunkt. Diese Zusammenrottung entwickelte sich aus einer Reihe kleinerer jugendlicher Gruppierungen, die bislang andere Trefforte im Stadtbezirk Prenzlauer Berg bevorzugten, sowie aus einer Anzahl Jugendlicher aus anderen Stadtbezirken, die teils aufgefordert und teils unaufgefordert sich dieser Zusammenrottung anschlossen. Gleichzeitig mit dem quantitativen Wachsen der Zusammenrottung vollzog sich eine qualitative Veränderung des Charakters dieser Zusammenkünfte Jugendlicher, deren Höhepunkt ebenfalls im November 1966 lag. Dem anfänglichen gemeinsamen Abhören von Beatsendungen westlicher Rundfunkstationen mittels Kofferradio schlossen sich bald häufiger werdende rowdyhafte Ausschreitungen und andere strafbare Handlungen an.

So wurden Schlägereien mit Jugendlichen inszeniert, die nicht am Humannplatz verkehren, es wurden unsittliche Handlungen an minderjährigen Mädchen durchgeführt und Sachbeschädigungen vorgenommen. In immer stärkerem Maße trugen die Zusammenkünfte den Charakter von Zusammenrottungen, die mit dem Belästigen und Bedrohen von Bürgern der umliegenden Wohngebiete verbunden waren, wodurch die öffentliche Ordnung und Sicherheit gefährdet wurde. (...)

In zunehmendem Maße fand diese oppositionelle Haltung auch ihren Ausdruck in Widerstandshandlungen gegen die VP. Ende 1966 hatten die Rädelsführer einen solchen negativen Einfluss durchgesetzt, dass sich die Handlungen der Teilnehmer an den Zusammenrottungen nicht mehr nur gegen die Tätigkeit der VP richtete, sondern auch gegen die Maßnahmen der Regierung der DDR sowie gegen ihre führenden Repräsentanten. (...) Bei den Untersuchungen zu den Motiven für die Teilnahme von Jugendlichen an den Zusammenrottungen wurde festgestellt, dass bei der überwiegenden Mehrzahl der vernommenen Personen das Bestreben vorhanden war, ihre Freizeit in der Gemeinschaft gleichaltriger Jugendlicher zu verbringen, wobei die Begeisterung für die Beatmusik und die daraus resultierende Anhängerschaft für Beat und Rolling Stones dominierte.

Daneben traten, jedoch im wesentlich geringeren Umfang, bei einzelnen Jugendlichen noch folgende Beweggründe in Erscheinung:
- das Bestreben, mit Jugendlichen des anderen Geschlechts in Kontakt zu kommen (spielte besonders bei weiblichen Personen eine wesentliche Rolle);
- eine gewisse Neugierde über den Ablauf derartiger Zusammenrottungen und der Verlauf eventueller Auseinandersetzungen mit der Volkspolizei;
- ein gewisser Trotz gegen die Maßnahmen der VP zur Auflösung der Zusammenrottungen.«[21]

Die FDJ scheint im Wohngebiet kaum präsent gewesen zu sein. Auf die Frage, warum sie nicht Mitglied der FDJ sind, gaben die vernommenen Jugendlichen interessante Antworten. Nach der Häufigkeit der Begründung geordnet, ergibt sich folgendes Meinungsbild:
- »Tätigkeit der FDJ-Gruppen uninteressant und langweilig, da nur Versammlungen durchgeführt werden und keine anderweitige interessante Freizeitgestaltung vorhanden ist.
- Wollten nicht als einziger oder einzige sich den wenigen Mitgliedern der FDJ in der Klasse anschließen, da sie befürchteten in diesem Fall von den Mitschülern ausgelacht zu werden.
- An der Schule oder Arbeitsstelle finden keine Zusammenkünfte der FDJ statt.
- An der Schule oder Arbeitsstelle wurden sie nicht wegen ihres Beitrittes zur FDJ angesprochen.
- Die Befragten wollten sich nicht dem Organisationsleben unterordnen.
- Den befragten Personen wurde von den Eltern angeraten, der FDJ nicht beizutreten.
- Der befragten Person wurde der Beitritt zur FDJ verweigert, da sie überlanges Haar trug.«[22]

Offenbar begann der SED die junge Generation teilweise zu entgleiten. Der Widerwille vieler junger Menschen gegen den Staat war nicht explizit politisch. Er wurde aber durch den ständigen Druck der Politik und der Ideologie künstlich politisiert. Stasi, Partei und FDJ sahen in den jungen Leuten, die lieber Beatmusik hörten als freiwillige Sonderschichten zu machen, eine Herausforderung. Statt darüber nachzudenken, auf welche Weise man die Jugendlichen integrieren könnte, verstärkte die Obrigkeit die Überwachung und Disziplinierung.

»In der Mocca-Milch-Eisbar«

Einer der Treffpunkte der tendenziell aufsässigen Fraktion unter den Ost-Berliner Jugendlichen war die *Mocca-Milch-Eisbar* in der Karl-Marx-Allee. Das Gebäude war eine jener damals hypermodernen Glas-Stahlbeton-Konstruktionen, die 1963 bis 1965 wie an einer Kette aufgefädelt links und rechts der Karl-Marx-Allee zwischen Alexanderplatz und Strausberger Platz gebaut worden waren. Auch im Inneren der Milchbar herrschte keineswegs anheimelnde Gemütlichkeit, sondern eher der Geist rationalisierter Massenabfertigung, der in den sechziger Jahren als modern galt. Stolz meldete ein DDR-Gaststättenführer, dass die *Mocca-Milch-Eisbar* 176 Sitzplätze auf zwei Etagen zur gastronomischen Betreuung der Gäste zur Verfügung stellen würde. Die Milchbar in der Karl-Marx-Allee wurde trotz ihrer unterkühlten Monumentalität zum Treffpunkt der Berliner Jugend. Es gab sogar einen DDR-Schlager über die Milchbar. 1970 veröffentlichte die Gitarrengruppe Thomas Natschinski auf der *Amiga*-Langspielplatte *Geschichten* den unsterblichen Ohrwurm: »In der Mocca-Milch-Eisbar hat sie mich gesehn. / In der Mocca-Milch-Eisbar, da ist es geschehen.«

Doch was dort geschah, gefiel der Stasi überhaupt nicht. In einem Bericht vom November 1967 analysierten die Mitarbeiter des Ministeriums für Staatssicherheit (MfS) sorgfältig die politisch-ideologische Situation in der Eisdiele. »Seit längerer Zeit treffen sich in der ›Milch-Mocca-Eis-Bar‹, so der offizielle Name der gastronomischen Einrichtung, mehrmals in der Woche Jugendliche, die sich auf Grund gemeinsamer Interessen zu Gruppierungen zusammengeschlossen haben. Die Zusammensetzung und die Anzahl der Gruppen hat sich in der Vergangenheit ständig verändert. Man kann aber feststellen, dass ein gewisser Stamm von Jugendlichen jeweils bestehen blieb. (…) In diesem Jahr haben sich in der ›Milch-Mocca-Eisbar‹ fünf Gruppen gebildet, deren Mitglieder untereinander und zu anderen Gruppierungen von Jugendlichen in der Hauptstadt einen guten Kontakt haben. (…) Die Jugendlichen der Hauptgruppe, die etwa 30 Personen umfasst, tragen überwiegend lange Haare. Sie sind fast alle mit ›Parkern‹ (Kapuzenmänteln, Kutten) westdeutschen oder amerikanischen Ursprungs bekleidet. (…) Es kann eingeschätzt werden, dass die meisten dieser Jugendlichen eine schlechte Lernbereitschaft oder eine schlechte Arbeitsmoral zeigen. Einige Mitglieder dieser Hauptgruppe sind, vor allem während der Sommermonate, als Arbeitsbummelanten in Erscheinung getreten. Fast alle Jugendlichen dieser Gruppierung haben eine negative Einstellung zu den gesellschaftlichen Verhältnissen in der DDR.«[23]

Manche Stammgäste der Milchbar waren nicht allein auf ideologischen Abwegen, sondern auch auf moralischen. Ein als Hilfskraft im Krankenhaus Friedrichshain beschäftigter Jugendlicher namens Jürgen H. popularisierte als Erster die »berauschende Wirkung des Schlafmittels Dormutil«, berichtete die Staatssicherheit in einem Bericht vom Februar 1968.[24] »Er erreichte, dass ein großer Teil der in der Milch-Mocca-Eisbar verkehrenden Jugendlichen in der Folgezeit dieses Mittel missbrauchten, um sich in einen Rauschzustand zu versetzen. Dabei nutzte er das durch ihn hervorgerufene Interesse dieser Jugendlichen am Erhalt solcher Tabletten dazu aus, sich persönlich zu bereichern, indem er jeweils zehn solcher Tabletten, die normalerweise 1,50 M kosten, für 5,00 und 7,50 M veräußerte. H. ist darüber hinaus bereits in der Vergangenheit als Beteiligter an Schiebergeschäften mit Westwaren bekannt.«[25] Auch auf Partys wurde laut Stasibericht diese Mixtur aus Schlafmittel und Alkohol konsumiert, die damals als »Rauschgift des kleinen Mannes« populär wurde. An einigen Berliner Oberschulen kam es zu bedenklichen Vorfällen, die zu polizeilichen Ordnungsmaßnahmen führten. Die jugendliche Protestkultur beschränkte sich durchaus nicht auf die Hauptstadt Berlin und die Messestadt Leipzig. Aus Karl-Marx-Stadt berichtete das MfS ebenfalls von der neuen Jugendkultur und deren Sympathien für die offenere Kulturpolitik beim tschechoslowakischen Nachbarn.

»Die Jugendlichen, die durch ihr Aussehen (Kleidung, Haarschnitt) und durch ihr Verhalten bereits mit der gesellschaftlichen Umwelt in Konflikt gerieten, interessieren sich stärker für die Lage in der ČSSR. Einzelne Jugendliche erklären, dass in der ČSSR eine ›größere Freiheit‹ existiere als bei uns und dem ›Beat‹ sowie der ›jugendlichen Mode‹ keine gesellschaftlichen Grenzen gesetzt sind. Typisch ist, dass die Lage von diesen Jugendlichen ›politisch‹ kommentiert wird, ohne programmatische Forderungen für die Entwicklung in der DDR abzuleiten.«[26] Vollkommen zu Recht diagnostiziert das MfS hier keine theoretisch durchdachten Gesellschaftsmodelle, sondern einen rein emotionalen Protest gegen Bevormundung, geistige Enge und Gängelei.

Für das MfS war das muntere Treiben in einigen Cafés speziell in Berlin nicht zuletzt deswegen hochinteressant, weil eine Reihe von Sprösslingen aus Familien bekannter Schauspieler, Künstler und Wissenschaftler darin verwickelt war. Entsprechend dicht ist die Aktenüberlieferung. Teilweise liefen die besorgten Eltern zur Polizei, andere sahen in Disziplinierungsversuchen der Staatsmacht einen Angriff auf die eigene Stellung und protestierten gegen die polizeilichen Vernehmungen ihrer Kinder. Die Rebellion gegen die Moralvorstellungen der Elterngeneration und die Anforderungen des sozialistischen Staates bildeten ein schwer entwirrbares Amalgam. Genau wie im Westen verschwammen die Grenzen zwischen politischem Protest und individuellem Aufbegehren.

ZWEITER TEIL

Der Frühling braucht Zeit

Macht und Ohnmacht der Utopie

Der Frühling voller Freuden ist endlich gekommen.
Die Vögel begrüßen ihn mit frohem Gesang.
Und unter dem linden Wehen des Windes
Plätschern die Bäche sanft murmelnd dahin.
Aber plötzlich ist der Himmel von einem schwarzen Mantel bedeckt.
Blitze und Donner kündigen ein Unwetter an.
Dann wird es wieder still.
Und die Vögel beginnen aufs Neue mit ihrem zauberischen Gesang.

Antonio Vivaldi: Der Frühling, Sonett zu dem Konzert »Die vier Jahreszeiten« (1725)

VIERTES KAPITEL

Die Welt in Aufruhr

Am 12. Mai 1968 eröffnete ein Festkonzert im Smetana-Saal des Prager Repräsentationshauses das alljährlich stattfindende Musikfestival »Prager Frühling«. Wie jedes Jahr seit 1946 spielte das Prager Philharmonische Orchester anlässlich des Todestages von Bedřich Smetana dessen Tondichtung *Mein Vaterland*.

In dem Jugendstilbau aus dem Jahr 1911, direkt neben dem Pulverturm, bröckelte damals an vielen Stellen der Putz. Trotzdem ließ sich kaum ein historisch beziehungsvollerer Ort denken. Hier residierten im Mittelalter die böhmischen Könige, woran eine Gedenktafel erinnerte. Hier wurde am 28. Oktober 1918 die Tschechoslowakische Republik proklamiert, woran in kommunistischer Zeit keine Gedenktafel erinnerte. Im Café des Hauses trafen sich in den zwanziger Jahren Dichter wie Franz Kafka, Franz Werfel, Max Brod und Egon Erwin Kisch, woran ebenfalls keine Gedenktafel, aber ein Schillers *Taucher* paraphrasierendes Wortspiel von Franz Blei erinnerte: »Es kafkat und werfelt, es brodelt und kischt.«

So versprach es wieder zu werden im Prag der späten sechziger Jahre. Es war kein Zufall, dass Vordenker des humanistischen Sozialismus wie Professor Eduard Goldstücker die Wiedereinbürgerung der deutschsprachigen Schriftsteller in die tschechische Kultur betrieben.

Die Goldene Stadt war in den sechziger Jahren in den Mittelpunkt des internationalen Kulturgeschehens gerückt. Manche sprachen gar von einer Welthauptstadt des Theaters, womit freilich eher die Sprechbühnen mit ihren experimentellen und politisch brisanten Inszenierungen gemeint waren. Aber auch die klassische Musik kam nicht zu kurz in jener Stadt, in der Mozart einst seine schönsten Triumphe gefeiert hatte.

An einem der folgenden Tage spielte die Tschechoslowakische Philharmonie im Repräsentationshaus die *Vier Jahreszeiten* von Antonio Vivaldi. Auch dieses Musikstück ist mit der Geschichte

Böhmens verbunden. Der italienische Komponist hat es dem böhmischen Grafen und Musikliebhaber Wenzeslaus Morzin gewidmet und spielte es diesem oft vor.

Mit dem Winter »L'Inverno« beginnt der Kreislauf der Natur. »Meisterhaft sind die Mittel zur klanglichen Versinnbildlichung klirrender Kälte im Eingangsritonell des ersten Satzes«, heißt es dazu in dem mehrsprachigen Programmheft des Festivals von 1968. »Dieser Satzanfang verkörpert bei Vivaldi gewissermaßen den musikalischen Ausdruck für Kälte schlechthin (...). Ab Takt zwölf des Konzerts beginnt die Solo-Violine mit der Schilderung des schrecklichen Windes. (...) Plötzlich (...) zieht der sanfte ›Schirocco‹, der Südostwind, auf und gerät mit dem ungebärdigen ›Boreas‹, dem Nordwind, heftig gegeneinander. ›Allegro‹ rast die Solo-Violine dahin, bis sie in die brausenden Klangflächen des Schlusstutti einmündet. (...) So ist es gewiss, dass der Sturm den Winter vertreiben und ein neuer Frühling heraufziehen wird. (...) Dann setzt das Frühlingskonzert mit einem Tanz von überschäumender Fröhlichkeit ein. Man hört die Vögel jubilieren. Die erwachende Natur triumphiert über die Kälte des Winters.«

Hatten die Verfasser dieser Zeilen die politischen Ereignisse im Hinterkopf? Im Lande war ein Frühling angebrochen, wie ihn die Welt noch nicht gesehen hatte. Die täglich höher stehende Sonne brachte die Schneeberge zum Schmelzen und legte freilich auch manche schmutzige Ecke bloß.

Vor der Drucklegung hatte Antonio Vivaldi jedem der vier Konzerte ein »sonetto dimostrativo«, ein erklärendes Sonett, vorangestellt, das im Programmheft in mehreren Sprachen abgedruckt war. »Dann tanzen Nymphen und Hirten«, wie es in dem Sonett »La Primavera« heißt, »zu den fröhlichen Klängen des Dudelsacks in ihrem geliebten Haine. Wenn der Frühling Einzug hält mit all seiner Pracht.«

Die Verbindung zwischen dem politischen Aufbruch und dem Erwachen der Natur lag so nahe, dass der Begriff »Prager Frühling« sich anbot, wie zwölf Jahre zuvor der Begriff »Tauwetter«. Es ist auch kein Zufall, dass der Epochenbegriff »Tauwetter« durch den 1955 erschienenen gleichnamigen Roman von Ilja Ehrenburg geprägt wurde, der Begriff »Prager Frühling« durch ein Festival klassischer Musik. Beide Begriffe bezeichnen eine geistige und emotionale Befreiung aus der Umklammerung der eisigen Kälte der Diktatur.

Doch die Naturmetaphorik ist doppeldeutig. Das Herbstsonett »L'Autumno« endet mit den Zeilen: »In der Morgendämmerung ziehen die Jäger aus. Mit Hörnern, Flinten und Hunden (...). Das Wild erschreckt und verängstigt vom schallenden Lärm der Schüsse und von den Hunden verwundet, versucht zu fliehen. Doch stirbt es erschöpft.«

Doch bis dahin war es noch weit. Vorläufig herrschte Frühling. Und dieser Frühling hatte es in sich. Bereits im Dezember 1967 war es im Zentralkomitee der Kommunistischen Partei der Tschechoslowakei zur offenen Konfrontation zwischen den Orthodoxen um Partei- und Staatschef Antonín Novotný auf der einen Seite und der Koalition von Reformkräften auf der anderen Seite gekommen. Das Weihnachtsfest und der Jahreswechsel hatten den streitenden Parteiflügeln auf der Prager Burg eine Zwangspause verordnet. Angeblich hatten empörte Anrufe der Ehegattinnen die Mitglieder des ZK der Kommunistischen Partei nach Hause beordert. Die in Prag getätigten Weihnachtseinkäufe sollten rechtzeitig unter dem Tannenbaum liegen.

Am 5. Januar 1968 wählte das ZK den 47-jährigen Slowaken Alexander Dubček zum Parteivorsitzenden. Als Dubček das erste Mal vor die Fernsehkameras trat, war die Sensation perfekt. Da sprach ein Mann, dem jede Rhetorik fremd war. Einige Male versprach er sich. Er rückte an seiner Brille herum, er sprach schlecht, und er sprach slowakisch. »Wir alle waren gewohnt, nach einigen wenigen Sätzen abzuschalten, wenn eine der Parteigrößen sich hören ließ. Diesen Mann aber sah und hörte man sich mit wachsendem Staunen an. Er meinte, was er sagte. (...) Ein jeder kannte die Floskel, mit der eine wichtige, programmatische Rede zu enden hatte: Unverbrüchliche Freundschaft ... siegreiche Oktoberrevolution ... mit der Sowjetunion auf ewige Zeiten ...‹ Stattdessen nahm Dubček seine Brille ab, legte das Manuskript beiseite und sagte, beinahe zaghaft: ›Danke fürs Zuhören.‹ Wir rieben uns die Augen. Eine neue Ära war angebrochen.«[1]

Eine Koalition aus drei unterschiedlich orientierten Gruppen machte den Richtungswechsel im Januar 1968 möglich. Die Wirtschaftsfachleute plädierten für eine Ersetzung der starren Planwirtschaft durch Marktmechanismen, die Stärkung der Eigenverantwortlichkeit der Betriebe, den Einsatz materieller Interessiertheit der Werktätigen anstelle moralischer Appelle, zudem für eine Öffnung für westliche Kredite. Eine wirtschaftliche Dauerkrise des einstmals hochindustrialisierten Landes machte die Reformen mehr als dringend. Ihr Protagonist war Ota Šik, der im Auftrage der Parteiführung die Pläne einer Wirtschaftsreform ausgearbeitet hatte, die denjenigen in der DDR nicht unähnlich waren.

Im Einklang damit meinten viele Intellektuelle, eine moderne Gesellschaft könne ohne Meinungsfreiheit, Rechtsstaatlichkeit und Demokratie nicht leben. Ihre Positionen waren in den Medien, Theatern und Künstlerverbänden im Januar 1968 bereits sehr stark. Die Schriftsteller, Filmregisseure und Professoren wurden schließlich zu den eigentlichen Helden des denkwürdigen Frühlings. Viele von ihnen haben ihr politisches Engagement mit Berufsverboten, Gefängnisstrafen und Vertreibung aus der Heimat bezahlen müssen. Doch die Bücher von Milan Kundera, Pavel Kohout, Bohumil Hrabal, Josef Škvorecký, Václav Havel und vielen anderen sind das eigentlich Bleibende jenes Frühlings. Die tschechoslowakische Literatur der Emigration und des Untergrunds gehört zu den interessantesten Kapiteln der Weltliteratur. Der Prager Frühling war ein Aufstand des Wortes gegen die Sprachlosigkeit. Der Titel des Manifests der tschechischen Intellektuellen, »2000 Worte«, war gut gewählt. Er klang zugleich bescheiden und stolz. Nach dem 21. August 1968 machte der bittere Witz die Runde: »Gegen jedes der zweitausend Worte haben sie einen Panzer geschickt.«

Die dritte Gruppe waren die slowakischen Föderalisten, die sich in der sozialistischen Republik nicht weniger als in der bürgerlichen Tschechoslowakei vor 1938 von der tschechischen Majorität zurückgesetzt und bevormundet fühlten. Sie erstrebten die Umwandlung des Zentralstaates in eine Föderation. Ihre politischen Ziele überlebten die Militärintervention. Die Tschechoslowakei wurde 1969 zur Förderation, was den Slowaken allerdings weder mehr Freiheit noch mehr nationale Unabhängigkeit brachte. Erst 1993 entstanden zwei selbständige Republiken und damit erstmals in der Geschichte ein unabhängiger slowakischer Staat.

So gelang es im Januar 1968 einem heterogenen Bündnis, den überfälligen Personalwechsel an der Parteispitze durchzusetzen. Alexander Dubček war ein Kandidat des Kompromisses. Da er in der Sowjetunion aufgewachsen war, später in Moskau studierte hatte, Russisch so gut wie seine Muttersprache sprach und zudem als linientreuer Kommunist galt, war er für die Sowjetführung akzeptabel.

Den Wirtschaftsreformern und demokratischen Kommunisten war Dubček durch eine stille, aber kluge Politik in Bratislava aufgefallen, wo er an der Spitze der Parteiführung gestanden hatte, und die slowakischen Patrioten konnten zufrieden sein, da erstmals einer ihrer Landsleute an der Spitze der Gesamtpartei stand. Der Machtwechsel vollzog sich hinter verschlossenen Türen. Das Volk, in dessen Namen alle sprachen, wurde erst anschließend informiert. Doch es spürte bald, dass ein neuer Wind im Lande wehte.

Mitte Februar 1968, fünf Wochen, nachdem das neue Parteipräsidium gewählt worden war, gab es im Fernsehen eine kleine Sensation. Der Diskussionsleiter eröffnete eine Gesprächsrunde mit den Worten: »Verzeihen Sie mein Lampenfieber. Es ist nach 20 Jahren das erste Mal, dass wir eine Fernsehdebatte nicht vorher aufnehmen und zusammenschneiden. Von all dem, was Sie sagen, kann nicht ein einziges Wort mehr zurückgenommen werden.«[2] Die Menschen in den sozialistischen Ländern hatten sich an eine kryptische Sprache der toten Formeln gewöhnt. Zeitungsleser und Fernsehzuschauer entschlüsselten die Kryptogramme der Funktionäre, um auf dem Laufenden zu sein. In Ost und West wurde gerätselt, was dieser oder jener Leitartikel andeuten wolle? Was hat die Wahl eines neuen Begriffs zu bedeuten? Zeichnet sich hier ein Richtungswechsel ab? Zwangsläufig wurde die offizielle Sprache immer formelhafter. Die Entzifferung der Botschaften aus der Zentrale wurde zur Geheimwissenschaft. Selbst treu ergebene Funktionäre drehten am Sendeknopf ihres Radios, um aus dem Westen eine Quintessenz der in endlosen Reden verborgenen Nachrichten zu erfahren.

»Er war nach dem Februar 1948 der erste Politiker, der wieder den Willen der Mehrheit respektierte. (...) Aber der wirkliche Zauber, durch den er sich ebenso Großmütter wie Kernphysiker eroberte, lag in seinen Schwächen. Nach den göttlichen Führern der stalinistischen Ära, die streng darauf achteten, dass ihnen die Fotografen die Warzen retuschierten und die Rundfunktechniker die Zischlaute schnitten, war es einfach eine Wonne, plötzlich einen Mann zu sehen, der vor Lampenfieber zu sterben schien. Mit seinen schweren Augenlidern sah er bei jedem Auftritt aus, als ob man ihn gerade aus dem Bett gejagt hätte. (...) Doch seinen entscheidenden Sieg errang er gewiss dadurch, dass er verständliche, unkaschierte Worte in die Politik brachte. (...) es war der Schauspieler Jan Werich, der aus seinen Ansprachen einen ganz kurzen Satz auffischte, der zwei

Substantive, ein Attribut und eine Präposition enthielt und ihn als Programm bezeichnete, das in der Welt schon lange nicht mehr existierte: Sozialismus mit menschlichem Gesicht!«[3]

Was es bisher nur im privaten Kreis gegeben hatte, spielte sich seit Februar 1968 in der Tschechoslowakei vor laufender Kamera ab. Die Diskussionsteilnehmer sprachen über den Druck durch von oben verordnete Meinungen. Sie plädierten für ein unabhängiges Parlament, die Wahl nichtkommunistischer Abgeordneter, forderten die Rehabilitierung der Opfer des stalinistischen Terrors, die Entlassung der vielen unfähigen Wirtschaftsfunktionäre, die Abschaffung der Zensur.

Am nächsten Morgen filmte ein Kamerateam die Reaktion der Bevölkerung auf diese Debatte. Am Abend sagte ein Lastkraftwagenfahrer auf dem Bildschirm: »Demokratisierung? Sie haben wohl nicht alle Tassen im Schrank, Herr Redakteur? Beantworten Sie die Frage doch gefälligst selbst. Soll ich mich einsperren lassen?«

Eine bisher notorisch unpolitische Jugend strömte scharenweise zu den Diskussionsabenden der sozialistischen Akademien. Als Josef Smrkovský und andere in der Stalinzeit verfolgte Kommunisten in einem Prager Kulturhaus auftraten, standen Tausende von Menschen, die der Saal nicht mehr fasste, auf der Straße und brachten den Verkehr zum Erliegen. Man beschloss, die Veranstaltung zu wiederholen. 20000 meist junge Leute kamen in eine Messehalle und verfolgten gespannt die Diskussion, die von 19 Uhr abends bis 2 Uhr nachts dauerte und live im Rundfunk übertragen wurde. Millionen Hörer hielten den Atem an. Was hier gesagt wurde, brachte die alte Welt des orthodoxen Kommunismus zum Einsturz. Offen sprachen die Diskussionsteilnehmer über die Fehler der Vergangenheit und forderten einen freiheitlichen, demokratischen Sozialismus.

Die Tageszeitungen, jahrelang grau, unattraktiv und fast identisch, zeichneten sich plötzlich durch ungemeine Farbigkeit, Aktualität und Vielfalt aus. Im Fernsehen und im Rundfunk liefen Diskussionen ohne jede Vorgabe an die Teilnehmer.

Zum ersten Mal in einem kommunistischen Land schauten die Massenmedien hinter die Kulissen der regierenden Partei, brachten eigene Berichte über Parteiversammlungen, Kreis- und Bezirkskonferenzen. Erstmals erhielt die Öffentlichkeit regelmäßig Informationen über die Sitzungen des Parteipräsidiums und der Regierung. Diese Informationsexplosion und die freie Diskussion über die Probleme der Gesellschaft aktivierten das Volk in einem bisher unbekannten

Maße. In den Betrieben besprach man die Fernseh- und Rundfunksendungen des Vortages, die Ansichten der verschiedenen Kommentatoren und Artikel bekannter Wissenschaftler. War man jahrelang gewohnt gewesen, nur eine Zeitung zu kaufen, von der man auch nur die Sportseite las, so kaufte man jetzt mehrere Zeitungen, da jede Interessantes und anderes zu bieten hatte. Viele beklagten sich, dass sie nicht genug Zeit hätten, alles zu lesen. In den Rundfunk- und Fernsehanstalten häuften sich die Leserbriefe, die bedauerten, dass die Hauptnachrichten zeitgleich liefen, so dass man sich für eine Sendung entscheiden musste. Die Auflagen der Zeitungen und Zeitschriften erreichten astronomische Höhen. Sie wurden nur durch die geringen Papier- und Druckkapazitäten beschränkt. Die Nachfrage nach dem Literaturmagazin *Literární Listy* oder nach dem Wochenblatt *Reportér* war so groß, dass die Leute an den Zeitungskiosken Schlange standen und die Auflagen nach wenigen Stunden ausverkauft waren. Zudem konnte man im Zeitungsladen nun auch westliche Publikationen kaufen. Dies war besonders für Besucher aus Ostdeutschland eine Sensation.

Es war eine Revolution des Wortes. Was sich 20 Jahre lang aufgestaut hatte, kam nun zur Sprache: Die Verbrechen der Stalinzeit, der ruinöse Zustand der Wirtschaft, die Unfähigkeit des bürokratischen Apparates der Kommunistischen Partei. Zunehmend wurde nach konkreten Verantwortlichkeiten gefragt. Skandale wurden aufgedeckt. Die Parteiführung, die diese Kettenreaktion der Selbstbefreiung in Gang gesetzt hatte, war nicht mehr in der Lage, sie zu steuern. Die von der Parteiführung angestoßenen Reformen waren zu einer nationalen Freiheitsbewegung geworden.

Warschau

Auch die Revolte in Warschau begann im Theater. Ende Januar 1968 wurde das Drama *Totenfeier* von Adam Mickiewicz vom Spielplan des Warschauer Nationaltheaters abgesetzt. Genauer gesagt, die Behörden erklärten einige Tage zuvor, dass am 30. Januar 1968 die letzte Vorstellung stattfinden würde. Das glich einer Aufforderung, im Theater zu erscheinen und seinen Unwillen kundzutun. Adam Mickiewicz, der von 1798 bis 1855 lebte, genießt in Polen eine vergleichbare Verehrung wie in Deutschland etwa Goethe oder

Schiller. Sein Drama *Totenfeier* gehört zum Schulstoff. Der Dichter war schon als Student von den Russen verhaftet und verbannt worden. In Weimar hat ihn Goethe empfangen, in Paris gründete er eine revolutionäre Zeitung und in Italien eine Polnische Legion, die dort gemeinsam mit Garibaldis Truppen für die Freiheit kämpfte.

Mit der *Totenfeier* wollte der Dichter seinen Landsleuten eine Art *Faust* schenken. Es geht um Traum und Wirklichkeit, Liebe und Verrat, Polen und Russland. Die Neuinszenierung des selten gespielten Stückes im November 1967 war eine Sensation. Das Publikum jubelte, die offiziöse Kritik war unterkühlt. Allzu deutlich waren die Parallelen des Freiheitskampfes von damals und heute. Wenn auf der Bühne verkündet wurde: »Seit einem Jahrhundert schickt man aus Moskau nur die schlimmsten Strolche nach Polen«, raste der Saal vor Begeisterung. Das wurde der Obrigkeit schließlich zu viel. Sie verfügte die Absetzung des Stückes. Nach der letzten Vorstellung gab es Sprechchöre: »Fort mit der Zensur«, »Es lebe die Unabhängigkeit Polens«. Dann zogen die Zuschauer zu dem nur einige Schritte entfernten Mickiewicz-Denkmal und legten dort einen Kranz nieder. Einige wollten zum »Amt zur Kontrolle der Presse, der Publikationen und Schaustellungen« ziehen. Da griff die Miliz ein und nahm mehrere Teilnehmer des Umzuges fest.

Der Schriftstellerverband verweigerte eine Zustimmungserklärung zum Verbot des Theaterstücks. Jerzy Andrzejewski, der Verfasser des weltberühmten Romans *Asche und Diamant*, brach sein langes Schweigen und sagte: »Jeder Versuch einer mutigen Kritik an unserem öffentlichen Leben wird zunichte gemacht. Jedes Kunstwerk, das furchtlos unsere Wunden und Schmerzen bloßlegt, fällt der Zensur oder vernichtender Kritik zum Opfer. Die Gegenwart wird verlogen dargestellt, die Geschichte verfälscht. Die Kultur und das künstlerische Schaffen Polens sind in ihrer Existenz bedroht.«[4] Das waren deutlichere Worte, als es die kommunistische Führung gewohnt war.

Der Funken im Pulverfass war die Relegation von zwei Studenten, die am Mickiewicz-Denkmal verhaftet worden waren. Am 8. März 1968 fand eine Protestversammlung auf dem Universitätsgelände statt. Als die Teilnehmer auseinandergehen wollten, trafen in Autobussen angebliche Arbeiter der »Freiwilligen Reserve der Bürgermiliz« (OMRO) ein. Sie prügelten mit Knüppeln auf die Studenten ein und nahmen viele fest.

Es folgten mehrtägige Tumulte in Warschau und praktisch allen anderen Universitätsstädten. Nach offiziellen Angaben wurden 2700 Personen verhaftet. Zahlreiche Studenten wurden zu Gefängnisstrafen verurteilt, von der Universität relegiert oder zum Militär eingezogen.

Dann schlug der konservative Flügel der Partei unter Innenminister General Mieczysław Moczar zurück. In den Zeitungen begann eine wüste antisemitische Hetze. Die aufsässigen Studenten, so hieß es, seien Kinder von jüdischen Intellektuellen und Funktionären. Die polnische Presse druckte eine Liste mit verdächtig »jüdisch« klingenden Namen ab und eröffnete damit eine Kampagne, die sich auch gegen Parteichef Władysław Gomułka richtete, dessen Frau Jüdin war. Die nationalistische »Partisanenfraktion« malte das Gespenst einer »zionistischen Verschwörung« an die Wand. Sie warf der Gomułka-Führung vor, nicht entschieden genug gegen diese Umtriebe vorgegangen zu sein. In den Großbetrieben führte die Partei Versammlungen durch. Angebliche Arbeiter trugen Schilder mit Aufschriften wie »Studenten auf die Schulbank« oder »Arbeit – Wissenschaft – Ruhe«.

Vielleicht hatten viele Polen den Eindruck, hier kämpften lediglich zwei kommunistische Fraktionen um die Macht, zumal Gerüchte im Umlauf waren, dass die Krawalle von der Geheimpolizei provoziert worden seien. Vielleicht fiel die Hetze gegen Juden und Intellektuelle bei einem Teil der katholischen Bevölkerung auf fruchtbaren Boden; vielleicht meinte mancher Arbeiter tatsächlich, die Kinder der Privilegierten nähmen sich zu viel heraus. Jedenfalls kam es zu keiner Solidarisierung der Arbeiterschaft mit den Studenten.

Es brauchte noch zwei Jahre, bis sich die Arbeiter an der Ostseeküste erheben sollten. Während der Arbeiterrevolte im Dezember 1970 aber herrschte in den Universitäten Lethargie und Passivität. Die Spaltung der Freiheitsbewegung wurde erst 1976 überwunden und führte zur Gründung der Gewerkschaft Solidarność, die in den Jahren 1980/81 zum Menetekel des kommunistischen Systems wurde. Die Studentenrevolte im März 1968 blieb eine Episode. Allerdings eine Episode mit tragischen Auswirkungen. In den folgenden Monaten verließen etwa 20 000 Juden ihre polnische Heimat. In dem malerischen Ghetto von Krakau, in dem heute Touristen gerne zu Klezmermusik koscher essen gehen, gab es seitdem keine Juden mehr.

Die DDR-Medien wahrten angesichts der politischen Vorgänge im Nachbarland strengstes Stillschweigen. Der Antisemitismus der polnischen Bruderpartei war für die SED von kaum zu überbietender Peinlichkeit, weckten doch die Redensarten der polnischen Genossen in Deutschland die schlimmsten Erinnerungen. Trotzdem schwieg die SED-Führung intern wie öffentlich zu den Ereignissen in Polen. Hier sah sie anders als in der Tschechoslowakei keinen Anlass zu brüderlicher Kritik. Aus Prag allerdings kamen klare Worte. Josef Smrkovský, einer der radikalen Reformkommunisten und damals Präsident der Nationalversammlung, sagte, der Kampf gegen den Antisemitismus sei die heiligste Pflicht der Sozialisten. Auch bekannte tschechoslowakische Schriftsteller protestierten gegen die antisemitische Kampagne. Am 3. Mai 1968 fand auf dem Altstädter Ring eine Solidaritätsveranstaltung Prager Studenten statt, was zu einer heftigen Protestnote der polnischen Regierung führte.

Erst nach der Invasion vom 21. August 1968 stellte sich auch die SED-Propaganda auf die Tonlage unterschwelliger antisemitischer Andeutungen ein. Am 25. August 1968 schrieb das *Neue Deutschland* über den 14. Parteitag der KPČ, der am Tage nach der Okkupation in Prag getagt hatte, wörtlich: »Zionistische Kräfte haben die Führung übernommen.«[5] Der Kommentator des Zentralorgans nannte allerdings keine Namen, was ihm auch schwergefallen wäre. Der einzige Jude in der tschechoslowakischen Parteiführung, František Kriegl, befand sich während des Parteitages nicht mehr in Prag, sondern in sowjetischem Gewahrsam. Keine gute Position also, um die »Führung« der Partei zu übernehmen. Es ist auch kein Zufall, dass sich die SED-Propaganda in den folgenden Monaten gezielt auf Professor Eduard Goldstücker einschoss, der bereits 1952 als »Zionist« vor den stalinistischen Tribunalen gestanden hatte.

Anna Seghers, Stephan Hermlin und andere Geistesschaffende der DDR jüdischer Abkunft, die den Antifaschismus als Generalentschuldigung für alle Fragwürdigkeiten des SED-Staates stets im Munde führten, schwiegen zu der antijüdischen Hetze in Polen wie zu den nur fadenscheinig als antizionistisch kaschierten antisemitischen Hetzparolen gegen die demokratischen Kommunisten in der Tschechoslowakei.

Moskau

Seit dem Frühsommer 1968 kursierte in Moskauer Dissidentenkreisen ein Manuskript des Atomphysikers Andrej Dmitrijewitsch Sacharow.[6] Die im Samisdat veröffentlichte Streitschrift stand unter einem Motto aus Goethes *Faust*: »Nur der verdient sich Freiheit wie das Leben, / Der täglich sie erobern muss!«. Genau darum ging es. Um die Eroberung eines Stücks Freiheit. Samisdat ist eines jener im Russischen beliebten Kunstworte, die aus den ersten Silben eines mehrteiligen Begriffs gebildet werden. Es steht für *samsebjaisdat*, das heißt schlicht Selbstverlag. Was dahinter steckt, illustriert ein Aphorismus von Wladimir Bukowski: »Man schreibt selbst, redigiert selbst, zensiert selbst, verteilt selbst und geht dafür selbst in den Knast.«

Die Publikation Sacharows trug den Titel: *Gedanken über Fortschritt, friedliche Koexistenz und geistige Freiheit.* Die deutschsprachige Fassung wurde durch den Haupttitel ergänzt: *Wie ich mir die Zukunft vorstelle.*[7] Dabei tritt Sacharow als Person in der Denkschrift vollkommen zurück. Er schreibt fast durchgängig im *pluralis modestiae* und tritt im Namen der kritischen Intelligenz auf. Er konnte sich diesen Bescheidenheitsplural durchaus leisten, war er doch einer der wichtigsten Physiker der Sowjetunion. Man nannte ihn den Vater der sowjetischen Wasserstoffbombe.

In der Ära Chruschtschow hatte sich die Sowjetunion verändert. Keineswegs geradlinig, sondern eher sprunghaft und widersprüchlich. Doch hatte es die fundamentale Kritik an Stalins Terrorsystem gegeben, die Auflockerung des Geisteslebens, die immerhin die Veröffentlichung von Alexander Solschenizyns Lagerroman *Ein Tag aus dem Leben des Iwan Denissowitsch* ermöglicht hatte, die Bekenntnisse zur friedlichen Koexistenz der Systeme und eine vorsichtige Öffnung gegenüber dem Westen. Obwohl an den stalinistischen Machtstrukturen niemals gerüttelt worden war, ließ sich die Zeit nicht einfach zurückdrehen. Wenigstens in Moskau, Leningrad und Kiew gab es Intellektuellenkreise, in denen offen die Probleme des Landes diskutiert wurden, wo Denkschriften und literarische Texte kursierten. Natürlich landete das alles beim KGB, doch auch dort gab es Leute, die über die Zukunft nachdachten. Die Dissidenten, oft führende Wissenschaftler und Künstler, führten eine seltsam schwebende Doppelexistenz zwischen Privilegierung und Repression.

Sacharow ist ein Musterbeispiel für diese Wanderung auf dem schmalen Grat der systemimmanenten Opposition. Denn anders als die Protagonisten des nationalen und religiösen Aufbegehrens der späten Sowjetzeit waren die Dissidenten der sechziger Jahre in der Regel der Sowjetheimat, dem Marxismus-Leninismus und dem Sozialismus treu ergeben. Sie fühlten sich als die besseren Sowjetmenschen, Marxisten-Leninisten und Sozialisten und wollten ihren Idealen dienen. Dies ist auch der Grundtenor in Sacharows Denkschrift von 1968.

»Zur Zeit führt eine Reihe sozialistischer Länder, darunter die UdSSR, Jugoslawien, die ČSSR auf breiter Basis Experimente auf dem Gebiet grundlegender wirtschaftlicher Fragen, so der Wechselbeziehung zwischen Planung und Markt, staatlichem und kooperativem Besitz u. ä. durch. Die Bedeutung dieser Forschungen und Experimente ist sehr groß.«[8]

Es folgten eine eindeutige, wenn auch rein ethisch motivierte Ablehnung des Kapitalismus und ein Bekenntnis zum Sozialismus. Dennoch solle sich ein Annäherungsprozess auf der Basis von Veränderungen auf beiden Seiten vollziehen. Der Sowjetunion empfiehlt Sacharow: »Die Annäherung an die kapitalistische Welt sollte nicht eine prinzipienlose, volksfeindliche ›Verschwörung der herrschenden Gruppe‹ sein (...) und sie sollte nicht nur auf sozialistischer, sondern auch auf allgemeiner demokratischer Grundlage erfolgen, kontrolliert durch die öffentliche Meinung, durch alle demokratischen Mittel, wie Wahlen, Publikationen usw. Eine solche Verschmelzung setzt nicht nur weitgehende soziale Reformen in kapitalistischen Ländern voraus, sondern auch eine grundlegende Änderung der Besitzverhältnisse mit der Erweiterung des staatlichen und kooperativen Besitzes und gleichzeitiger Wahrung der Grundzüge der Eigentumsstruktur bei Produktionsmitteln in sozialistischen Ländern.«[9]

Diese Annäherung, und das war für den Schöpfer der sowjetischen Wasserstoffbombe der tiefe humanistische Sinn der beiderseitigen Reformbewegungen, würde die Gefahr einer thermonuklearen Selbstvernichtung der Menschheit verringern. Das Gleiche gilt für die Überwindung von Armut und Hunger in der Welt. Die gigantischen Mittel, die durch eine militärische Abrüstung frei würden, könne man in die Entwicklung der Dritten Welt stecken. Schließlich fordert der Physiker ein Programm für die »Geohygiene«, also globale Maßnahmen für den Umweltschutz. Grundvoraussetzung allerdings, um diesen Weg erfolgreich einschlagen zu können, sei eine ehrliche Abrechnung mit dem Stalinsystem, die Freilassung aller politischen Häftlinge und die Durchsetzung der Demokratie in der Sowjetunion. So proklamiert Sacharow den Kampf an drei Fronten. Demokratisierung, Wirtschaftsreformen und Abrüstung sieht er als einander bedingende Faktoren.

Dies waren präzise die Grundgedanken der tschechoslowakischen Reformer. Damit soll weder gesagt sein, die sowjetischen Dissidenten seien die Ideenspender des Prager Frühlings gewesen, noch war es so, dass Sacharow und seine Freunde ihre Vorstellungen aus der aktuellen Debatte in der kleinen und fern gelegenen Tschechoslowakei bezogen hätten. Der Zusammenhang ist einfacher und zugleich komplizierter.

Der Gedanke, die Spaltung der Welt zu überwinden, durch mehr Demokratie auf der einen und mehr sozialen Ausgleich auf der anderen Seite, lag in der Luft. In der Sowjetunion war dafür eine ehrliche Abrechnung mit dem Stalinismus nötig. Der Terror der Stalinzeit hatte laut Sacharow 20 Millionen unschuldige Opfer gefordert. Nun sollte der Weg zum wirklichen, wahren, demokratischen, menschlichen Sozialismus eingeschlagen werden. Die Idee einer doppelten Evolution war von revolutionärer Sprengkraft. Denn vorläufig – auch das wird bei Sacharow deutlich gesagt – blockierten die alten Apparate den Weg in die Zukunft.

In der DDR wurden die Aktivitäten der sowjetischen Dissidenten schnell bekannt. Die westlichen Rundfunkanstalten, insbesondere der Deutschlandfunk sowie RIAS, SFB und das deutschsprachige Programm der BBC, widmeten diesen Debatten in der Sowjetunion breiten Raum. Sie verlasen die Dokumente der osteuropäischen Opposition sogar teilweise vollständig. Einzelne Exemplare der westlichen Publikationen fanden ihren Weg in die DDR und wurden heimlich weitergereicht oder sogar mit einfachen technischen Mitteln vervielfältigt.

Besucher aus der DDR hatten es in Moskau und Leningrad nicht schwer, Kontakt zu den intellektuellen Zirkeln aufzunehmen. Dort war das Interesse an solchen Verbindungen groß, zudem gab es einen Riesenrespekt vor deutschen Intellektuellen, von denen man annahm, sie hätten die klassische deutsche Philosophie und Dichtung mit der Muttermilch aufgesogen. Besuche aus dem Ausland wurden von den Behörden und den im Wohngebiet tätigen Aufpassern kritisch beäugt, waren aber nicht grundsätzlich verboten. Bis der Morgen über Moskau heraufdämmerte, saß man in den Küchen oder in den bis zur Decke mit Büchern vollgestopften Wohnzimmern der sowjetischen Intellektuellen und kam mit jedem Wodka der Lösung der Welträtsel ein Stück näher. Wenn die Gäste auch nicht in die geheimsten Konventikel der Opposition vordrangen, so nahmen sie doch den kritischen Zeitgeist auf, den sie als geistige Konterbande in ihre allzu biedere und ruhige Heimat mitnehmen konnten.

Sympathien für den Prager Frühling in der DDR

In der DDR nahmen kritisch eingestellte Bürger, jede authentische Information aus den Bruderländern, insbesondere aus der Tschechoslowakei, dankbar auf. Die DDR-Medien schwankten in ihrer Berichterstattung über die Vorgänge im Nachbarland zwischen oft wochenlangem gänzlichem Schweigen und wüster Polemik gegen dunkle Kräfte der Konterrevolution und deren Hintermänner in Bonn. So vertraut dem DDR-Bürger die Tiraden gegen Bonner Revanchisten und Neofaschisten waren, so kryptisch mussten ihm die anonymen Anwürfe gegen »ungesunde Kräfte« im Bruderland vorkommen. Es blieb dunkel, wer die angeblichen Konterrevolutionäre waren und was sie bezweckten.

Hörfunk und Fernsehen der Bundesrepublik berichteten im Grunde wenig über die gesellschaftlichen Veränderungen in der Tschechoslowakei. Für sie waren die Vorgänge vor allem als internationale Krise interessant, und sie konzentrierten sich deswegen auf die Spitzentreffen innerhalb des Warschauer Paktes im Sommer 1968. Ihr Herz für den demokratischen Sozialismus entdeckten die westlichen Medien erst, als die Sowjetpanzer ihn niedergewalzt hatten. Aus diesen Gründen war der Informationsbedarf groß. In Berlin setzte ein Ansturm auf das Tschechoslowakische Kulturzentrum am Bahnhof Friedrichstraße ein. Dort konnte man die *Prager Volkszeitung* erwerben, die als Wochenblatt in deutscher Sprache ausführlich über die Diskussionen innerhalb der Tschechoslowakei berichtete. Viel gehört wurde auch das bisher kaum wahrgenommene deutschsprachige Programm von Radio Prag. Aus allen Teilen des Landes meldete die Stasi, dass dieser Sender mehr als je zuvor eingeschaltet wurde.

Aus Karl-Marx-Stadt berichtete das MfS: »Ca. 95 % der Studenten der Ingenieurschulen hören in den Internaten westliche Rundfunksender, bzw. in letzter Zeit Radio Prag. Die Ereignisse in der ČSSR werden von den Studenten und den Schülern der Erweiterten Oberschulen aufmerksam verfolgt. Vereinzelt begrüßen Studenten diese Ereignisse, wobei sich Diskussionen jedoch nur auf Teilgebiete der ›Demokratisierung‹ erstrecken. Auch werden diese Prozesse mit persönlichen Interessen, wie Reiseerleichterungen, Probleme der Kunst und Literatur usw. in Einklang gebracht. Obwohl sie in solchen Fragen der Entwicklung in der ČSSR zustimmen, erkennen sie, dass eine formale Übertragung der Verhältnisse in der ČSSR auf die DDR auf Grund unserer stabilen politischen und ökonomischen Verhältnisse nicht möglich ist.«[1]

Im Laufe des Frühjahres und Sommers verstärkte sich diese Tendenz ganz deutlich. Viele Jugendliche nahmen auch über Briefadressen persönliche Kontakte zu Altersgenossen im Nachbarland auf. Die sonst oft leeren Worte von der Völkerfreundschaft füllten sich in dieser Zeit mit Inhalt.

Am 19. Juni meldete ein Bericht der Abteilung XX der MfS-Bezirksverwaltung Karl-Marx-Stadt, »dass nach wie vor die Diskussionen zu den Vorkommnissen und zur gegenwärtigen Politik in der ČSSR einen breiten Raum einnehmen. Negative Kreise betrachten die Entwicklung in der ČSSR als positiv und gehen davon aus, dass alle Maßnahmen in der ČSSR dazu dienen, den ›wahren Sozialismus‹ herzustellen. Dabei unterstützen sie die Diskussionen und Beiträge von Revisionisten, die in den Zeitungen der ČSSR veröffentlicht wurden und bezeichnen die Angriffe auf den sozialistischen Staat (...) als Ausdruck der ›wahren Demokratie‹.«[2]

»Der Briefwechsel bzw. Versuche der Verbindungsaufname zu Jugendlichen nach Westdeutschland ist gleichbleibend, während die Verbindungen in die ČSSR zunehmen. Adressen tschechoslowakischer Jugendlicher werden vorwiegend den Zeitschriften »Tschechoslowakische Jugend«, »Junge Welt« und »Trommel« entnommen. Die Mehrzahl dieser Briefverbindungen trägt persönlichen Charakter. Jedoch gibt es auch einige Anzeichen, dass Jugendliche aus der DDR darum bitten, über ›Reformbestrebungen‹ bzw. über die Lage in der ČSSR informiert zu werden, da angeblich bei uns nichts Konkretes gesagt würde. Es wird auch darum gebeten, Zeitungen in deutscher Sprache zu schicken.«[3]

»Im Raum Marienberg und Sayda tauchte das Gerücht auf, dass die Bevölkerung teilweise evakuiert werden sollte und in die Wohnobjekte sowjetische Soldaten einquartiert werden.«[4]

»Seit dem 17.7.1968 halten nach wie vor die Zuschriften an den Prager Rundfunk an. Inhalt dieser Zuschriften ist, dass die Absender über Radio Prag Informationen zum Aufruf der 2000 Worte, zum Aktionsprogramm und zur gegenwärtigen Lage in der ČSSR haben wollen. Gleichfalls hält der Briefwechsel zwischen Privatpersonen aus der DDR in die ČSSR und aus der ČSSR in die DDR an, indem sich Bürger über die Lage in der ČSSR und über das Verhältnis der ČSSR zur DDR austauschen. So schreibt Christel B. aus Glauchau an V.L. in Rokytice (...), dass viele Touristen aus der DDR ihre Unterschrift für die neue Politik in der ČSSR geben würden.«[5]

Die Akten der Staatsicherheit der DDR und der Partei sind voll von Einzelbeispielen, die sich allerdings schwer quantifizieren lassen.

IM »Ekkehard«, der als Spitzel beim DDR-Rundfunk tätig war, berichtete am 20. März 1968 seinem Führungsoffizier von den begeisterten Berichten eines Kollegen über eine Reise nach Prag: »H. war im März zwei Wochen in Prag (zu den Festtagen zeitgenössischer Musik). Im Funkhaus in Berlin war er erst am 18. März wieder zu sehen. Am Nachmittag dieses Tages (bis nachts gegen 3 Uhr) hat er etliche Gespräche über seine Reiseeindrücke geführt. (...) Aus dem Gespräch ergab sich:

- Die vielen Gespräche, die H. in Prag geführt hat und ›durchaus nicht mit unbedeutenden Leuten‹ unter den Künstlern hätten ihm deutlich gezeigt, dass die tschechischen Künstler es ehrlich meinen.
- Sie seien die ersten, die den ›etwas festgefahrenen Karren‹ mutig wieder in Gang setzten, die ersten, die über die weitere Gestaltung des Sozialismus experimentierten und dabei eben auch ehrlich den Sozialismus wollten.
- Wir in der DDR hätten der ČSSR wirtschaftlich etwas vorgemacht, ideologisch-kulturell würden wir nach dem Gelingen des ›tschechischen Experiments‹ viel von der ČSSR lernen müssen. (Man brauche eben mehr ›geistige Freiheit‹).
- Die gewisse Unordnung zur Zeit habe bereits zu einigen Versorgungsschwierigkeiten geführt (Schlangen vor Zigarettengeschäften, teilweise sogar beim Bäcker), aber das sei kein Problem, das ginge vorüber.

- Er sei sich im klaren, dass der Westen in das ›gewisse Vakuum‹, das zur Zeit bestehe, fest eindringen möchte. Aber die Tschechen und Slowaken würden die Gefahr kennen und ›keinesfalls darauf reinfallen‹.
- Als interessant bezeichnete er in diesem Zusammenhang die Tatsache, dass westdeutsche Rundfunkleute unmittelbar nach Premieren ihre Bereitschaft ausgedrückt hätten, die Musikstücke auch in WD [Westdeutschland] aufzuführen (auch bei mittelmäßigen Werken, jedoch nur bei interessanten Komponisten).
- Zwangsläufig kann man über solche Themen auch ins allgemeine Philosophieren. Dabei erläuterte H. seine Meinung, dass der Prozess des Verschwindens der Arbeiterklasse immer rascher vor sich gehe und dass demnächst der wahrhaft Schöpferische, die Intellektuellen, der einzig Ausgebeutete sein wird. (...) Darum seien sie auch zur Führung berufen, was dem ›tschechischen Experiment‹ seine Berechtigung gebe.
- Jede andere Meinung wies er mit dem Bemerken zurück, ›wir hätten nicht gesehen, was es dort an ehrlichem Wollen gäbe, und wer noch in alten Bahnen dächte, sei eben Stalinist‹. Er, H., wolle ehrlich den Sozialismus.«[15]

Ein anderer IM der Staatssicherheit berichtete am 13. Mai 1968 über einen Kollegen aus der Tanzmusikredaktion von Radio DDR: »H. bekundete seine volle Sympathie für Dubček, betonte ausdrücklich, dass er eine Reform des Sozialismus nicht nur für nötig, sondern sogar für notwendig hielte. Als Beispiel berief er sich auf das Gebiet der Kultur, das bei uns uniformiert sei, und das sei des Sozialismus unwürdig. Unsere Argumentation über das ideologische Eindringen des Imperialismus sei maßlos übertrieben, natürlich versuche der Gegner solche Reformbemühungen für sich auszunutzen, aber die Bürger der ČSSR hätten sich schon zu schützen gewusst. Es sei beispiellos in der Geschichte der letzten 25 Jahre, wie ein Volk hinter einem sozialistischen Führer gestanden hätte, wie im Falle Dubčeks. Schließlich meinte er, die Reform des Sozialismus komme auf jeden Fall, wahrscheinlich dann zuerst in der DDR, weil wir die fortschrittlichste Entwicklung hätten und dabei die dogmatischste Gängelei. Wir wären nämlich am weitesten in den Widerspruch verwickelt, dass wir Bildung vermitteln, aber nicht wollen, dass die Gebildeten dann selbständig denken. Z. B. würde unsere Presse alles vorkauen, und zwar schlecht. (…) Er sagte, er habe ein kleines Archiv, in dem er solche ›Stilblüten geistiger Uniformierung‹ sammele.«[16]

Aus dem Amt für Strahlenschutz in Berlin-Friedrichshagen erreichte die Parteiobrigkeit eine Alarmmeldung, die für so wichtig erachtet wurde, dass sie den Mitgliedern des Politbüros vorgelegt wurde: »Gen. Ing. Peter J., Inspekteur für Strahlenschutz, informierte am 19. Juli 1968 o.g. Lothar G. darüber, dass sein Vorgesetzter, Gen. Dr. K., vor einigen Wochen ›einige merkwürdige Bemerkungen über die Entwicklung in der ČSSR gemacht‹ habe. Dr. K. sei in Warschau gewesen. ›Dort ist er mit Fachleuten aus Prag zusammengekommen und erklärt nach seiner Rückkehr, er habe die Zusicherung, dass es in der ČSSR noch weitergeht mit der Freiheitsbewegung, die geben nicht auf! Danach sei Dr. K. übers Wochenende per Flugzeug in Prag gewesen. Gegenüber anderen Mitarbeitern (…) hat Gen. Dr. K. sehr offen seine Meinung gesagt: Die Gesellschaftsordnung in der ČSSR besteht schon 20 Jahre. Wenn die in dieser Zeit eingetrichterte Ideologie in einem Vierteljahr umkippen kann, da muss viel faul gewesen sein. Wenn es aber nun zu Veränderungen kommt, dann sind die zu beneiden.

(…) Charakteristisches Beispiel ist das Dokument der 2000 Worte. Wir bekommen nur paar Sätze daraus zu lesen. Warum nicht alles? Es könnte ja mit einem Kommentar versehen sein.

Warum ist das so verwerflich, was dort geschieht? (…) Es muss doch einen Weg geben, auf dem man das Gute des Kapitalismus und das Gute des Sozialismus zu aller Nutzen vereint.

Wenn aber die Bevölkerung das nicht will (…), dann ist das trotzdem eine innere Angelegenheit der ČSSR, und wir haben kein Recht, uns einzumischen. Der Warschauer Vertrag sieht nur Hilfe bei imperialistischer Provokation von außen vor.

Weiter Dr. K.: Es wäre wünschenswert, wenn man die Verhältnisse auf uns übertragen könne. Auf alle Fälle ist es gut, wenn die Tschechen das machen, weil bei uns sich vielleicht auch einiges lockert. Allerdings nicht unter Ulbricht und auch nicht, wenn Honecker Nachfolger wird. Wenn sich etwas verändern soll, dann ist das erst nach Honecker zu erwarten. Aber immerhin, bei uns werden auch einige hellhörig und sicher werden einige Schritte zur Demokratie erreicht.«[17]

Die Zustimmung zu den Vorgängen in der Tschechoslowakei ging aber offenbar durch alle Bevölkerungsschichten. Ein 18-jähriger

Lehrling des VEB Kohlehandel verfasste im Juli 1968 eine Solidaritätsadresse an die tschechoslowakischen Kommunisten. Er solidarisierte sich »mit den fortschrittlichen Kräften innerhalb Ihrer Partei, die durch ihren eigenen Weg zum Sozialismus eine teilweise stalinistische Führung der Partei auf legalem Weg ablöste und somit die Bedingung schuf, ein Instrument des wirklichen Volkswillens zu sein«. Der Brief endete mit den Worten: »Geht Euren konsequenten Weg zum eigenen Sozialismus weiter. Es steht hinter Euch die Mehrheit der politisch bewussten Menschen auf dieser Welt.« Er versuchte, die Kollegen des Kohlehandels zu einer Unterschrift zu bewegen, und wurde daraufhin festgenommen.[18]

Kritisch wurde die Situation in den Augen der Stasi, wenn sich ganze Abteilungen von Industriebetrieben mit der Entwicklung in der Tschechoslowakei solidarisierten: »Im Eisengleichrichtwerk des VEB EAW Treptow wurde von mehreren Kollegen zum Ausdruck gebracht, dass die Entwicklung in der ČSSR auch Beispiel für die Veränderung von falschen Leitungspraktiken in der DDR sein könnte. Begründet wurde dieser Standpunkt mit zahlreichen Mängeln in der Versorgung der Bevölkerung (Schließen von Lebensmittelgeschäften, Bäckereien u. a.) sowie ungenügende Produktionsorganisation und Mängel in der Wirtschaftsleitung.«[19]

Andere Werktätige der DDR gingen weniger konfrontativ vor. Die Kollegen des Instituts für Schienenfahrzeuge schlugen vor, eine Studiengruppe in die ČSSR zu entsenden. »Nur so könne man sich eine richtige Meinung bilden.«[20]

FÜNFTES KAPITEL

Die Revolte der APO und die DDR

Seit Mitte der sechziger Jahre taten sich in West-Berlin und einigen westdeutschen Universitätsstädten erstaunliche Dinge. Als Teil einer »Weltrevolution der Jugend«, wie es der *Spiegel* im März 1968 nannte, bildete sich auch in der Bundesrepublik eine antiautoritäre Linke.[1] Eine kleine Gruppe brachte – ganz im Sinne von Karl Marx – die gesellschaftlichen Verhältnisse zum Tanzen. Mit den herkömmlichen Vorstellungen von einer linken Partei, gar einer Arbeiterpartei, hatte die neue Bewegung wenig gemein. Wenn es überhaupt Anknüpfungspunkte in der deutschen Geschichte gab, so waren es die anarchistische Boheme der Jahrhundertwende oder die linksradikalen Künstlerkreise der Zwanziger Jahre. Die jungen Revolutionäre schockierten ihre Mitmenschen durch ungepflegte Kleidung, wilde Bärte und sexuelle Libertinage. Sie gaben sich selbst den Namen Außerparlamentarische Opposition, und die Presse erfand dazu die griffige Abkürzung APO. Sie protestierten gegen die bürgerliche Gesellschaft, abgestandene Moralvorstellungen, gegen den Krieg in Vietnam, gegen die Rassenunterdrückung in Amerika, das Elend in Lateinamerika, den Schah von Persien, gegen Bildungsnotstand, Atomrüstung, Notstandsgesetze, KPD-Verbot und ehemalige Nazis in hohen Positionen der Bonner Republik. Sie hatten das Elend der ganzen Welt im Blick und übersahen das Unrecht vor der eigenen Haustür. Gegen die Unterdrückung der Freiheit in der DDR und die Mauer protestierten sie nicht, obwohl ein Teil der Protestierer, wie Rudi Dutschke und Bernd Rabehl, aus dem Osten stammte.

Die Themen waren so zusammengesucht wie die Schlagworte. Sie bedienten sich bei Marx und Engels, Lenin, Trotzki und Mao, aber auch bei Sigmund Freud und Wilhelm Reich, besonders bei der Frankfurter Schule und bei Herbert Marcuse, der wie ein Komet am Himmel der Revolte aufleuchtete, um dann genauso schnell wieder zu verlöschen.

Doch interessanter als die meist wenig originellen Themen und Thesen waren die Formen des Protestes. Die Protestierer inszenierten ihre Aktionen als Medienereignisse, nutzten also genau jene bürgerlichen Medien, die sie nicht müde wurden, als manipuliert zu denunzieren. Sie beherrschten die Schlagzeilen und sogar die Titelseiten der Illustrierten. Mit Rudi Dutschke verfügten die antiautoritären Rebellen über eine ausgeprägt autoritäre Führungsfigur. Mit seiner abgewetzten Lederjacke und dem Strickpulli wurde Rudi Dutschke zur Symbolgestalt der Revolte, zum Star der bürgerlichen Medien und zur Hassfigur der Springer-Presse. Zu den gezielten Provokationen gehörte auch die Übernahme politischer Symbole der kommunistischen Bewegung. Als West-Berliner Hochschüler begannen, mit roten Fahnen und den Porträts von Rosa Luxemburg, Karl Liebknecht, Wladimir Iljitsch Lenin und Ho Chi Minh über den Kurfürstendamm zu ziehen, war für viele West-Berliner die Schmerzgrenze erreicht. Und auch im Osten war das Erstaunen groß.

Selbst die verbohrtesten SED-Dogmatiker hatten sich von der Vorstellung verabschiedet, in der Bundesrepublik könne in absehbarer Zeit eine proletarische Revolution stattfinden. Wenn sie über das Elend der werktätigen Massen in Westdeutschland referierten, ernteten sie auch bei sonst wohlmeinenden Zuhörern ironisches Grinsen, hinkte doch der Osten gerade bezüglich des Lebensstandards hoffnungslos hinter dem Westen her. Der »gesetzmäßige Sieg des Sozialismus im Weltmaßstab« blieb als historisches Endziel erhalten, in der Realität aber hatte man ihn in eine nebelhafte Ferne verschoben. Eher erwartete man weitere Siege linker Bewegungen in Ländern der »kolonial und neokolonial ausgebeuteten Staaten Afrikas, Lateinamerikas und Asiens«, wie man die Dritte Welt in der DDR damals etwas umständlich nannte. Diese Hoffnung entsprach nicht ganz den Lehrbuchweisheiten des Marxismus-Leninismus, denen zufolge das Proletariat der führenden Industrienationen die Macht ergreifen müsste. Dennoch hofften manche kommunistischen Ideologen, die Weltrevolution würde sozusagen über den Hinterhof der Dritten Welt in die glanzvolle Beletage des Monopolkapitalismus vordringen. Dass sich die linke Revolte längst im feinen Salon breitgemacht hatte, war im Osten verschlafen worden.

Und nun dies! Todesschüsse auf Benno Ohnesorg und Rudi Dutschke, Straßenschlachten, brennende Autos, rote Fahnen und die vertrauten Porträts der Führer der Arbeiterbewegung, an Besenstiele genagelt auf den Straßen West-Berlins. Man rieb sich in der DDR entgeistert die Augen, zumal es im Osten selbst unter eifrigen Funktionären eher als Strafe galt, mit so einer Ikone am Stiel dem Marschblock voranlaufen zu müssen.

Die Wahrnehmung der linksradikalen Revolte durch den Osten war allerdings so vielschichtig und widersprüchlich wie die Gesellschaft der DDR. Drei vollkommen gegensätzliche Sichtweisen auf den Linksruck in der westlichen Welt spielten in der DDR eine Rolle. Sie unterlagen alle drei einem erheblichen Wandel, überschnitten einander und führten zu einer höchst seltsamen Berührung der Gegensätze.

Die SED-Führung war erfreut über den unverhofften Verbündeten im antiimperialistischen Kampf. Gegenüber den weltanschaulichen Verirrungen der jungen Rebellen zeigte sie zunächst eine Duldsamkeit, die sie in den eigenen Reihen niemals praktiziert hat. Ob die SED wirklich glaubte, sie könne auf dem Feuer der antiautoritären Revolte ihr gesamtdeutsches Süppchen kochen, sei dahingestellt. Spätestens seit dem Tod von Benno Ohnesorg am 2. Juni 1967 wurde in den DDR-Medien über die Aktionen der APO in ungewöhnlicher Ausführlichkeit berichtet. Dies verstärkte sich angesichts der Anti-Vietnam-Demonstrationen, des Attentats auf Rudi Dutschke und der darauffolgenden Straßenschlachten.

Doch schon im Sommer 1968 reckte sich von neuem der ideologische Zeigefinger der SED-Dogmatiker. Offenbar schätzte die SED die Gefahr der Verwirrung in den eigenen Reihen höher ein als die Möglichkeiten einer dauerhaften Destabilisierung West-Berlins.

Kritische DDR-Intellektuelle dagegen spiegelten in der antiautoritären Revolte der Westlinken ihre eigene Situation. Für sie waren die jungen Leute, die in West-Berlin und anderswo auf die Straße gingen, Verbündete im Kampf gegen die Politschranzen und Bonzen auf beiden Seiten der Mauer. Wolf Biermann hat dies in Vers und Prosa oft trefflich zum Ausdruck gebracht. Viele Jugendliche in der DDR griffen das revolutionäre Pathos, den verbalen Radikalismus und das nonkonformistische Lebensgefühl der westlichen Linken auf, zielten damit aber auch auf die eigene Obrigkeit, die sie als satt, verbürgerlicht und verspießert empfanden. Die Teilnehmer der Protestaktionen gegen den Einmarsch in die ČSSR entstammten – um dies vorwegzunehmen – fast alle diesem geistigen Umfeld. Spurenelemente dieser Denkhaltung waren bis in die Reihen von FDJ-Funktionären und jungen SED-Genossen vorgedrungen. Und auch manch enttäuschter alter SED-Genosse fühlte sich angesichts der roten Fahnen und der brennenden Lieferwagen des Springer-Konzerns traulich an die kommunistischen Jugendträume erinnert.

Schließlich und endlich waren jenseits aller theoretischen Debatten viele junge Leute einfach gerne dort, wo das Leben tobte, das hieß konkret: auf der anderen Seite der Berliner Mauer. Die Revolte, die Musik, die Aktion bildeten ein Konglomerat von nicht geringer Anziehungskraft. Sie wollten wie ihre Altersgenossen im Westen Liebe, Frieden und Sonnenschein. Komplizierte Zeiten produzieren einfache Antworten.

Natürlich beherrschte die SED seit Jahr und Tag die dialektische Kunst des Doppelspiels. Wenn die Ostermarschierer gegen Wiederbewaffnung und Atomtod durch Westdeutschland zogen, konnten sie sich der Schützenhilfe der Ostpropaganda gewiss sein, obwohl Pazifismus in der DDR als Staatsverbrechen verfolgt wurde und auch die Lebensrune, das Symbol der Ostermärsche, streng verpönt war. Wenn es um Aktionen gegen die Notstandsgesetze ging, konnte sich die SED-Propaganda trefflich über die »Aushöhlung demokratischer Rechte« erregen, obwohl doch jeder wusste, dass solche Rechte in der DDR nie existiert hatten. Sie vergoss Krokodilstränen über die Meinungsmanipulation der bürgerlichen Massenmedien und scheute vor keiner noch so dreisten Lüge zurück. Sie schrieb über den Meinungsterror an westdeutschen Universitäten und sperrte Andersdenkende für Jahre ins Gefängnis. Wenn über die Bildungsmisere in der Bundesrepublik geklagt wurde, konnte die DDR stolz auf die steigenden Zahlen von Studierenden aus der Arbeiterklasse verweisen, obwohl wenigstens die Eingeweihten wussten, dass diese Statistik nur stimmte, wenn man die Kinder der SED-Funktionäre und der Offiziere der bewaffneten Organe zur Arbeiterklasse rechnete.

Im eigenen Machtbereich fuhr die SED das gesamte Instrumentarium der Repression gegen linksradikale Tendenzen auf. Angehörige linker Splittergruppen aus der Weimarer Zeit waren in der SED weniger gelitten als ehemalige Nazis. Der Vorwurf des Trotzkismus war in den sechziger Jahren ein beliebtes Totschlagargument für linke Kritiker des Systems. Maoismus gar oder politische Sympathien für die Kulturrevolution in China waren im Grunde verbrecherischer als Neigungen zum bürgerlichen Liberalismus. Die SED und die Stasi reagierten außerordentlich empfindlich auf Kritik von links. Wahrscheinlich überschätzte die SED-Führung aufgrund ihres Weltbildes sogar die Resonanz linksradikaler Ideen im eigenen Machtbereich. Doch der Antiamerikanismus der Anti-Vietnamkrieg-Demonstranten, die Kampagnen gegen den Springer-Konzern und die Enthüllungen über die Nazivergangenheit führender westdeutscher Politiker passten gut ins Propagandaklischee der SED. Sie unterstützte die Friedens- und Anti-Springer-Komitees durch finanzielle Mittel, gab ihnen propagandistische Schützenhilfe und versuchte, sie durch linientreue Funktionäre auf den rechten Weg zu führen.[2]

Eine offenbar große Mehrheit der DDR-Bürger allerdings teilte die Ablehnung der Bundesbürger und West-Berliner gegenüber den »Politgammlern«, wie die APO-Anhänger von den Springer-Zeitungen getauft worden waren. Sie hielten die Rebellen für verzogene Bürgersöhnchen, denen der Hosenboden versohlt gehört. Gerade einfache Leute hatten wenig Verständnis dafür, wenn Studenten jene Gesellschaft untergruben, der sie ihre Freiheit und ihren Wohlstand verdankten. Sie gönnten den Protestierern von Herzen die kalte Dusche, wenn Fernsehbilder vom Einsatz der Wasserwerfer gegen Demonstranten über die Bildschirme flimmerten.

In diesem Dreieck von Wahrnehmungsmustern vollzog sich die Rezeption der linken Revolte in der DDR. Die geistigen Fronten waren gründlich durcheinandergeraten.

Westbesuch im Zentralrat der FDJ

Der Tod von Benno Ohnesorg am 2. Juni 1967 war für die DDR ein Beweis für den potentiell faschistischen Charakter des westdeutschen Staates. In der Presse konnte man plötzlich viel über den Kampf der fortschrittlichen West-Berliner Arbeiter und Studenten gegen die Notstandsdiktatur lesen. Als am 8. Juni 1967 der Leichnam Ohnesorgs von West-Berlin nach Hannover überführt wurde, standen FDJler an der Transitautobahn und senkten die trauerumflorten Fahnen. Auch die politischen Kontakte zwischen dem Sozialistischen Deutschen Studentenbund (SDS) und der FDJ wurden nun intensiviert. Im Auftrag des Bundesvorstandes des SDS reiste Wolfgang Lefèvre gemeinsam mit anderen Funktionären des Verbandes im Jahre 1967 mehrmals nach Ost-Berlin, um dort mit Vertretern des Zentralrates der FDJ zu verhandeln. Sie erhielten dort

»Dokumente über die faschistische Vergangenheit von Westberliner Polizeiangehörigen und Fotos über die Vorgänge am 2.6.1967. Diese Unterstützung wurde von den Studentenvertretern als außerordentlich wertvoll eingeschätzt, da vorgesehen ist, mit diesen Dokumenten den Nachweis zu führen, dass das Vorgehen der Westberliner Polizei gegen die Studentendemonstrationen eine organisierte Notstandsübung war.«[3] Außerdem übergaben die DDR-Vertreter Material »über die Mitarbeit von Bundestagsabgeordneten bei der Vorbereitung der Notstandsgesetze«.[4] Die Frage, aus welchen trüben Quellen die Dokumente und Fotos stammten, wurde offenbar nicht gestellt. Ansonsten plauderten die Gäste aus dem Westen recht offenherzig über die Strategie und Taktik ihres revolutionären Kampfes. Dabei schätzten sie realistisch ein, dass es »von seiten des DGB und der Arbeiterjugendorganisationen« noch sehr wenig Unterstützung gab.[5] Die FDJ-Vertreter versprachen daraufhin, »im verstärkten Maße auf die Arbeiterjugendorganisationen in Westberlin Einfluss zu nehmen. Das soll z. B. über direkte Gespräche mit Westberliner Falkenfunktionären geschehen«.[6]

Allerdings wurde auch an der DDR und der Sowjetunion Kritik geübt. Man hätte sich von den sozialistischen Staaten mehr Unterstützung im Kampf gegen Israel gewünscht. In diesem Zusammenhang wird die Haltung Chinas begrüßt, das »zum richtigen Zeitpunkt eine Wasserstoffbombe zündete«.[7] Bei einem weiteren Gespräch fand Lefèvre auch für die DDR anerkennende Worte. Angesichts der Tendenz einiger sozialistischer Staaten, mit imperialistischen Regierungen zu verhandeln, sei der SDS »erfreut über die konsequente Politik der DDR, die eine solche ›Liberalisierung‹ nicht mitmacht. Lefèvre erklärte wörtlich: ›Das Musterländle DDR ist uns im Rahmen des sozialistischen Camps da doch am liebsten.‹«[8]

Vom 25. bis 28. Juli 1967 fand ein vom Zentralrat der FDJ organisiertes gemeinsames Seminar von Funktionären des SDS und der FDJ statt, das sowohl Gemeinsamkeiten als auch unüberbrückbare Gegensätze verdeutlichte.[9]

Wenige Monate später, am 19. Januar 1968, trafen sich die Vertreter des SDS Christian Semler und Gaston Salvatore neuerlich mit den leitenden Sekretären des Zentralrats des FDJ in Ost-Berlin, um über die Teilnahme der DDR-Jugendorganisation an einem für Februar 1968 in West-Berlin geplanten Internationalen Vietnamkongress zu sprechen. Semler und Salvatore vertraten laut FDJ-Protokoll die Position, dass es dem SDS beim Vietnamkongress darum ginge, im europäischen Maßstab die Koordination des antiimperialistischen Kampfes durchzuführen.[10] Der West-Berliner SDS fühle sich dabei als Avantgarde. Teilnehmer sollen vor allem sozialistische und revolutionäre Jugend- und Studentenorganisationen aus Westeuropa sein. Die Avancen der linken Stundentenorganisation löste bei den führenden Funktionären der FDJ eine gespaltene Reaktion aus. So sehr sie die antiimperialistischen Aktivitäten in Westdeutschland und West-Berlin begrüßten, so deutlich waren die Risiken für die DDR. Abgesehen von der Radikalität der Antikriegsaufrufe fehlten den DDR-Vertretern ein deutlicher Hinweis auf die führende Rolle der Sowjetunion und des sozialistischen Lagers. Zu Recht befürchteten sie, dass es während des Kongresses auch Kritik an der Sowjetunion und der DDR geben könnte.

In der Einschätzung des Zentralrates der FDJ wurden Überlegungen angestellt, wie auf die Konferenz und auf die gesamte linke Bewegung Einfluss gewonnen werden könnte. Es wurde hervorgehoben, dass der SDS bemüht sei, ein sozialistisches Bündnis herzustellen. Allerdings würden auf der Konferenz bisher die linkssektiererischen, trotzkistischen und maoistischen Gruppen dominieren, was in der Parole: »Schafft 1, 2, 3, viele Vietnams« seinen Ausdruck finde. Zusammenfassend hieß es: »Der SDS von West-Berlin habe durchaus die richtige Idee, über die Solidarität mit dem vietnamesischen Volk eine Einheitsfront aller antiimperialistischen Kräfte« zu schaffen. Aber es werde sich eine Diskussion über die »Strategie und Taktik der sozialistischen Länder nicht vermeiden lassen. Unter diesem Aspekt kommt eine Teilnahme der FDJ nicht in Betracht.«[11]

Dem SDS wurde der Vorschlag unterbreitet, weitere Konsultationen aller beteiligten Kräfte gründlich und ohne Zeitdruck durchzuführen. Am 30. Januar 1968 trafen sich Dutschke, Semler und Salvatore noch einmal mit den FDJ-Vertretern. Dutschke trug die Konzeption des SDS für die Vietnamkonferenz vor. Ihm ging es um eine bessere Koordination von Aktionen in Europa in Bezug auf den antiimperialistischen Kampf. Er schlug Streiks in Umschlaghäfen für Waffentransporte, Demonstrationen und Blockaden vor.

Solche Aktionen gingen der DDR zu weit. Unter diesen Umständen war an eine Teilnahme der FDJ nicht zu denken. Mit diesen gescheiterten Versuchen einer Einheitsfront hatten die Beziehungen zwischen dem SDS und der FDJ ihren Höhepunkt überschritten. Auch die Bemühungen um ein weiteres gemeinsames Seminar, das diesmal in Ost-Berlin stattfinden sollte, scheiterten schon im Vorfeld.

Einem Bericht des Bundesnachrichtendienstes zufolge versprachen die FDJ-Vertreter die »Teilnahme höchster SED-Prominenz, einschließlich des Chefideologen des Politbüros, Kurt Hager, sicherzustellen«.[12] Die SDS-Delegation »erklärte grundsätzlich ihre Bereitschaft zur Teilnahme an einem solchen Seminar, stellte aber gleichzeitig folgende Bedingungen:

- Das Seminar müsse mit einem öffentlichen Podiumsgespräch in der Humboldt-Universität enden.
- Sämtliche Studenten der FU und der Humboldt-Universität müssten bei Vorweisen ihrer Immatrikulationsausweise freien Zugang zu dem Podiumsgespräch haben.
- Die Kontrolle des freien Zugangs müsse durch eine jeweils gleiche Anzahl von Ordnern des SDS und der Bertriebskampfgruppen der SED in Ostberlin durchgeführt werden.«[13]

Die Forderungen wurden vom FDJ-Zentralrat als antikommunistisch und provokatorisch abgelehnt, von der SDS-Delegation aber trotz stundenlanger Diskussion unverändert aufrecht erhalten. Um das Treffen mit SDS-Vertretern dennoch zustande zu bringen, nahmen Angehörige des FDJ-Zentralrats noch während des Gesprächs mit den Vertretern des Westberliner SDS ohne deren Wissen Verbindung zu Wolfgang Lefevre auf. Dieser ging in seinen Forderungen jedoch noch weiter als seine Westberliner Gesinnungsfreunde und verlangte, das Seminar müsse öffentlich ausgetragen werden und allen Ostberliner Studenten zugänglich sein. Daraufhin brach der Zentralrat der FDJ die Verhandlung mit den SDS-Vertretern ab.

Herbert Marcuse

Fünf Wochen nach dem Tod von Benno Ohnesorg traf am 9. Juli 1967 der Philosoph Herbert Marcuse aus San Diego/Kalifornien kommend in West-Berlin ein. Am folgenden Tag referierte er im Auditorium maximum der Freien Universität vor ungefähr 2500 Studenten zum Thema »Das Ende der Utopie«. An vier weiteren Abenden trat Marcuse vor einer stetig wachsenden Zuhörerschaft auf, teils als alleiniger Referent, teils als Teilnehmer von Diskussionsveranstaltungen.[14]

Es war eine wahrhaftig triumphale Rückkehr des Philosophen in seine Heimatstadt. Hier war er 1898 als Sprössling einer großbürgerlichen jüdischen Familie geboren worden. In Berlin war er während der Novemberrevolution 1918 Mitglied eines Soldatenrates. Anschließend studierte er hier Philosophie. Nach dem Machtantritt Hitlers, inzwischen war Marcuse Mitarbeiter des Frankfurter Institutes für Sozialforschung geworden, ging er ins Ausland. Im Krieg arbeitete er wie andere deutsche Emigranten für amerikanische Nachrichtendienste, dann war er Professor an verschiedenen Universitäten der USA, zuletzt in Kalifornien. Seine philosophischen Schriften waren lange Zeit nur einem kleinen Kreis von Spezialisten bekannt gewesen. Er versuchte, die ökonomische Analyse des Kapitalismus von Karl Marx durch eine an Sigmund Freud angelehnte Anthropologie weiterzuentwickeln. Während sich seine alten Freunde Theodor W. Adorno und Max Horkheimer, die nach dem Krieg nach Frankfurt zurückgehrt waren, von der Idee einer politisch-sozialen Revolution verabschiedet hatten, blieb Marcuse der Vorstellung von einer radikalen Veränderung der Gesellschaft treu. Allein nicht mehr auf dem Proletariat ruhte seine Hoffnung, sondern auf den ausgebeuteten Massen der Dritten Welt und den Randgruppen der Metropolen. Eine solche Randgruppe bildeten neben Künstlern und Hippies die rebellischen Studenten. Befreit von den unmittelbaren Zwängen des Arbeitsprozesses und mit der Fähigkeit zum analytischen Durchdringen des Verblendungszusammenhanges ausgestattet, trieben sie nun den Prozess einer revolutionären Bewusstseinsbildung voran.

Herbert Marcuses Schrift *Der eindimensionale Mensch* erschien 1967 in deutscher Übersetzung und traf den Nerv der Zeit.[15] Das Taschenbuch von Luchterhand war preiswert und passte in jede

Jackentasche. Vor allem aber war der Text von erheblicher Suggestionskraft. Er ließ sich wunderbar zitieren, das heißt in verbale Geschosse verwandeln. Andererseits waren die politischen Vorstellungen von hoher Abstraktion, so dass sich fast jeder, der sich irgendwie von den Verhältnissen beengt fühlte, mit den Thesen identifizieren konnte.

Die moderne Industriegesellschaft ist, laut Marcuse, durch eine zum Selbstzweck degradierte technische Produktivität geprägt, deren immanente Rationalität die Irrationalität des Bestehenden verschleiert. Irrational ist der Produktionsprozess, weil er seine Kapazitäten nicht dafür nutzt, dass alle Menschen in Freiheit und Glück leben können. Stattdessen versinken große Teile der Welt in Armut. Die von den Konzernen beherrschten Massenmedien erzeugen künstlich die Bedürfnisse, welche dieselben Konzerne anschließend befriedigen. Das macht selbst die in Wohlstand Lebenden zu Sklaven der Bedürfnisbefriedigung. Die Produkte beherrschen den Produzenten, was Karl Marx als Entfremdung definiert hat. Doch im Unterschied zu der Zeit von Marx und Engels ist laut Marcuse das Proletariat in den Metropolen vollständig in diesen Kreislauf integriert und hat dadurch seine revolutionäre Potenz verloren. Erlösung aus dem Teufelskreis des Irrationalen bieten allein die Kunst und die Utopie. Diese wird vertreten von Randgruppen, von Aussteigern, welche die »große Verweigerung« praktizieren, von Künstlern und Studenten. Sie sind aus dem stupiden Kreislauf von Produktion und falschen Bedürfnissen befreit und in der Lage, den universellen Verblendungszusammenhang intellektuell zu analysieren.

Marcuse durchhieb damit den gordischen Knoten der Lethargie, in dem sich seit den frühen fünfziger Jahren die deutsche Linke befand. Es sei ganz logisch, dass die Rebellen in einer »Opposition gegen die Majorität der Bevölkerung einschließlich der Arbeiterklasse« stünden. »Es ist eine Opposition gegen den allgegenwärtigen Druck des Systems, das durch seine repressive und destruktive Produktivität immer unmenschlicher alles zur Ware degradiert, dessen Kauf und Verkauf den Lebensunterhalt und Lebensinhalt ausmachen.«[16]

Die Jungrebellen in den Seminaren und Kaffeehäusern durften sich als elitärer Vortrupp eines Aufbruchs zu neuen Ufern sehen. Ihre individuelle Lösung aus bürgerlichen Verhaltensmustern war Teil einer großen Revolte geworden. Denn vor der Befreiung der Gesellschaft stand die eigene Befreiung.

Damit war die Brandfackel des Aufruhrs in die westliche wie die östliche Gesellschaftsordnung geschleudert. »Der Marxismus muss riskieren, die Freiheit so zu definieren, dass sie als ein nirgends schon Bestehendes bewusst erkannt wird«, sagte Marcuse in seiner ersten Vorlesung über das Ende der Utopie.[17] Er meinte mit diesem Ende den Anfang einer »Negation des Bestehenden«. Es gab wohl keinen besseren Ort in der Welt als das zweigeteilte Berlin, diese radikale Negation des Bestehenden zu proklamieren.

Der Sowjetkommunismus, mithin auch der DDR-Sozialismus, war für Marcuse und seine Jünger eine Spielart der Industriegesellschaft, in dem eine Politbürokratie an die Stelle der Privatausbeuter getreten war. So gern man die Proteste gegen den Vietnamkrieg vernahm und die Kritik am Kapitalismus begrüßte, war in der DDR die Freude an dieser Art von Weiterentwicklung des Marxismus gering.

Immerhin fand Anfang 1968 noch eine relativ fundierte Auseinandersetzung mit Herbert Marcuses Thesen statt. Das mag selbstverständlich klingen, war es in der DDR aber keineswegs. Ideen, die nicht in das enge marxistisch-leninistische Schema passten, wurden nicht publiziert. In den wissenschaftlichen Bibliotheken war der Zugang streng reglementiert, und gedruckte Schmuggelware aus dem Westen konnte für den Besitzer sehr gefährlich werden. Dennoch war die Auseinandersetzung mit der bürgerlichen Philosophie ein wichtiger ideologischer Kampfplatz gegen den Einfluss des Gegners. Es gab in der DDR der sechziger Jahre bereits einige Schriften, in denen die bürgerlichen Philosophen auftragsgemäß widerlegt wurden. So schwachsinnig diese Publikationen auch waren, sie wurden gern gekauft und viel gelesen. So wie wir heute viele frühchristliche und mittelalterliche Ketzereien nur aus den polemischen Widerlegungen der rechtgläubigen Theologen kennen, versuchten viele DDR-Leser sozusagen aus dem Spiegelbild – auch wenn es ein Zerrspiegel war – zu erfahren, was sich außerhalb der geistigen Mauer in der Welt tat. Insofern war es eine heikle Aufgabe, gegen Marcuse zu Felde zu ziehen. Harald Wessel entledigte sich dieser Aufgabe in einer dreiteiligen Artikelfolge im Studentenblatt *Forum* nicht ohne seiltänzerische Bravour.[18] »Wir wollen verstehen, warum fortschrittliche Studenten Westberlins auf ihn schwören. Wir wollen dabei aber auch prüfen, ob der Katalog unserer Argumente bei der Auseinandersetzung mit der imperialistischen Ideologie vollständig ist. Wir können bei der geistigen Auseinandersetzung nur lernen. Wessel schilderte den Aufstieg Marcuses vom fast unbekannten Philosophieprofessor aus Kalifornien zum Leitstern der weltweiten Studentenrevolte. Seine Herkunft aus einer jüdischen deutschen Familie, seine Arbeit für den amerikanischen Nachrichtendienst während des Zweiten Weltkrieges werden ohne Anwürfe geschildert. Später wird Marcuse von den SED-Ideologen ständig als CIA-Agent denunziert werden.

Die Rolle des Proletariats war für einen SED-Ideologen natürlich eine zu heilige Kuh, um sie vom Weideplatz zu treiben oder gar zu schlachten. Doch viele Thesen Marcuses schienen durchaus den Nerv auch systemtreuer Leser im Osten zu treffen. Lautete die Botschaft der großen Verweigerung doch: Der Wohlstand der westlichen Gesellschaft hebt den Grundwiderspruch des Kapitalismus nicht auf. Das materielle Elend der Ausgebeuteten wird durch ein geistiges und moralisches Elend ersetzt. Das hätte Musik in den Ohren der SED sein müssen. Untergründig war dieses Denkmuster seitens der Partei immer schon vorhanden gewesen. Eine Szene aus dem DEFA-Film *Fünf Patronenhülsen* von Frank Beyer mag dies illustrieren. Während des Spanischen Bürgerkrieges schlägt sich ein Trupp versprengter Interbrigadisten hinter den Linien der Faschisten, von Durst und Hitze geplagt, zu den eigenen Leuten durch. Eingekesselt und zur Übergabe aufgefordert, wirft ihnen ein falangistischer Legionär einen Beutel mit Apfelsinen und anderen Köstlichkeiten über die Gefechtslinie. Er ruft ihnen zu: »So leben wir. Seid doch nicht blöd! Kommt zu uns!«

Doch die Helden der Internationalen Brigade lassen sich nicht korrumpieren. Sie stopfen ein Büschel trockenes Gras in den leeren Beutel, schreiben auf den Zettel: »Und so leben wir« und schmeißen ihn über die Linie zurück.

Fünf Patronenhülsen war in den sechziger Jahren einer der beliebtesten »Pflichtfilme«. Das waren propagandistisch wertvolle Filmwerke, in die geschlossen die ganze Schule geschickt wurde. Am nächsten Tag fand die Auswertung mit dem Geschichtslehrer statt. Dieser fühlte sich durch die Filmszene angeregt zu erklären, dass der Kampf für den Sozialismus wichtiger sei als nahtlose Nylonstrümpfe, die tatsächlich damals nur im Westen zu bekommen waren. Genau wie die Spanienkämpfer würden auch unsere Grenzsoldaten am antifaschistischen Schutzwall Beutel mit Bananen und Apfelsinen zurückwerfen. Tatsächlich gab es immer wieder Meldungen, Provokateure aus der Frontstadt würden versuchen, mit solchen Verpflegungsbeuteln die Genossen der Grenztruppen in den Westen zu locken oder wenigstens zu demütigen.

Traf auch die Ideologie der – nicht ganz freiwilligen – Konsumverweigerung auf vorhandene Argumentationsmuster, so vermochte die SED der Renovierung des Marxismus nicht zu folgen, erst recht nicht mehr nach den Ereignissen in Prag. Die SED-Propaganda versetzte Herbert Marcuse in den Rang eines Oberketzers. 1969 erschien im Ost-Berliner Akademie-Verlag ein ungewöhnlich ausführliches Buch über den Philosophen.[19] Der Autor Robert Steigerwald war Mitglied der neu gegründeten Deutschen Kommunistischen Partei (DKP) und langjähriger Chefredakteur der in Frankfurt am Main erscheinenden »Marxistischen Blätter«. Steigerwald sparte nicht mit Polemik und verleumdete Marcuse als US-amerikanischen Geheimdienstagenten.[20] Doch entgegen den in der DDR sonst üblichen Gepflogenheiten wurden die in den Augen der SED-Obrigkeit verwerflichen Theorien ausführlich referiert und zitiert. Die übliche Praxis der Auseinandersetzung mit der bürgerlichen Ideologie war durch die hohe dialektische Kunst geprägt, die »feindlichen Argumente« zwar zu entlarven, es aber dem Leser unmöglich zu machen, deren sachlichen Gehalt aus der Darstellung gewissermaßen herauszufiltern. Das Buch Steigerwalds wurde in den Volksbuchhandlungen der DDR zur »Bückware« und bald schon auf höhere Weisung aus dem Verkehr gezogen. Stattdessen erschienen im Akademie-Verlag zwei Heftchen der Reihe »Zur Kritik der bürgerlichen Philosophie«, die Marcuses Kritik am Sowjetkommunismus in einen Nebel von Phrasen hüllten.[21] Marcuse »bestreitet die gesetzmäßige gesellschaftliche Führungsrolle des Proletariats und ersetzt sie durch einen Hegemonieanspruch der Intelligenz – eine subjektivistische Auffassung, die (...) historisch zum Scheitern verurteilt ist. (...) Marcuses ›Alternative‹ zum Imperialismus erweist sich als Illusion. Der ernsthafte Kritiker bestimmter negativer Erscheinungsformen des Imperialismus (...) scheitert, wenn es um ein konstruktives Programm zu seiner realen Überwindung geht.«[22]

Die Schriften Marcuses und anderer Theoretiker des linken Antiautoritarismus waren in der DDR Giftschrankliteratur höchsten toxischen Grades. In Bibliotheken war die Lektüre nur aufgrund eines Zertifikats in speziellen Lesesälen möglich. Bereits das Bemühen um eine solche Sondergenehmigung war für die SED-Obrigkeit ein Verdachtsmoment. In einem Stasibericht über den Studenten der Humboldt-Universität Reinhard K. wird u.a. ausgeführt, er sei bemüht, »Schriften von Marcuse und Fischer« zu erhalten. »In einer Konsultation bat er einen Assistenten, eine Genehmigung zu beschaffen, um diese Bücher in den Bibliotheken auszuleihen, da sie in der Sperrkartei enthalten sind.«[23] Aufgrund dieser und anderer Denunziationen wurde der Student der Fachrichtung Geschichte im Herbst 1968 von der Universität relegiert. Drei Jahre später traf das gleiche Schicksal eine andere Gruppe von Studenten der Sektion Geschichte der Humboldt-Universität. In einer Information des MfS über Rainer Eckert, einen der relegierten Studenten, heißt es: »Der E. vertritt die These, dass die Philosophie entpolitisiert werden müsse. Er negiert die Rolle der Arbeiterklasse in der sozialistischen Gesellschaft und setzt die Intelligenz an ihre Stelle. Er liest Marcuse.«[24] Solche diffusen und in der Regel unbewiesenen Behauptungen reichten in der DDR für einen Ausschluss vom Studium.

Die Utopie einer klassenlosen und herrschaftsfreien Gesellschaft war für die autoritäre Zwangsanstalt DDR ein gefährlicher Sprengsatz. Die SED-Führung reagierte mit Verboten, Restriktionen und Disziplinierungen. Das Schlagwort vom »dritten Weg« wurde in der DDR zum Totschlagargument gegen jede Form der Kritik. Wer einen dritten Weg zwischen real existierendem Sozialismus und Kapitalismus gehen wollte, nutzte »objektiv der Konterrevolution«. Wer einen Wandel durch Übernahme einzelner Elemente des freien Marktes forderte, redete der imperialistischen Konvergenztheorie das Wort, wer für eine Anpassung der Ideologie an die Realitäten plädierte, machte sich des Revisionismus schuldig.

Kampfmai '68

Im März 1968 bejubelte die DDR-Presse die 20. Mitgliederversammlung des Verbandes der Deutschen Studentenschaften (VDS) in München.[25] An sich war der VDS eine überparteiliche und eher unpolitische Dachorganisation der Allgemeinen Studentenausschüsse (AStA). Doch nahezu unbemerkt hatte sich eine starke linke Majorität gebildet. Die 300 Delegierten forderten ohne Gegenstimmen bei nur 31 Enthaltungen die Anerkennung der DDR und die Aufnahme geregelter Beziehungen zwischen beiden deutschen Staaten. Die USA wurden aufgefordert, die Bombardierung der Demokratischen Republik Vietnam (DRV) einzustellen. Die FNL, das heißt die vietnamesischen Kommunisten, wurden in der Resolution als die »derzeit glaubwürdigste Vertretung der Interessen des vietnamesischen Volkes« genannt. Deren Kampf sei der entscheidende Beitrag, »um sowohl Südvietnam wie die USA von einer demokratiefeindlichen und verbrecherischen Regierung zu befreien«. Von der Bundesrepublik Deutschland erwarteten sie, desertierten US-Soldaten Asyl zu gewähren. Weiter verlangten sie die Aufhebung des KPD-Verbotes sowie den Rücktritt von Bundespräsident Heinrich Lübke wegen seiner Tätigkeit als »KZ-Baumeister«. Das war tatsächlich starker Tobak, zumal vollkommen ungeklärt war, ob die Delegiertenversammlung überhaupt ein politisches Mandat besaß.

Am Nachmittag des 11. April 1968, es war der Donnerstag vor Ostern, wurde Rudi Dutschke von dem 23-jährigen Hilfsarbeiter Josef Bachmann durch drei Schüsse aus einem Trommelrevolver lebensgefährlich verletzt. Spontan gaben viele Studenten dem Springer-Verlag, insbesondere der *Bild*-Zeitung, die Schuld an dem Mordanschlag. In einem vom SDS verbreiteten Flugblatt wurde festgestellt: »Man kann jetzt schon sagen, dass dieses Verbrechen nur die Konsequenz der systematischen Hetze ist, welche Springer-Konzern und Senat in zunehmendem Maße gegen die demokratischen Kräfte in dieser Stadt betrieben haben.«

Das entsprach der allgemeinen Stimmung. Nachdem sich die Nachricht von dem Attentat verbreitet hatte, zogen Tausende aufgebrachter Studenten vom Audimax der TU zur Zentrale des Springer-Verlags in der Kochstraße. Es kam zu schweren Krawallen. Demonstranten warfen Scheiben ein, versuchten in das Gebäude einzudringen und zündeten Lieferwagen an. In mehreren Städten kam es während der Ostertage 1968 zu Straßenschlachten. Überall versuchten Demonstranten, die Auslieferung der *Bild*-Zeitung zu verhindern, was in einigen Städten auch gelang. In München starben zwei junge Leute auf der Straße. Es gab Hunderte Verletzte auf beiden Seiten. In Westdeutschland und West-Berlin schien eine Bürgerkriegssituation zu herrschen.

Die DDR-Medien, für die West-Berlin und die Bundesrepublik ansonsten auf einem anderen Stern lagen, stimmten in den Chorus der Empörung ein, berichteten live vom Ort des Geschehens. Es herrschte eine durchaus ungewöhnliche Spontaneität in der Berichterstattung. Über die Osterunruhen erschienen in den Zeitungen der

DDR ganzseitige Reportagen mit vielen Fotos. Einen Nachahmungseffekt befürchtete die SED damals offenbar noch nicht.

Zum 1. Mai 1968, als angeblich 50 000 West-Berliner unter roten Fahnen durch die Stadt zogen, steigerte sich der Jubelton der Ostmedien weiter. »Am 1. Mai sollte eine starke Gegenkundgebung vor aller Augen demonstrieren, dass auch Westberlin eine Alternative zu SP-Frontstadtpolitik und gleichgeschalteten Gewerkschaften kennt«, hieß es in der Ost-Berliner Studentenzeitschrift *Forum*.[26] Damit war die politische Stoßrichtung klar formuliert. Es ging gegen die SPD, der man wegen des »nationalen Verrats« das D aberkannt hatte, und gegen den DGB. Ob gerade der Ostberichterstatter prädestiniert war, sich über »gleichgeschaltete« Gewerkschaften zu erregen, sei dahingestellt, war doch der FDGB in der DDR nur die traurige Karikatur einer Interessenvertretung der Arbeiter. Dann ging es weiter im Berichterstatterstil: »Die Karl-Marx-Straße in Neukölln machte endlich einmal ihrem Namen Ehre. Hier sammelten sich die Demonstranten, während eine Kapelle für viele Ohren lang entbehrte Arbeiterlieder spielte. (...) Der Demonstrationszug wuchs und wuchs, bald verloren sich die Enden aus den Augen. Sarkastisch hallten Sprechchöre: ›Wir sind eine kleine radikale Minderheit!‹ Der Marsch durch Neukölln begann. (...) Auf einem überfüllten Platz ein Meer von roten Fahnen. Das hatte Westberlin seit Jahren nicht gesehen. (...) das Symbol der roten Fahne hat heute in Westberlin zwei wichtige Bedeutungen: Erstens zeigt es an, dass sich viel ändern muss in dieser Stadt und dass Kräfte zu erstarken beginnen, die den Willen dazu haben, und zweitens ist der Weg gewiesen, der zu beschreiten ist – nicht der dritte, sondern der revolutionäre. Für diesen stand und steht die rote Fahne.« Schließlich schlägt der Berichterstatter den Bogen zur DDR und fragt: »Was können wir zur Unterstützung der außerparlamentarischen Opposition tun? Richtig ist die Antwort: so gut wie möglich arbeiten, um das entwickelte gesellschaftliche System des Sozialismus zu errichten. (...) Unmittelbaren Einfluss auf die westdeutschen Klassenauseinandersetzungen nehmen wir, indem wir unsere sozialistische Demokratie auf einen Stand heben, dass sie unwiderlegbares Vorbild wird, ein Bedürfnis in den Menschen erweckt, die nicht an ihr teilhaben dürfen.«

Dies nun ist etwas doppeldeutig. Man könnte aus der Formulierung den Schluss ziehen, dass die sozialistische Demokratie noch nicht auf dem Stand war, dass der Wunsch, an ihr teilzuhaben, riesengroß wäre. Auch in Prag sah die Maikundgebung 1968 so viele Menschen wie noch nie. Auch sie hofften auf mehr Demokratie im Sozialismus. Wo aber lag der Unterschied zwischen sozialistischer Demokratie und demokratischem Sozialismus? Die Grenzen begannen in jenem Frühjahr zu verschwimmen.

Die antiautoritäre Studentenbewegung im Westen und die DDR

»Der Gegner«, heißt es in einer Stasianalyse aus dem Jahre 1965, »unternimmt verstärkte Anstrengungen (...), mittels einer breiten Skala von Möglichkeiten der politisch-ideologischen Diversion Einfluss auf die Jugendlichen in der Hauptstadt der DDR zu gewinnen. Vorherrschend sind dabei neben der indirekten Methode der Beeinflussung über zahlreiche Rundfunk- und Fernsehstationen solche direkten Methoden der politisch-ideologischen Diversion wie:

- die Förderung der Verbindungsaufnahme von Jugendlichen der Hauptstadt zu so genannten Starclubs in Westberlin, Westdeutschland und im kapitalistischen Ausland,
- die Aufnahme persönlicher Kontakte zu Jugendlichen in der Hauptstadt durch westdeutsche und ausländische Staatsbürger, die täglich in die Hauptstadt einreisen.

Diese Formen und Methoden der Beeinflussung führten bei den Jugendlichen in der Hauptstadt der DDR bereits zu einer relativ starken Verherrlichung der westlichen Lebensweise. Das hat unter anderem auch zur Folge, dass besonders unter den Oberschülern und Studenten die verschiedenartigsten Unklarheiten und Diskussionen zu aktuellen politischen Problemen auftreten. (...) Dieser gegnerische Einfluss macht sich auch an einigen Oberschulen und Jugendclubs bemerkbar, indem die Jugendlichen eine negative Haltung zur FDJ einnehmen oder versuchen, den Einfluss der FDJ herabzumindern und zurückzudrängen.«[27]

Insbesondere sollte jeder Kontakt zwischen Ost- und Weststudenten vermieden werden. Die wenigen Orte, an denen solche Kontakte möglich waren, wurden streng kontrolliert. So kamen der Obrigkeit bedenkliche Meldungen aus dem Jugendklub für Literatur und Musik »Freundschaft« in Berlin-Friedrichshain zu Ohren. Dort träfen sich nicht nur »Biermann-Anhänger«, sondern der Klub sei auch Anlaufpunkt für westdeutsche, West-Berliner und ausländische Jugendliche. In der Tat scheint es so, dass die Adresse des Klubs unter interessierten jungen Leuten in West-Berlin herumgereicht wurde.

»Unter anderem«, heißt es in dem Bericht der Staatssicherheit, »erschienen zwei Holländer mit einer Lageskizze des Klubs. Ein Westdeutscher, der in Unterhaltungen seine ablehnende Haltung zur DDR offen zum Ausdruck bringt, gehört seit über einem Jahr zu den Stammbesuchern des Klubs. Er knüpfte umfangreiche Kontakte zu Jugendlichen der Hauptstadt und führte andere Westdeutsche in den Klub ein.«[28]

Nach dem 21. August 1968 registrierte die Staatssicherheit ein erhöhtes Aufkommen von Ausländern und griff nun ein. »Auf Grund einer entsprechenden Weisung des Rates des Stadtbezirks wurde diesen Ausländern der Zutritt zum Klub verwehrt. Es stellte sich heraus, dass eine der ČSSR-Bürgerinnen in Hamburg und die andere in Westberlin wohnhaft ist und sie auf Tagesvisum in die Hauptstadt einreisten. Der Klubleiter hält sich offensichtlich nur zum Teil an die Weisung, denn bis zum Termin des Berichtes verkehrten die bereits genannten Stammbesucher aus Westdeutschland weiter im Klub ›Freundschaft‹.«[29]

Der Einfluss der antiautoritären Studentenbewegung im Westen machte der SED-Führung große Sorgen. Nach den Auseinandersetzungen um den Prager Frühling sahen die Parteifunktionäre diese Einflüsse deutlicher als vorher im ideologischen Kontext einer Revision des Marxismus-Leninismus. In einem Bericht des Sekretariats des ZK vom 28. Januar 1969 heißt es: »In den letzten Monaten gibt es ein zunehmendes Hören und Sehen von westlichen Informationsquellen. Dagegen wird an den Universitäten zu wenig gekämpft. Es wirken nicht nur Westsendungen, sondern stärker als bisher angenommen wurden auch bürgerlich-philosophische Theorien, z.B. von Kafka, Marcuse, Sartre, Böll, Enzensberger. Auffallend ist zunehmendes Interesse an linksoppositionellen Strömungen, besonders der Studenten in Westdeutschland und anderen kapitalistischen Ländern und ihren ›Programmen‹.

An solche Interessen knüpfen die evangelischen und katholischen Studentengemeinden an. Sie führen regelmäßig Vorträge und Gespräche außerhalb der Bildungseinrichtungen durch, die einen relativ großen Zuspruch haben. Das sind systematische Versuche, marxistisch-leninistische Positionen bei den Studenten aufzuweichen.«[30]

Im Einzelnen nennt der Bericht folgende »ideologische Hauptprobleme«:

- »Falsche Positionen in der *Machtfrage* bei der Gestaltung der sozialistischen Gesellschaft.
- Unklarheiten über die wachsende Rolle der *Arbeiterklasse* und ihrer Partei beim Aufbau des Sozialismus.
- Zweifel und Unverständnis für die Rolle der *Sowjetunion* im *sozialistischen Weltsystem* als Grundmodell für den Aufbau des Sozialismus.
- Zweifel an der Kraft und Geschlossenheit des sozialistischen Weltsystems und der internationalen kommunistischen Bewegung.
- Die *Konvergenztheorie* mit ihren verschiedenen Spielarten zeigt unter den Studenten erhebliche Wirkung.«[31]

Damit ist die Büchse der Pandora gefährlicher ideologischer Debatten weit geöffnet. Es geht im Kern um die Alleinherrschaft der Partei und um die politische Dominanz der Sowjetunion, also um die beiden Grundpfeiler des Systems. Daran wollte die SED gerade nach den Erfahrungen des Prager Frühlings nicht rütteln lassen. Deutlicher als vorher sah sie nun auch, wie stark die antiautoritäre Linksbewegung im Westen ihre Grundpositionen in Frage stellte.

Interessanterweise erkannte die SED sehr klar die politischen Gefahren, die sich aus den fast unscheinbaren Freiräumen der Kirchen ergaben. Die SED hat die Kirche nie geliebt. Sie war in ihren Augen die Trägerin eines falschen ideologischen Bewusstseins, das den Menschen den Zugang zur Erkenntnis der Lehren des Marxismus-Leninismus versperrte. Doch die SED setzte nicht auf eine gewaltsame Verfolgung der Kirche, sondern auf ein allmähliches Aussterben des Christentums. Sie baute nicht ganz zu Unrecht auf die allgemeine Säkularisierungstendenz in allen modernen Gesellschaften. Insofern störte es sie wenig, wenn am Sonntag einige alte Mütterchen zum Gottesdienst gingen. Sie reagierte aber sehr nervös, wenn die Kirche unter jungen Menschen Anklang fand. Ganz unbegreiflich war es den Vertretern des wissenschaftlichen Atheismus, wenn gebildete junge Leute einem so offensichtlichen Unsinn wie dem Glauben an Gott anhingen. Trotzdem sollte die Religionsfreiheit gewahrt bleiben, und so duldete die Obrigkeit die Existenz von evangelischen und katholischen Studentengemeinden an allen Universitäten der DDR. Diese aber beschränkten sich nicht auf gottesdienstliche Veranstaltungen, sondern boten kritischen Studenten einen gewissen Freiraum. In den Räumen der Studentengemeinden fanden Diskussionsabende zu Themen statt, die im staatlich kontrollierten Raum unerwünscht waren. Auf dem Themenplan der Evangelischen Studentengemeinde Berlin – der im Archiv der SED überdauert hat – fanden sich im zweiten Halbjahr 1967 solche Themen wie »Politik – Schicksal oder Verantwortung?« oder »Marxismus – Alternative oder Koexistenz?«.[32] Das hört sich harmlos an, doch im Zeichen des Wahrheitsmonopols der Partei war allein schon die Möglichkeit, dass der Marxismus eine Alternative zum Christentum sein könne, eine versteckte Herausforderung. Die Veranstaltungen der Studentengemeinde waren natürlich für jedermann offen und erfreuten sich in den Universitätsstädten eines gewissen Zulaufs. Wie später in den achtziger Jahren überall in den Kirchen waren die Studentengemeinden Kristallisationspunkte einer geistigen Widerständigkeit, von der es bis zur organisierten Opposition nur noch ein kleiner Schritt war.

Das gefährliche Potential einer Zusammenarbeit zwischen kritischen Marxisten und Christen hat die SED in ihren internen Berichten früher wahrgenommen als die allgemeine Öffentlichkeit.

Im Laufe des Jahres 1968 gab es deutliche Warnsignale aus den Kreisen christlicher Studenten. In einem Bericht über das Evangelischen Jungmännerwerk vom 24. Juli 1968 heißt es, dem Studentenkreis gehörten ungefähr 50 Personen an, sie seien zum größten Teil Studenten, es kämen aber auch Arbeiter und Mitarbeiter anderer Institutionen dorthin. Der Arbeitskreis tage einmal wöchentlich in der Sophienstraße in Berlin-Mitte. Dort befanden sich damals der Sitz des Evangelischen Jungmännerwerks, eine christliche Buchhandlung und Veranstaltungsräume. »Seit März dieses Jahres kam es in diesem Kreis mehrfach zu Diskussionen über die Ereignisse in der ČSSR. Dabei konnte festgestellt werden, dass die Gespräche zu dieser Problematik anfangs im Anschluss an die offiziellen Zusammenkünfte des Studentenkreises in Gaststätten geführt wurden und im wesentlichen folgende Argumentationen zum Inhalt hatten:

- Krawalle, wie sie von Studenten in der VR Polen organisiert wurden, seien an der Humboldt-Universität nicht möglich, da einerseits hierfür nicht die geeignete Situation vorhanden sei und andererseits ein derartiges Vorgehen sofort eine Konfrontation der Studenten mit der Staatsmacht zur Folge hätte.
- Man müsse deshalb den Weg gehen, wie er in der ČSSR beschritten wurde. Dabei dürfe man nicht sofort voll gegen die SED auftreten,

sondern muss mit der Partei gehen und ihr eine Fehlerdiskussion aufzwingen, die zu Auseinandersetzungen in der Parteiführung führen würde.

- Die Entwicklung in der ČSSR ist begrüßenswert, weil im Gegensatz zu Polen die negative Entwicklung dort eine Basis in der Partei (KPČ) habe.
- Eine Übertragung der Entwicklung, wie sie sich in der ČSSR vollzieht, auf die DDR ist nicht ohne weiteres möglich, weil die DDR eine sehr gute wirtschaftliche Entwicklung genommen hat und die Bevölkerung stolz auf die erreichten Ergebnisse ist. (...)
- Die Aufgabe der Kirche in der gegenwärtigen Situation besteht vor allem darin, die Zivilcourage der Bevölkerung der DDR zu fördern und abzuwarten, bis man in der DDR seitens der Staatsführung beginnt, einige Fragen allmählich zu ändern. Dann müsse sich die Kirche unbedingt anschließen, darin läge die historische Mission der Kirche in der DDR.«[33]

Am 20. Juni 1968 fand in den Räumlichkeiten des Jungmännerwerkes ein Diskussionsabend mit dem Prager Theologen Dr. Jan Heller statt, der zu dieser Zeit als Gastdozent in West-Berlin weilte. Heller referierte über die aktuelle Lage in der Tschechoslowakei und meinte zum Schluss seiner Ausführungen, »er wünsche, dass in der DDR eine ähnliche Entwicklung wie in der ČSSR vonstatten gehe und dass es dabei kein zweites Ungarn gibt. Er sei davon überzeugt, dass es in der DDR auch so wie in der ČSSR verlaufen werde. Eine solche Entwicklung charakterisierte er als christlich und meinte, dass viel Mut dazu gehöre, wie in der ČSSR zu experimentieren. (...) Heller vertrat weiter die Auffassung, dass in der ČSSR die Uhr ein Stück weiter gegangen sei und diese Entwicklung in der Geschichte als etwas gutes für die Menschheit eingehen werde.«[34]

In dem zitierten Bericht vom Januar 1969 heißt es weiter: »Neben der stärkeren ideologischen Wirksamkeit des Westfunks und -fernsehens ist eine stärkere ideologische Aktivität kirchlicher Kreise unter Studenten zu verzeichnen. Dabei wird ein stärkeres Hinwenden dieser Kreise auf politische Probleme, die oft als Kulturprobleme, moralisch-ethische Fragen usw. getarnt werden, und ein gemeinsames Vorgehen der evangelischen und katholischen Gruppen sichtbar. Es existiert offensichtlich ein verzweigtes Netz von Vertrauensstudenten, wobei eine Konzentration auf politisch labile Bereiche (Medizin, Mathematik und Naturwissenschaften) und auf strukturbestimmende Fachrichtungen (Elektronik TU Dresden) sichtbar wird. Die Initiativen gehen dabei vor allem von den Jugend- bzw. Studentenpfarrern und von Theologiestudenten aus. An einigen Bildungseinrichtungen (TU Dresden, Universitäten Halle, Jena, Greifswald) ist zu beachten, dass sich Mitglieder der Evangelischen Studentengemeinde während der Verbandswahlen bemühen, neue Positionen in den FDJ-Leitungen – und dabei besonders im sozialen und kulturellen Bereich – zu erringen. Die Leitungen der Universitäten, Hoch- und Fachschulen verfügen nicht über eine gründliche Analyse der Wirksamkeit kirchlicher Kreise und können deshalb auch kaum zielgerichtete Maßnahmen zur Eindämmung der Aktivitäten dieser Gruppen einleiten.«[35]

Maoismus

Nichts fürchtete die SED mehr als das Wirken zentralistisch geführter Verschwörergruppen und avantgardistischer Berufsrevolutionäre. Die SED-Ideologen hatten Lenins Revolutionstheorie genau studiert und tief verinnerlicht.

Der Einfluss maoistischer Gruppen war für die SED ein Grund, den ideologisch heterogenen Gruppen misstrauisch zu begegnen. In der Tat versuchte die kommunistische Führung Chinas damals, durch Ideologieexport in aller Welt Einfluss zu gewinnen. Sie verdammte die Sowjetunion und deren Satelliten als sozial-revisionistisch und empfahl ihr eine Kulturrevolution nach chinesischem Muster. Dort terrorisierten seit 1965 wild gewordene Schüler und Studenten als selbsternannte Rote Garden das Land, hatten den Verwaltungsapparat zerschlagen und Chaos verbreitet. Die Führung unter Mao hoffte auf eine Weltrevolution der unterdrückten Massen und setzte dabei vor allem auf die Bauern in den unterentwickelten Ländern. Einen Krieg, wenn es sein musste einen Atomkrieg gegen die USA, meinten die Maoisten nicht fürchten zu müssen. Aber auch gegenüber der Sowjetunion wurde der Tonfall der Propaganda ständig aggressiver. Ein einsamer Verbündeter Chinas war das kleine Albanien, das dadurch in eine totale Isolation geriet, aber unverdrossen revolutionäre Parolen in die Welt hinausposaunte.

Immerhin waren die deutschsprachigen Sendungen der »Stimme der Weltrevolution« aus Tirana im Kurzwellenbereich in Mitteleuropa gut zu empfangen. Es dürfte überwiegend die unfreiwillige Komik der Propagandaparolen gewesen sein, die auch in der DDR manchen Radiohörer dazu verleitete, in der Stunde vor Mitternacht zwischen Pfeifen und Piepsen den revolutionären Offenbarungen aus Albanien zu lauschen. Dennoch nahm die SED-Führung solche Einflussversuche ernst. Entsprechend nervös reagierte die Staatssicherheit auf unkontrollierte Aktivitäten der chinesischen Botschaft in der DDR. In einem Bericht des MfS vom 12. Oktober 1967 heißt es: »Seit Anfang September mehren sich die Hinweise über Erscheinungen, die im Zusammenhang mit der chinesischen Botschaft in Berlin-Karlshorst stehen. So wurde eine Reihe von Bürgern aus der Hauptstadt der DDR bekannt, die Verbindung zur genannten Botschaft aufnahmen und als Empfänger chinesischer Druckerzeugnisse und Mao-Abzeichen in Erscheinung traten. Auf Grund der vorliegenden Hinweise kann eingeschätzt werden, dass besonders Jugendliche, vor allem Oberschüler und Lehrlinge von Betriebs-Berufsschulen, Verbindungen zur chinesischen Botschaft aufnahmen. (…) Bei einer Vielzahl der Oberschüler (…) ist festzustellen, dass die Väter der beteiligten Schüler Mitglieder der SED sind und vielfach als Angehörige der Intelligenz in verschiedenen Bereichen der Volkswirtschaft verantwortliche Positionen einnehmen. Die bisherigen Untersuchungen ergaben weiter, dass in Erscheinung getretene Oberschüler vielfach eine gute Erziehung im fortschrittlichen Elternhaus erhielten und teilweise selbst eine fortschrittliche Einstellung besitzen.«[36]

Die Stasianalyse wirkt recht hilflos bezüglich der Frage, worin die Anziehungskraft der chinesischen Propagandamaterialien, Mao-Plaketten und Büchlein mit Worten des Großen Vorsitzenden Mao Tse-tung bestand. Wohl nicht ganz zu Unrecht sah das MfS den Reiz des Exotischen und Ausgefallenen. Die vernommenen Jugendlichen gaben an, »mehr wissen zu wollen, als in der Zeitung steht«, einer ging nach eigenen Angaben zur chinesischen Botschaft »um zu sehen, was passiert«.[37]

Bedenklicher war, dass Biermann einer Einladung der Botschaft zum chinesischen Nationalfeiertag am 1. Oktober 1967 gefolgt war. »Nach der Vorführung zweier Filme stellte Biermann die Frage: ›Wie reagiert der chinesische Staat, wenn an ihm Kritik geübt wird?‹ Ihm wurde geantwortet, dass der Staat bei Kritik nicht einzugreifen braucht, denn das regelt die Bevölkerung alleine.«[38] Die Reaktion Biermanns auf diese Antwort schildert der Stasibericht nicht.

In der westlichen Welt waren einige Jungrevoluzzer gegenüber den radikalen Parolen aus Peking nicht unempfänglich. Auch in Westdeutschland und West-Berlin spielten maoistische Vorstellungen innerhalb der APO eine Rolle. Dies führte dazu, dass die linksradikalen Gruppen, wie der SDS, gegenüber den Freiheitsbewegungen in Osteuropa eine zwiespältige Haltung einnahmen. Während sie den unabhängigen Kurs der Tschechoslowakei und Rumäniens als Kampf gegen die Moskauer Hegemonie begrüßten, lehnten sie die wirtschaftlichen Liberalisierungstendenzen der Prager Führung als Restauration des Kapitalismus ab.

Studentenkontakte

Geradezu hysterisch reagierte die DDR-Obrigkeit auf unkontrollierte Begegnungen junger Leute, speziell von Studenten aus Ost und West. Universitätsinstitute, Studentenwohnheime und selbst Studentenklubs wurden abgeschirmt wie geheime militärische Objekte. Am Eingang führten Angehörige von FDJ-Ordnungsgruppen strenge Kontrollen durch. Studierende und Universitätsmitarbeiter mussten den Ausweis vorzeigen. Besuchern wurde nach Vorlage des Personalausweises ein Passierschein ausgestellt. Gäste aus dem Ausland oder aus Westdeutschland durften die Gebäude nur in Begleitung eines verantwortlichen Mitarbeiters der Universität betreten. Anschließend musste ein Bericht über den Besuch verfasst und an die Abteilung internationale Beziehungen gegeben werden. Neugierige Besucher, die nur mal gucken oder diskutieren wollten, wurden am Eingang zurückgewiesen. Auch private Kontakte waren, wenngleich nicht gesetzlich verboten, so doch ungern gesehen und wurden durch das MfS nach Möglichkeit kontrolliert.

Voller Sorge stellten die Stasistellen Mitte der sechziger Jahre fest, dass sich solche Kontakte häuften. So beobachtete das MfS im April 1966, dass sich aus einer Zufallsbekanntschaft ein regelmäßiger Diskussionszirkel von Assistenten der Freien Universität und der Humboldt-Universität entwickelt hatte.[39] Assistenten der Philosophischen Fakultät der Humboldt-Universität trafen sich zunächst im Restaurant *Wein-ABC* unweit des Bahnhofs Friedrichstraße, später in Privatwohnungen. Die Stasi registrierte unter anderem folgende Themenbereiche: »Kollektiv – Individuum – Vermassung in der DDR; Freiheit in der Kunst, Grenzen in der DDR; Falsche Argumentationen in der DDR-Presse, Art und Weise des Vorgehens gegen Biermann, Systemgebundene Kritik in der DDR«.[40] Besondere Sorge bereitete es dem MfS, dass ein großer Teil der DDR-Teilnehmer Mitglieder der SED waren. Der Verfasser des Berichtes betont deswegen noch einmal ausdrücklich: »Es muss eingeschätzt werden, dass es sich hier keinesfalls um das Vorhaben handelt, durch eine gute Diskussion Westberliner Personen positiv zu beeinflussen, sondern um private Gespräche, bei denen man die Möglichkeit ausnutzen will, sich über den Westen zu informieren. (...) Da die beteiligten Westberliner offensichtlich die Linie verfolgen, durch provokatorische Fragen unsere Personen ideologisch negativ zu beeinflussen und die von uns Beteiligten konzeptionslos an diesen Treffen teilnehmen, besteht die Gefahr der Schaffung einer ideologisch negativen Basis für weitere Diskussionen in der Humboldt-Universität.«[41]

Eine ungewöhnlich ausführliche und detaillierte Analyse der Bezirksverwaltung des MfS beschäftigte sich im Januar 1967 mit der »politisch-ideologischen Zersetzung und der ungenügenden gesellschaftspolitischen Erziehung an der Humboldt-Universität«.[42] Obwohl es in dem Bericht nicht an global positiven Beurteilungen der Entwicklung fehlt, tragen Einschätzungen über weite Strecken einen geradezu alarmierenden Charakter. Auf persönliche Weisung Erich Mielkes wurde die Weiterleitung des Berichtes an die Parteiführung gestoppt. Wie es in einem beigefügten Zettel heißt, sollte darüber nach der Kreisdelegiertenkonferenz der SED entschieden werden. Offenbar griff der Bericht zu tief in die Obliegenheiten der Staatspartei ein. Er diagnostizierte bei einem Teil der Studenten eine »dekadente moralisch-ethische Einstellung«. Dies signalisierte in der Sprache der Stasi den Einfluss der neuen antiautoritären Lebenskultur des Westens.

Äußerlich bezog sich diese Rubrizierung auf lange Haare, jugendliche Rauschebärte, die grünen Parkas und die verwaschenen Jeans der amerikanischen Hippies und andere modische Accessoires. In einer konformistischen Gesellschaft wie der DDR hatten solche Äußerlichkeiten eine kaum zu überschätzende politische Brisanz. Ein FDJ-Student oder Jungwissenschaftler, der auf Kosten der Arbeiterklasse studierte, hatte sich entsprechend anständig zu benehmen. Er sollte ordentlich frisiert und gekleidet sein – tagsüber mit dem Blauhemd und zu gehobenen Anlässen mit Schlips und Jackett. Er hatte sportlich und gesund zu sein – schon um seine Aufgaben bei der sozialistischen Landesverteidigung erfüllen zu können. Vor allem aber kennzeichnete ihn eine lebensbejahende und zukunftsfrohe Einstellung. Er hatte ein »sauberes und anständiges Verhältnis zum anderen Geschlecht«, wie es im Statut der FDJ hieß. Kurzum, er war das präzise Gegenbild zu dem antiautoritären Jungrebellen aus dem Westen.

Eine der wenigen Möglichkeiten für DDR-Bürger, sich zu äußern, bestand in Briefen an westliche Rundfunk- und Fernsehanstalten. Meist anonym und oft über angegebene Deckadressen brachten Hörer und Zuschauer aus dem Osten ihre Meinung zu Papier. So schrieb ein Hörer nach dem Mordanschlag auf Rudi Dutschke an den RIAS: »Es ist allen im roten KZ unverständlich, welche Bedeutung den akademischen Lehrbuben beigemessen wird (...). Ihren Vätern und dem Staat liegen sie auf der Tasche, das ist alles. Und wenn dann einige aus Langeweile mit roten Fahnen durch die Gegend ziehen, dann tun viele Leute so, als wäre der Bestand der Welt in Gefahr. Der Anschlag auf Dutschke kann nur verurteilt werden, das sind die Methoden brauner und roter Faschisten. Aber hat er nicht selbst Schuld oder zumindest Mitschuld? (...) Man wird sich im Übrigen sehr genau merken müssen, dass dieser Dutschke ›Republikflüchtling‹ ist, sein Vater aber sofort und unbürokratisch zu ihm durfte. Kein Mensch aus dem Ulbricht-KZ darf zur Beerdigung von Angehörigen in die Bundesrepublik fahren. (...) Ist es dann verwunderlich, wenn viele meinen, der SDS sei von Ulbricht geschmiert???«[43]

Ein weiterer Hörer schrieb dem RIAS: »Da die regierende Kommunistische Partei die Bevölkerung bei uns brutal unterdrückt und ihr alle demokratischen Rechte vorenthält, ist es verständlich, dass die Menschen, die so große Hoffnungen auf den Westen setzen, empört darüber sind, dass sich dort eine neue radikale Linke zu etablieren anschickt. Da auch die überwiegende Mehrheit unserer Intelligenz sich nicht mit dem Marxismus befreunden kann, ist auch aus diesen Kreisen keine große Sympathie für die westdeutschen Studenten zu erwarten. Diese entschieden antimarxistische Grundhaltung beraubt uns aber auch der Hoffnung auf einen deutschen Ceauşescu oder Dubček; denn eine Liberalisierung würde zum Sturz der SED und des Kommunismus führen, was aber angesichts der gegenwärtigen weltpolitischen Lage für das sozialistische Lager nicht tragbar ist. (...) Vielleicht aber führt die Marx-Renaissance im Westen auch zu einer Wiederentdeckung von Marx bei uns; denn mit Marx können wir unser gegenwärtiges Establishment wirkungsvoll bekämpfen.«[44]

Abschied vom Aktionsbündnis

Nach dem Ende des Prager Frühlings setzte in der Führungsetage der SED ein Umdenken ein. Die anarchistische Revolte im Westen und die Konterrevolution in der Tschechoslowakei wurden von den SED-Ideologen als verwandte Krankheitserreger diagnostiziert. Beide waren in ihren Augen revisionistische Verirrungen.

Die Haltung der West-Berliner und westdeutschen Linken gegenüber der Militärintervention des Sowjetblocks hatte der SED gezeigt, wie schwer die antiautoritäre Bewegung zu domestizieren sein würde. Dabei waren die unmittelbaren Reaktionen der West-Berliner Linken am 21. August 1968 eher gewunden als eindeutig gewesen. Es mag sein, das die Semesterferien zu Zufallsmehrheiten kleiner Gruppen geführt hatten, jedenfalls verabschiedeten die Allgemeinen Studentenausschüsse (AStA) der Freien Universität (FU), der Kirchlichen Hochschule und der Technischen Universität (TU), der Berliner Landesverband des Sozialistischen Hochschulbundes (SHB), der SDS, die Berliner »Falken«, der Republikanische Club und andere Gruppen einen offenen Brief an die »Zentralkomitees der Parteien der intervenierenden Staaten«.[45] Zunächst stellt der Aufruf fest, dass der Vernichtungskrieg des US-Imperialismus in Vietnam es nicht vermocht habe, die Truppen des Warschauer Paktes in Marsch zu setzen. »Dagegen haben fadenscheinige Gründe gereicht, um in die ČSSR einzumarschieren. Nicht einmal nach den offiziellen Erklärungen der intervenierenden Staaten drohte ein Rechtsputsch in der ČSSR, der allein ein militärisches Vorgehen gerechtfertig hätte.« Indirekt wird die sogenannte Breschnew-Doktrin von der beschränkten Souveränität der Staaten des Sowjetblocks unterstützt. Ein Rechtsputsch konnte, wie man aus der Geschichte wusste, in der linken Terminologie auch ein antikommunistischer Volksaufstand sein. Dann wird die »Entwicklung in der ČSSR mit ihren bürgerlichen Erscheinungsformen« gleichsam entschuldigt »als Reaktion auf die bürokratische Erstarrung in allen gesellschaftlichen Bereichen«. Darauf folgt der merkwürdigste Satz: »Mit der Intervention haben die fünf intervenierenden Staaten, gestützt auf eine mögliche Gefahr eines friedlichen Rückfalls in den Kapitalismus, alle Chancen für eine wirklich kommunistische Entwicklung abgeschnitten. (...) Es lebe die proletarische Weltrevolution!!!« Schließlich wird für 14 Uhr zu einem Tech-in im Audimax der TU und für 17 Uhr zu einer Demonstration von der TU zur Tschechischen Militärmission aufgerufen. Nach damaligen Zeitungsmeldungen nahmen an der Veranstaltung in der TU ungefähr 2000 Menschen teil. Anschließend formierte sich gegen 17 Uhr ein Demonstrationszug, der durch ganz West-Berlin bis zur tschechoslowakischen Militärmission in der Podbielskiallee in Dahlem führte. Die Demonstranten trugen Bilder von Lenin, Trotzki und Che Guevara und riefen im Sprechchor: »Amis raus aus Vietnam, Russen raus aus Prag!« oder »Nato und Warschauer Pakt – Verbrecherkontrakt«. Vor der Militärmission sprachen noch einmal Redner der Veranstalter und übergaben den offenen Brief an einen Vertreter der Mission. Am Abend versammelten sich vor dem Schöneberger Rathaus etwa 10000 Berliner zu einer Protestkundgebung. Der Regierende Bürgermeister Klaus Schütz verurteilte die Militäraktion der Staaten des Warschauer Paktes. Am 27. August 1968 kam es zu einer weiteren Demonstration der Linksradikalen, die in Rangeleien mit der Polizei endete.

Die Ereignisse in West-Berlin zeigen die Verworrenheit der damaligen Frontlinien. In den Augen der Maoisten und Trotzkisten waren die tschechoslowakischen Reformkommunisten schlimmere Revisionisten als die Parteiführungen des Sowjetblocks. Tatsächlich drohte ihrer Ansicht nach in der Tschechoslowakei ein »friedlicher Rückfall in den Kapitalismus«. Ob in diesem Falle ein Einmarsch der Bruderarmeen richtig gewesen wäre, wird offen gelassen. Auf der anderen Seite sahen die westlichen Linksradikalen die Supermächte USA und Sowjetunion beide als Hegemonialmächte, gegen die es zu kämpfen galt.

Diese Position schloss jede weitere Zusammenarbeit mit der SED aus. Mit einiger Verspätung begann die SED-Presse einen publizistischen Feldzug gegen die linksradikale Studentenbewegung. Christian Zak schrieb im November 1968 im *Forum* einen großen Beitrag über den SDS.[46] Er erinnert noch einmal an das breite Aktionsbündnis nach dem 2. Juni 1967. Dann heißt es: »Das Grundproblem der so entstandenen außerparlamentarischen Opposition war: Wird es den marxistisch theoretisch bewussten Kräften gelingen, diese Ansätze auszubauen und schließlich mit den Aktionen einer organisierten Arbeiterbewegung zu verbinden, oder werden sich die antiautoritären Sektierer vorerst durchsetzen?« Laut Zak setzten sich schließlich die Sektierer durch. »Dem SDS blieb die Krise nicht erspart. Auf seiner letzten Delegiertenkonferenz im September dieses Jahres erwiesen sich die linken Sektierer (...) als stärker. Das Nichtverständnis der Ereignisse vor und nach dem 21. August 1968 unter dem Einfluss massiver bürgerlicher Hetze und mangelnder objektiver Information führte zu einer Priorität trotzkistischer Ansichten im SDS.« Zum Schluss mahnt der Autor noch einmal: »Obwohl die Bedingungen in Westdeutschland andere sind und man nichts mechanisch übertragen kann, werden sozialistische Kräfte in der Bundesrepublik nicht viel erreichen, wenn sie die DDR nicht als Verbündeten betrachten.«

Hilfstruppe der SED zu sein, war das Letzte, was der SDS wollte. So wurde die APO in den Augen der SED wieder zu linken Sekte, die mehr Ärger als Nutzen einzubringen versprach. Im Grunde hatte die SED die neuen Verbündeten schon abgeschrieben, zumal am 22. September 1968 die Deutsche Kommunistische Partei (DKP) aus der Taufe gehoben wurde, die vom ersten Tage ihre Existenz an vollkommen am Gängelband der Ost-Berliner Politbürokraten hing.

Linksradikalismus aber war laut Lenin die »Kinderkrankheit des Kommunismus«, mithin ideologische Abweichung. »Ein objektives Kriterium für die Beurteilung einer ideologischen Richtung und ihrer theoretischen Stärke stellt ihre philosophische Grundlage dar«, schrieb 1974 der DDR-Historiker Siegfried Prokop in der ersten und einzigen Darstellung der BRD-Studentenbewegung, die in der DDR erschienen ist. »Ein junger Mensch unserer Tage, will er Revolutionär und nicht Revoluzzer oder Rebell sein, muss die wissenschaftliche Weltanschauung der Arbeiterklasse zur Richtschnur seines Denkens und Handelns machen; denn schon Marx betonte, dass es ohne revolutionäre Theorie keine revolutionäre Bewegung geben kann. Im Unterschied zum Marxismus-Leninismus besitzt der kleinbürgerliche Revolutionarismus keine einheitliche philosophische Grundlage. So unterschiedlich die einzelnen Richtungen auch sind, beruhen sie doch ›alle auf einem eklektischen Sammelsurium entgegengesetzter ideologischer Leitsätze‹ (Lenin Bd. 16, S. 39). Der kleinbürgerliche Revolutionarismus ist also pseudorevolutionär. Er gehört nicht zur Theorie der Arbeiterklasse, sondern steht ihr feindlich gegenüber.«[47]

SECHSTES KAPITEL

Reform und Beharrung

Trotz der Mauer und der staatlich verordneten Abschirmung von allen westlichen Tendenzen war der kulturelle Einfluss der westlichen Protestbewegung auf den Osten kaum zu übersehen. Ein besonders trübes Bild zeichnet ein Stasibericht über die Berliner Humboldt-Universität: »Unter den Studenten der Humboldt-Universität hat sich das Wirken Havemanns und die ungenügende Einflussnahme der Parteiorganisation gegen seine schädlichen Theorien teilweise nachteilig auf die Bewusstseinsbildung ausgewirkt.

Oberflächlich betrachtet gibt es keine ernsthaften Probleme, mit denen man sich an der Humboldt-Universität auseinandersetzen müsste. Es ist aber bekannt, dass viele Studenten mit ihrer wahren Meinung zurückhalten. Während sie in den Seminaren eine richtige Position beziehen, vertreten sie in den Gesprächen untereinander eine andere, vielfach entgegengesetzte Meinung. Besonderen Schwerpunkt bildet dabei nach wie vor die Medizinische und Veterinärmedizinische Fakultät. Studenten, die häufig ›Kritik‹ an den Grundfragen der Politik unserer Partei üben, finden sich häufig zu solchen Gesprächen in der ›Gaststätte 116‹ in der Friedrichstraße zusammen.«[1]

Im dem 1963 verabschiedeten neuen Parteiprogramm der SED wurde der Wissenschaft und Forschung besondere Aufmerksamkeit zuteil. Darin war von der vollständigen Umwandlung der Wissenschaft in eine »unmittelbare Produktivkraft« als einer der wichtigsten Aufgaben des »umfassenden Aufbaus des Sozialismus« die Rede.[2] Betont wurde auch die Notwendigkeit einer einheitlichen Leitung, um die Zersplitterung und Isolierung wichtiger Forschungsgebiete zu beseitigen. Die Grundlagenforschung sollte so entwickelt werden, dass ein »Vorlauf für die Technik und Produktion von morgen gewonnen wird«. Das Parteiprogramm enthielt sogar einen Katalog wichtiger Forschungsthemen auf dem Gebiet der Mathematik,

Chemie, Physik und Biologie. Die Kybernetik wurde als Methode der Planung und Leitung gesellschaftlicher Prozesse anerkannt. Natürlich vergaß das Parteiprogramm nicht, die wichtige Rolle des Marxismus-Leninismus auch für die Naturwissenschaften zu erwähnen. Bei den Gesellschaftswissenschaften verstand sich das von selbst.

Der von Partei und Staatsführung der Wissenschaft und Forschung eingeräumte hohe Stellenwert zeigte rasch praktische Folgen, insbesondere für die Universitäten, Hoch- und Fachschulen sowie für die Volksbildung. Um eine einheitliche Leitung und Koordinierung der naturwissenschaftlich-technischen sowie ökonomischen Forschung zu gewährleisten, wurde 1967 das Ministerium für Wissenschaft und Technik gebildet. Es sollte insbesondere die schnelle Überführung von Forschungsergebnissen in die Praxis garantieren. Parallel wurde ein Ministerium für Hoch- und Fachschulwesen eingerichtet.

Grundsätzlich erhielten die neuen Fachministerien in dieser Zeit der Reform einen höheren Stellenwert. Auch die Personalentscheidungen sollten als Signal aufgefasst werden. Ulbricht zog systematisch auffallend junge Fachleute mit akademischer Qualifikation und Praxiserfahrung heran. Der neue Minister für Wissenschaft und Technik, der Ingenieurökonom Günter Prey, war zum Zeitpunkt seiner Berufung erst 37 Jahre alt, davor war er bereits Stellvertreter des Ministers für Chemische Industrie gewesen. Der neue, ebenfalls 1967 ins Amt berufene Minister für Erzbergbau, Metallurgie und Kali, Kurt Singhuber, war sogar erst 35 und damit der jüngste Minister in Ulbrichts neuer Garde der Fachleute.

Den Startschuss für den radikalen Umbau der Universitäten gab die IV. Hochschulkonferenz im Februar 1967. Es sollte nach der antifaschistisch-demokratischen Hochschulreform von 1945/46 und einer zweiten Reform von 1951 nun die dritte Hochschulreform sein. Sie brachte im Laufe des Jahres 1968 tatsächlich eine gänzlich neue Struktur der Universitäten und des Studiums hervor. Die Universitäten wurden in Sektionen gegliedert, die alten Institute aufgelöst, und die Macht der Ordinarien wurde beschnitten. Bereits die Zulassung zum Studium erfolgte durch eine zentrale Regelung. Neben den Abiturnoten waren die soziale Herkunft des Kandidaten sowie dessen gesellschaftliche Tätigkeit maßgeblich. Die FDJ-Mitgliedschaft war außer bei den Theologen faktisch Pflicht. Funktionen im Jugendverband galten als erwünscht, eine freiwillige Verpflichtung zum dreijährigen Dienst in der NVA war ein oft entscheidender Pluspunkt bei der Vergabe von Studienplätzen.

Das Studium selbst war streng gegliedert in Grundstudium und Spezialstudium. Die Teilnahme an Lehrveranstaltungen war Pflicht und wurde streng kontrolliert. Dazu kamen das Studium des Marxismus-Leninismus, der Sprachunterricht mit besonderer Betonung des Russischen, der Sportunterricht und die militärische Ausbildung, die für männliche wie weibliche Studierende obligatorisch war. Das vier- bis fünfjährige Studium wurde in der Regel mit Staatsexamen und Diplom abgeschlossen. Danach war ein Forschungsstudium möglich, das mit der Promotion A seinen Abschluss fand. Die Habilitation wurde durch die Promotion B ersetzt. Die Strukturen waren einheitlich für alle Hochschulen und Universitäten der DDR. Die Studienzeit war für alle Studenten verbindlich geregelt. Überschreitungen wurden nur in Ausnahmefällen – etwa bei Schwangerschaftsurlaub oder längeren Krankheiten – gewährt. Das Gleiche galt für einen Fachrichtungs- oder Universitätswechsel. Die Abbrecherquote sollte gering gehalten werden. Die Idealvorstellung war eine gesamtstaatliche Regelung des Bedarfs an Hoch- und Fachschulkadern. Es sollten nur so viele Mediziner, Chemiker und Philosophen ausgebildet werden, wie auch tatsächlich gebraucht wurden.

Das entscheidende Grundprinzip der sozialistischen Hochschulreform war der wirtschaftliche Nutzen. Die Veränderungen standen ganz und gar im Zeichen ökonomischer Effizienz. Wertfreie Forschung, akademische Freiheit und die Unabhängigkeit der Wissenschaften wurden – sofern noch Reste davon existierten – von der zentralisierten Administration platt gewalzt.

Die Intentionen dieser Strukturreform waren ebenso ambivalent wie ihre praktischen Auswirkungen. Manche Reformansätze entbehrten zwar nicht der rationalen Berechtigung, doch im Zeichen der SED-Herrschaft verkehrte sich mancher vernünftige Ansatz in sein Gegenteil. Im Zuge der Vereinheitlichung des Studiums verstärkten sich die Zugriffsmöglichkeiten der SED und FDJ auf die wissenschaftlichen Inhalte von Forschung und Lehre, da sich mit der Zentralisierung der Lehrpläne und Prüfungsordnungen die Kontrollmöglichkeiten erhöhten. Eine entsprechende Kommission führte nun eine sogenannte Absolventenlenkung durch. Dies garantierte zwar jedem erfolgreich Studierenden einen fachgerechten Arbeitsplatz, verstärkte aber auch die Möglichkeiten der Kaderlenkung durch

Partei, FDJ und Staatssicherheit. Unangepasstes Verhalten, kritisches Denken oder gar ideologische Abweichungen konnten nun bei der Arbeitsplatzvergabe auf wirksame Art geahndet werden.

Es gab Möglichkeiten, sich dem Votum der Absolventenkommission zu entziehen und auf eigene Faust eine Arbeitsstelle zu suchen. Doch auf die begehrten Positionen in Forschungsinstituten oder Universitäten hielten die Funktionäre die Hand und konnten im Extremfall sogar gegen Entscheidungen anderer Einrichtungen intervenieren. Es kam vor, dass die Parteileitungen denunziatorische Schreiben über die mangelnde gesellschaftliche Einstellung oder den unmoralischen Lebenswandel eines Bewerbers an dessen künftige Arbeitsstelle schickten, um die Einstellung zu hintertreiben.

Das zentrale Problem jedoch war der Einsatz auf den Großbaustellen des Landes fern der Zivilisation oder im ländlichen Bereich. Gerade in den Bereichen der medizinischen Versorgung und der Volksbildung waren Zwangsverschickungen an die Brennpunkte des wirtschaftlichen Aufbaus oder aufs Land ein häufiger Vorgang. Das Leben in Baubaracken oder in benachteiligten dörflichen Ansiedlungen war nur in DEFA-Filmen und Romanen des sozialistischen Realismus abenteuerlich.

Vorsorglich wurden an der TU Dresden, der größten Universität der DDR, alle zum Wintersemester 1967/68 neu immatrikulierten Studenten aufgefordert, eine Verpflichtungserklärung zu unterschreiben, nach dem Studium dorthin zu gehen, wo der Staat sie hinschicken würde.

»Ich verpflichte mich, mein Studium an der Technischen Universität zum Nutzen der Deutschen Demokratischen Republik durchzuführen, mir ein Höchstmaß an Wissen und Können anzueignen und nach den Grundsätzen der sozialistischen Moral und Ethik zu leben. Ich verpflichte mich, die Gesetze und Anordnungen unseres Arbeiter- und Bauern-Staates und die Universitätsbestimmungen gewissenhaft einzuhalten, alle mir erwachsenden Pflichten zu erfüllen, am sozialistischen Aufbau unserer Republik tatkräftig mitzuwirken und für deren Schutz aktiv einzutreten. Ich verpflichte mich, nach Abschluss des Studiums unserem sozialistischen Staat treu zu dienen und am gesellschaftlichen und wirtschaftlichen Aufbau mitzuwirken. Ich betrachte es als meine Pflicht, nach Beendigung des Studiums dort tätig zu sein, wo für unsere Deutsche Demokratische Republik der größte Nutzen zu erreichen ist.«[3]

Diese Mischung aus Selbstverständlichkeiten, wie der Forderung nach Einhaltung der Gesetze, mit ideologisch gefärbten Formulierungen, der Appell an eine ominöse Pflicht, die aber nicht regulär Gesetz war – all dies war typisch für den Stil der Zeit. Immerhin zeigen die gewundenen Formulierungen, dass sich die Absolventenlenkung selbst für DDR-Verhältnisse jenseits des Arbeitsrechtes bewegte. Andererseits eröffneten gerade die verschwommenen Selbstverpflichtungen, wie jene, nach den »Grundsätzen der sozialistischen Moral und Ethik zu leben«, willkürlichen Disziplinierungsmaßnahmen Tür und Tor. Über Moral und Ethik entschied die Partei, und jeder Widerspruch gegen die Beurteilung der Partei belegte nur, wie sehr sich der Delinquent bereits auf moralischen Abwegen befand.

Die Studenten befanden sich in einer widersprüchlichen Situation. Sie waren auserwählt und privilegiert. Ausgestattet mit einem Stipendium von 190 Mark bzw. in Berlin 205 Mark und einem sehr preiswerten Wohnheimplatz durften sie vier oder fünf Jahre die Möglichkeiten einer höheren Ausbildung genießen. Vor allem aber hatten sie die Chance auf eine interessante und aussichtsreiche Position in der sozialistischen Gesellschaft. Jeden Tag bekamen sie zu hören, sie hätten der Arbeiterklasse dankbar zu sein, weil diese ihnen ihr Studium finanziere.

Der Preis, der vom Staat eingefordert wurde, bestand nicht allein in hervorragender Studiendisziplin und guten Leistungen, sondern auch in der Bereitschaft, ständig zur Verfügung zu stehen für freiwillige Sonderschichten, Erntekommandos, Jubeleinsätze bei Staatsbesuchen und Demonstrationen. Den »Studentensommer« verbrachten die meisten auf einer Großbaustelle, es folgte im Herbst ein Einsatz auf den Kartoffelfeldern, in den harten Wintern der sechziger Jahre wurden sie beim Kohleschippen auf den Güterbahnhöfen eingesetzt. Auch die Essensausgabe in der Mensa, die Reinigung der Wohnheime, die Bewachung der Universität und anderes mehr oblag den Studenten selbst. Dies alles hatten sie im Zustand ständiger Begeisterung zu absolvieren.

Das Damoklesschwert einer Exmatrikulation schwebte über jedem Studierenden. Eine solche Maßnahme, die faktisch auch von der FDJ verfügt werden konnte, bedeutete nicht einfach nur einen Verweis von der Universität, sondern ein Studienverbot an allen Hochschulen der DDR auf ungewisse Zeit. Über die Resultate einer Bewährung in der Produktion und die Fortsetzung des Studiums entschied vollkommen willkürlich die Partei. Dieses Mittel der Disziplinierung war sehr wirksam. Gleichwohl verfügten die Studierenden über Freiräume der Lebensgestaltung, waren zum großen Teil politisch aufgeschlossen und intellektuell interessiert. Aus diesem Widerspruch ergab sich ein großes inneres Spannungsverhältnis, das naturgemäß in den politisch indoktrinierten Fächern wie Philosophie oder Geschichte besonders ausgeprägt war. An den Bildungseinrichtungen der DDR herrschten eine nahezu unglaubliche ideologische Indoktrination, eine stets präsente Gesinnungsschnüffelei und ein massives Misstrauen der Kommilitonen untereinander, zumal Fälle politischer Denunziation nicht selten waren. Diese Zustände erreichten Ende der sechziger Jahre ihren traurigen Höhepunkt.

Die gegenüber Intellektuellen latent feindseligen, zumindest aber stark misstrauischen Apparate der SED und des MfS verfolgten bereits vor 1968 die Situation an den höheren Bildungseinrichtungen der DDR sehr aufmerksam. Sie sahen in der studierenden Jugend ein gefährliches Unruhepotential.

In einer Dienstanweisung des MfS aus dem Jahr 1966 heißt es: »An den Universitäten, Hoch- und Fach- und Erweiterten Oberschulen wirken eine Reihe für den Gegner begünstigender [sic] Faktoren, die bereits bei der Zulassung zum Studium beginnen. Es wird zum Teil durch eine nicht verantwortungsvolle und nicht klassenmäßige Auswahl der neu zu immatrikulierenden, feindlichen, negativen und wegen schwerer Kriminalität bei den Schutz- und Sicherheitsorganen angefallenen Elemente Eingang zu den Universitäten, Hoch- und Fachschulen gewährt.

Die klassenmäßige Erziehung ist noch nicht in ausreichendem Maße gesichert. Einige Lehrkräfte verhalten sich gegenüber den Studenten und Schülern liberal, kommen nicht ihren Pflichten zur politischen Erziehung nach und überlassen diese zum überwiegenden Teil dem gesellschaftswissenschaftlichen Unterricht, dem Elternhaus, den Betrieben und gesellschaftlichen Organisationen. Das Zusammenwirken zwischen gesellschaftlichen Organisationen und staatlichen Einrichtungen ist teilweise noch ungenügend entwickelt, weist Lücken auf, womit sich gegnerischen Kräften Möglichkeiten für provokatorische und andere feindliche Handlungen bei Großeinsätzen wie Einbringung der Ernte oder militärische Ausbildung ergeben.«[4]

Unter dem Eindruck der Ereignisse in Polen und der Tschechoslowakei häuften sich seit März 1968 die Anzeichen von Protest an den

Universitäten der DDR. Die Staatssicherheit registrierte mit großer Sorgfalt jedes dieser Vorkommnisse. Am 21. März 1968 waren im Institut für Deutsche Geschichte und im Vorraum der Mensa der Humboldt-Universität Plakate mit dem Porträt von Karl Marx mit einem Klebestreifen versehen. Darauf stand: »Prag – Vorbild«. Die Losung war genau über den Mund des Klassikers geklebt.[5] Doch die Unruhe beschränkte sich nicht auf Berlin. Aus der ganzen Republik wurden besondere Vorkommnisse gemeldet. An der TH Ilmenau gab die Kabarettgruppe Anlass zu Klagen. Ihr Programm enthielte, so der Stasibericht, »politisch-ideologisch feindliche Aussagen«. Ein Student der Karl-Marx-Universität Leipzig bezeichnete die »Entwicklung in der ČSSR als wirkliche Demokratie, und es sei Zeit, dass auch in der DDR bestimmte Veränderungen vorgenommen werden«. »Der Wissenschaftler Dr. R. von der TU Dresden propagierte vor seiner Seminargruppe Sendungen von Radio Prag, wonach ›die Zeiten des doktrinären Sozialismus vorbei‹ seien, ›jetzt müsse sich allerhand ändern‹. Ähnliche Auffassungen sind in den Äußerungen mehrerer Professoren der Universität Halle enthalten, die die neue Verfassung der DDR als Ausdruck der ›Unfreiheit und Verneinung der Demokratie‹ bewerten. (...) Einige Studenten an der Ingenieurschule Köthen vertraten die Ansicht, dass die Ereignisse in der ČSSR ›eine politische Wende in Richtung Rumäniens‹ darstellen und ein Beweis dafür seien, dass es ›mehrere Wege zum Sozialismus‹ gäbe. Sie begrüßen daher auch die Forderung polnischer Studenten nach Freiheit in der Literatur.«[6]

Über viele Seiten werden weitere Einzelbeispiele aufgelistet. Bedenklich für die Staatsmacht waren wohl weniger die im Schutze vollkommener Anonymität durchgeführten Aktionen, solche hatte es immer gegeben, sondern die relative Offenheit, mit der Studenten sich mit dem Reformkurs der Dubček-Führung solidarisierten. Das SED-System beruhte auf der Angst, bröckelte diese ab, so war es Zeit, Exempel zu statuieren. Doch Bekenntnisse zum offiziellen politischen Kurs einer Bruderpartei konnten nicht ohne weiteres als staatsfeindliche Hetze rubriziert werden. Die Staatsmacht zeigte im Frühjahr 1968 deutliche Zeichen von Unsicherheit. Offenbar war die Bereitschaft groß, die Signale aus Prag aufzunehmen.

In dieser Situation konnte es leicht geschehen, dass sich an scheinbar unpolitischen Problemen studentischer Protest entzündete. Es war gut in Erinnerung, dass der Studentenprotest in Prag im Oktober

1967 mit einer Lichterprozession begonnen hatte. Wegen der ständigen Stromausfälle im Studentenwohnheim zogen Studenten zum Hradschin und riefen: »Wir wollen Licht!« Dies fasste die Polizeiführung als politische Forderung auf und befahl den Knüppeleinsatz. Nun erst war der Umzug zum politischen Tatbestand geworden und setzte eine Kettenreaktion in Gang, die zum Wechsel an der Führungsspitze der Partei beitrug.

An der Humboldt-Universität in Berlin war das Mensaessen ein Gegenstand ständiger Klagen und teilweise bösartiger Witzeleien. Am 16. Mai 1968 tauchte in der Mensa der Charité ein Plakat auf, das als Fotokopie in den Stasiakten die Zeiten überdauert hat: »Was ist Mensaessen?« wurde dort gefragt und folgende humoristisch gefärbte Antwort gegeben: »Eine (...) nervenzerfetzende, gedächtnisschwächende, moraluntergrabende, reizerregende, impotent machende Massenverpflegung (...), nervenzerfetzend, weil Schlangen bis zu 3 Kilometer Länge zu bändigen sind, gedächtnisschwächend, weil man vor Makkaroni nicht mehr weiß, wann es Kartoffeln gab, moraluntergrabend, weil hier das Ich vor dem Wir steht, reizerregend, weil sich gebügeltes Fleisch nicht mit Bäckerabfällen zu einem Schnitzel assoziiert, impotentmachend, weil ein Kesselwagen Sauce für ein Jahr reicht und diese selbst die größten Lebensgeister niederschlägt.«[7] Eine staatstreue »Genossin Studentin« entfernte das Plakat sofort und reichte es an die Stasi weiter. Doch selbst der MfS-Bericht kommt nicht umhin, die sachliche Berechtigung des Unwillens einzuräumen. Es »tritt der Zustand auf, dass die Studenten in langen Schlangen auf ihr Essen warten müssen, oft wegen der mangelnden Sitzgelegenheiten im Stehen essen müssen, die Größe der Portionen keinesfalls zum Sattwerden reicht und die Qualität stets beanstandet werden muss. Für viele Studenten, die sich selbst versorgen müssen und für die das Mensaessen die Hauptmahlzeit ist, ist dies ein unhaltbarer Zustand (...). Das Ministerium für das Hoch- und Fachschulwesen und das Ministerium für Finanzen sollten diesem Problem künftig mehr Aufmerksamkeit als bisher widmen.«[8]

Nur wenige Tage später, am 25. Mai 1968, meldet ein Bericht des MfS: »In den letzten Tagen und Wochen machen sich an der Humboldt-Universität unter den Studenten bestimmte negative Tendenzen im Zusammenhang mit der Entwicklung der ČSSR bemerkbar.«[9] Tatsächlich bildeten eine grundsätzliche politische Unzufriedenheit und die Aufregung um konkrete Missstände jene kritische

Masse, die schnell zu Kettenreaktionen führt. »Ausgangspunkt«, heißt es in der MfS-Analyse, »sind oftmals Mängel und Schwächen der staatlichen Leitungstätigkeit und die bisher schleppende Durchführung der sozialistischen Hochschulreform. Es soll sich besonders in den letzten Tagen bei den Juristen (...) eine Stimmung entwickelt haben, welche von negativen Elementen ausgenutzt werden kann, um Provokationen gegen die Partei und unseren Staat zu organisieren. Ausgangspunkt der Diskussionen ist die formale Anweisung der staatlichen Leitung, dass das Heim Biesdorf ab 10. Juli 1968 durch alle Studenten geräumt werden muss, da ausländische Studentengruppen dort untergebracht werden sollen. (...) Bei den Juristen (...) gibt es im Zusammenhang mit den dargelegten Problemen solche Diskussionen, dass man sagt: ›Wir können ja auch unsere Meinung durch Protestdemonstrationen mit Schildern und Plakaten usw. zum Ausdruck bringen.‹ Man verweist in den Diskussionen auf die Studenten-Demonstrationen in der ČSSR, Westdeutschland, Polen und Frankreich.«[10]

Die neue Verfassung

Anfang Februar 1968 bekamen alle Haushalte der DDR Post von Walter Ulbricht. Neben dem Anschreiben des Staatsratsvorsitzenden befand sich in dem Umschlag der vollständige Verfassungsentwurf, so wie ihn die Volkskammer am 31. Januar 1968 einstimmig beschlossen hatte.

Die neue Verfassung war von Walter Ulbricht bereits im April 1967 auf dem VII. Parteitag der SED angekündigt worden. Dadurch erfuhren die meisten Bürger erst, dass die DDR auch eine Verfassung hatte. Diese war 1949 verabschiedet worden und enthielt solch erstaunliche Dinge wie die Garantie des Streikrechtes oder das Recht auf Durchführung des Religionsunterrichtes in den Schulen. Eine Berufung auf dieses Staatsgrundgesetz wäre völlig sinnlos gewesen. So legte sich der Staub der Bibliotheken auf das schmale Broschürchen. Die Verfassung der DDR fand nur wenige Leser, es sei denn, sie wurde zur allgemeinen Erheiterung irgendwo herumgereicht.

Das sollte sich nun ändern. Die Bürger waren aufgefordert, über die Paragraphen der neuen Verfassung eine »umfassende Aussprache« zu beginnen. Gelegenheit dazu gab es in zahlreichen Versammlungen, die von der Nationalen Front, dem Zusammenschluss aller Blockparteien, organisiert wurden. Doch die Menschen konnten sich auch schriftlich direkt an die Verfassungskommission wenden. Als Postadresse war die Breite Straße 1 in Berlin angegeben, dort residierte die Kanzlei des Staatsrates der DDR.

Unerbittlich rollte die Verfassungskampagne über das Land. Die Zeitungen priesen die sozialistische Verfassung, auf Versammlungen wurde sie propagiert, in den Schulen wurden die Kinder über das Wesen der Verfassung belehrt, die Häuserwände wurden mit Plakaten beklebt und die Briefkästen mit Broschüren vollgestopft.

Die Kampagne war so langweilig und überflüssig, weil gegen den Verfassungstext als solchen wenig einzuwenden war. Niemand kam auf die Idee, die DDR-Führung hätte die Absicht, sich künftig an die eigene Verfassung zu halten.

Auch die neue Verfassung ging von der Einheit der Nation aus. Sie sei »getragen«, hieß es in der Präambel, »von der Verantwortung der ganzen deutschen Nation, den Weg in eine Zukunft des Friedens und des Sozialismus zu weisen«.

Dann wird beklagt, dass »der Imperialismus unter Führung der USA im Einvernehmen mit Kreisen des westdeutschen Monopolkapitals Deutschland gespalten hat, um Westdeutschland zu einer Basis des Imperialismus und des Kampfes gegen den Sozialismus aufzubauen«. So befremdlich diese tagespolitische Polemik in einem Verfassungstext wirkte, so war doch deutlich, dass die SED wenigstens verbal an der Wiedervereinigung festhielt.

Die Artikel über »Rechte und Pflichten« der Bürger schrieben den existierenden Zustand fest.

Das Schwergewicht des Grundrechtekataloges lag auf den sozialen Rechten. Hervorgehoben war das Recht auf Arbeit, das mit der Pflicht zur Arbeit gekoppelt war (Art. 24, Abs. 2).

Das Recht auf freie Wahl des Arbeitsplatzes war an die »gesellschaftlichen Erfordernisse« geknüpft (ebd., Abs. 1). Das Recht auf Wohnraum wurde durch die »volkswirtschaftlichen Möglichkeiten und örtlichen Bedingungen« relativiert (Art. 37, Abs. 1). Die Verfassungskommission erhielt eigenen Angaben zufolge 12454 Zuschriften aus der Bevölkerung und fügte aufgrund dieser Vorschläge 118 Veränderungen in den Textentwurf ein. Wichtig waren nur zwei Änderungen, welche die Rolle der Kirche betrafen. Die »Gewissens- und Glaubensfreiheit« (Art. 20, Abs. 1) und die Möglichkeit von

»Vereinbarungen« zwischen Kirche und Staat (Art. 39, Abs. 2) wurden neu eingefügt. Damit hob sich der Verfassungsrang der Kirche. Tatsächlich hatte es aus kirchlichen Kreisen eine große Zahl von Zuschriften in diese Richtung gegeben.

Am 26. März 1968 billigte die Volkskammer den überarbeiteten Entwurf und beschloss für den 6. April 1968 einen Volksentscheid. Das war für die SED nicht ohne Risiko. Immerhin sollten die Wähler zwischen »Ja« und »Nein« entscheiden können, also anders als bei den üblichen Volkswahlen in der Wahlkabine zum Stift greifen und ein Kreuz machen, während sonst nur der Zettel zu falten und einzuwerfen war.

Von Stund an wurde das Land mit dem Symbol des angestrichenen Kreises mit dem »Ja« überschwemmt. Die Medien waren voller Zustimmungserklärungen von Kollektiven und Einzelpersönlichkeiten. Bekannte Schauspieler, Sportler, Künstler und Wissenschaftler gaben ihrer Begeisterung Ausdruck und erklärten, am 6. April 1968 mit »Ja« stimmen zu wollen. Selbstverständlich kamen keine Gegenstimmen zu Wort.

Einige vorwitzige Bürger, die sich mit einem Schild mit einem angekreuzten »Nein« auf die Straße stellten, erhielten Gelegenheit, im Gefängnis ein paar Jahre über den dialektischen Zirkelschluss jenes Paragraphen nachzudenken, der die Meinungsfreiheit im »Rahmen der Verfassung« garantierte.

Am 5. April fanden in allen Bezirksstädten Massenversammlungen statt, und am folgenden Tag schritten die Bürger zur Wahlurne. Nach offiziellen Angaben stimmten 94,49 Prozent der Wähler mit »Ja«. Das wäre überwältigend gewesen, wenn es vorher tatsächlich eine Diskussion, vor allem aber eine reale Alternative gegeben hätte. Über die Frage, ob die Zustimmungsrate vorher festgelegt worden war, wurde damals viel gerätselt. Die nachgewiesenen Fälschungspraktiken bei späteren Wahlen lassen das Ergebnis fragwürdig erscheinen. Trotzdem wird man die Verfassungskampagne nicht einfach als einen der üblichen Propagandafeldzüge der SED abtun können. Die sozialistische Verfassung war in den Augen der SED-Führung das Herzstück des entwickelten gesellschaftlichen Systems des Sozialismus. Die bürgerliche Demokratie, so der Grundgedanke, verschleiere mit ihren formalen Abstimmungen die realen ökonomischen Machtverhältnisse. Die sozialistische Demokratie dagegen erwachse aus einer Gesellschaft ohne Ausbeutung. Der Volkswille manifestiere sich vor allem in der betrieblichen Mitbestimmung, über die Teilnahme an Maßnahmen der Nationalen Front im Wohngebiet, auf lokaler oder regionaler Ebene. Über weite Strecken war die Verfassung eher ein Parteiprogramm als ein Grundgesetz. So wurde der Grundsatz proklamiert: »Plane mit, arbeite mit, regiere mit!« Die Wahrnehmung dieser Aufgaben blieb diffus. Die Mitbestimmung sollte sich über gesellschaftliche Organisationen, Einwohnerversammlungen oder im Betrieb vollziehen. Damit blieb eine reale Teilhabe an den Entscheidungsprozessen natürlich reine Theorie, denn alle diese Instanzen waren fest in der Hand der SED. Dies allerdings war in der Verfassung so vorgesehen. Der Artikel 1 schrieb die führende Rolle der »Arbeiterklasse und ihrer marxistisch-leninistischen Partei« fest. Das war ebenso verschwommen wie eindeutig. Faktisch konnte sich die Parteiführung über jeden Paragraphen und jedes Gesetz hinwegsetzen.

Neomarxistische Kritik in der DDR

Jede Kirche lebt von ihren Ketzern. Die Verkünder der Irrlehren, die Abtrünnigen, Häretiker und Dissidenten sind das Lebenselixier jeder Glaubensgemeinschaft religiöser wie säkularer Art. Fast immer treten sie im Namen der ursprünglichen Reinheit der Lehre auf. Sie berufen sich auf die Schriften der Religionsstifter oder Kirchenväter. Ihr Schlachtruf lautet *ad fontes* – zurück zu den Quellen. Es drängt sie, den Urtext aufzuschlagen und den Buchstaben der Lehre der verfälschten Praxis entgegenzuhalten. Sie setzen die Schrift gegen die Wirklichkeit und sind oft schlimmere Dogmatiker als die Verteidiger des Dogmas.

Aber sie sind auch der Stachel im schlaffen Fleisch der satt und müde gewordenen Institutionen. Von den Ketzern gehen neue Ideen aus. Sie erfüllen die Kirchen mit neuem Leben. Kluge Machthaber verwandeln die Kritik in positive Impulse. Denn Macht kann auf Dauer nicht allein durch die Macht existieren. Sie braucht den Geist. Und dieser wohnt meist bei den Ketzern oder doch in deren gefährlicher Nähe. Zwischen Scheiterhaufen und kirchlichem Lehramt bestand in der Geschichte der christlichen Kirchen oft nur ein schmaler Grat. Die Franziskaner waren im 13. Jahrhundert mit ihrer Forderung nach apostolischer Armut eine fundamentale Herausforderung für die Kirche. Ignatius von Loyola, der Gründer des Jesuitenordens, war in den Augen der Kurie ein gefährlicher Schwarmgeist, es hätte nicht viel gefehlt, und er wäre in den Verliesen des Vatikans geendet.

Die Hierarchie misstraut ihren Intellektuellen und braucht sie, und zwar nicht allein als Fachleute, sondern auch als Interpreten des Dogmas. Der Kommunismus war eine Diktatur der Texte. Das Gehäuse der geistigen Hörigkeit war schwerer zu durchbrechen als die realen Mauern. Das verbindet ihn mit den Buchreligionen der Weltgeschichte.

Wolf Biermann hat dies im Rückblick beschrieben: »Als ich Anfang der Sechzigerjahre den Streit wagte, war auch ich ein Schwärmer mit roter Brause im Schädel. Ich wusste weder, was mit der DDR wird, noch ahnte ich, was mir blüht. Und auch mein unerschrockener Freund Havemann begriff trotz all seiner Klugheit kaum die Hälfte. Ulbricht und Honecker schimpften uns in all den finsteren Jahren Antikommunisten. Wir aber nannten uns provokant Kommunisten und attackierten im Namen eines wahren Kommunismus den Kommunismus der Bonzen. Wir fühlten uns dabei wie Luther, der ja den Papst nicht mit einem Barbarenknüppel prügelte, sondern er schlug dem römischen Pontifex Maximus mit der hochdeutschen Bibel über den Kopf. Das ist die Sprengkraft der immanenten Kritik. Entsprechend benutzten wir Marxens Worte als Waffe, und mit aufreizenden Zitaten von Rosa Luxemburg piesackten wir unsere Unterdrücker.

Wir waren bedrückt, bedroht, bespitzelt und ausgegrenzt. Wir kämpften als kommunistische Antikommunisten auf verlorenem Posten gegen antikommunistische Kommunisten. Während die uns verfolgten, machten die SED-Bonzen mit dem klassischen Klassenfeind im kapitalistischen Westen erstklassige Geschäfte, gehandelt wurde mit Schweinefleisch und Menschenfleisch, mit Waffen aller Art und mit Rauschgift. Und weil wir so wenige und schier chancenlos waren, mussten wir uns überwichtig nehmen. Das ist die herzerfrischende Komik in solch einer Tragödie: Wer auf Seiten der Menschheit im Freiheitskriege kämpft, sollte halt wissen, dass er ein vergängliches Nichts im Dämmerlicht ist. Aber er muss sich zugleich schwer überschätzen.«[11]

Die subversive Sprengkraft der kommunistischen Utopie für die »real existierende« kommunistische Diktatur wurde in der DDR vor allem in einer Person manifest – Robert Havemann. Er war der bekannteste Dissident der DDR im osteuropäischen Sinne des

Wortes. Dort hatte es lange Tradition, dass sich Intellektuelle zum Sprachrohr des unterdrückten Volkes machten. Die Herrschenden befanden sich stets in dem Zwiespalt, entweder durch Unterdrückung die moralische Autorität solcher Persönlichkeiten weiter zu stärken oder durch stillschweigende Duldung ihre faktische Wirkung – nicht zuletzt auf das Ausland – zu erhöhen.

Robert Havemann war für diese Rolle wie geschaffen. Er hatte während der Hitlerzeit in einer Widerstandsorganisation gearbeitet, war verhaftet und zum Tode verurteilt worden. Aufgrund der Behauptung, er würde kriegswichtige Forschungen betreiben, wurde die Vollstreckung des Todesurteils ausgesetzt. Er überlebte im Zuchthaus Brandenburg, derselben Haftanstalt, in der auch Erich Honecker inhaftiert war. In der sowjetischen Besatzungszone und der frühen DDR tat sich Havemann als Friedenskämpfer im Sinne der SED hervor, wurde Professor für Physikalische Chemie, Institutsdirektor und korrespondierendes Mitglied der Akademie der Wissenschaften der DDR. Während der durch die Enthüllungen des XX. Parteitages der Kommunistischen Partei der Sowjetunion ausgelösten Glaubenskrise des Jahres 1956 trat Havemann erstmals kritisch gegenüber der SED-Politik auf. Seine Intention war eine Stärkung der DDR und des Sozialismus durch mehr Offenheit und Kritik.

Ausgestattet mit einem beträchtlichen Selbstbewusstsein und einem hohen Renommee als Chemiker begann er, in Vorlesungen die philosophischen Grundlagen eines undogmatischen Marxismus zu entwickeln. Sein Hörerkreis wuchs stetig an, so dass im Wintersemester 1963/64 die Vorlesungen in das Auditorium maximum der Berliner Humboldt-Universität verlegt werden mussten. Der Andrang von Studierenden selbst in den Gängen und auf den Fensterbänken machte die Übertragung der Veranstaltungen über Lautsprecher in das Foyer und das Treppenhaus notwendig.

Auf hohem theoretischem Niveau verknüpfte Havemann die Erkenntnisse der modernen Physik mit den Lehrsätzen von Karl Marx. Damit hätte die SED möglicherweise leben können. Doch die politischen Folgerungen der neuen Philosophie waren eine massive Herausforderung für sie, zumal Havemann auch in Interviews mit westlichen Publikationsorganen kein Blatt vor den Mund nahm. Die Angelegenheit drohte der Partei zu entgleiten. Sie verbot kurzerhand die Vorlesungen. Es folgten die fristlose Entlassung Havemanns als Institutsdirektor und Lehrstuhlinhaber sowie der satzungswidrige

Ausschluss aus der Akademie der Wissenschaften der DDR. Havemann zog sich in ein Sommerhäuschen in Grünheide bei Erkner außerhalb von Berlin zurück, sammelte junge Kritiker des SED-Systems um sich und versuchte über Interviews und Artikel, in die DDR hineinzuwirken. Die marxistische Opposition hatte eine Galionsfigur von hohem Prestige. Gerade die Tatsache, dass Havemann nicht müde wurde, sich als Kommunisten und Marxisten zu bezeichnen und die DDR für den besseren deutschen Staat erklärte, machte seine Kritik so gefährlich für die Herrschenden. Die systemimmanente Kritik war weit schwerer als falsch abzutun, als es etwa eine bürgerlich-liberale Kritik gewesen wäre.

DRITTER TEIL

Sommernachtsträume

Ende und Verklärung des demokratischen Sozialismus

Es ist die Jahreszeit der erbarmungslos glühenden Sonne,
es ermattet der Mensch, ermattet die Herde,
die Pinie brennt. (...)
Noch weht ein leichtes Lüftchen,
doch plötzlich braust der heulende Nordwind dagegen.
Der Hirte weint. Er fürchtet sich vor dem Sturm.
Er fürchtet die Ungewissheit seines Schicksals.
Jetzt kennt des Hirten müder Körper keine Ruhe mehr, aus Furcht
vor dem Blitz und dem grollenden Donner
und aus Furcht vor den Fliegen,
vor den wilden Schwärmen der Fliegen und Hornissen. (...)
Der Himmel dröhnt vom Donner und leuchtet von Blitzen,
und der Hagel köpft den Weizen und alles andere Getreide.

Antonio Vivaldi: Der Sommer, Sonett zu dem Konzert »Die vier Jahreszeiten« (1725)

SIEBENTES KAPITEL

Die DDR und der Prager Reformkurs

Zunächst bewegte sich der Machtwechsel in Prag ganz im Rahmen kommunistischer Wachablösungen früherer Zeiten. Das *Neue Deutschland* veröffentlichte am 6. Januar 1968 unkommentiert das »Kommuniqué über die Tagung des ZK der KPČ«. Zur Wahl von Alexander Dubček hieß es: »In seiner Person werden die Kontinuität der Parteiführung aufrechterhalten und die Wertschätzung der in langen Jahren der Parteiarbeit erworbenen Erfahrungen zum Ausdruck gebracht.«[1] Am nächsten Tag veröffentlichte das Zentralorgan die offiziös gehaltene Biografie und ein Archivfoto des neuen Generalsekretärs der Bruderpartei.

Zunächst zogen sich die Parteiführungen des Ostblocks auf eine abwartende Position zurück. Sie hofften, die Reformen in Prag unter Kontrolle halten zu können. Doch spätestens im März 1968 schrillten in Ost-Berlin alle Alarmglocken. In einer internen Information an die Leiter der Abteilungen im ZK der SED vom 12. März 1968 hieß es: »Leider müssen wir feststellen, dass zur Zeit in entscheidenden Organen der öffentlichen Meinungsbildung, bei Presse, Rundfunk, Fernsehen, Film in wachsendem Maße revisionistische, ja offen bürgerliche Auffassungen dominieren, die gegen die marxistisch-leninistischen Prinzipien der Rolle der Partei, der sozialistischen Staatsmacht, der sozialistischen Gesellschaft überhaupt gerichtet sind.«[2] Weiter heißt es: »Man muss offen sagen, dass der imperialistische Gegner seine Anstrengungen verstärkt, um über alle möglichen Kanäle und Verbindungen Einfluss auf die Aktivierung der antisozialistischen, bürgerlichen Kräfte in der ČSSR zu nehmen und selbst zu organisieren. Wie weit die geistige Übereinstimmung zwischen den Losungen dieser kleinbürgerlichen, antisozialistischen Kräfte innerhalb der ČSSR mit der Ideologie des Imperialismus geht, zeigt [die] insbesondere von Schriftstellern und Künstlern vertretene Losung, die ČSSR in eine ›offene Gesellschaft‹ zu verwandeln. Bekanntlich sind aber die Begriffe von der ›offenen Gesellschaft‹, ›pluralistischen Gesellschaft‹ oder ›großen Gesellschaft‹ dem geistigen Arsenal des Imperialismus direkt entnommen.«[3] Drei Tage später heißt es in einem Bericht des MfS für die Parteiführung: »In den Bezirken der DDR wird gegenwärtig zu den Vorgängen in Warschau und in der ČSSR unter allen Bevölkerungsschichten diskutiert. Besonders die Meinungsäußerungen über die Erscheinungen in der ČSSR sind vom Umfang und der Intensität her im Ansteigen begriffen.«[4] Seit Mitte März 1968 verdichten sich die Berichte des MfS an die Parteiführung. In den kommenden Monaten wird fast täglich über die Diskussionen der Bevölkerung berichtet.

Im März 1968 kam es auch zum ersten öffentlichen Angriff der SED gegen die tschechoslowakische Bruderpartei. Während einer Konferenz zum Thema »Die philosophische Lehre von Karl Marx und ihre aktuelle Bedeutung« griff Kurt Hager den Reformkommunisten Josef Smrkovský an. Die Springer-Presse, meinte Hager, berufe sich in »ihrer Kampagne gegen unsere sozialistische Verfassung (...) auf die Ereignisse in der ČSSR. Sie zitieren eifrig die Äußerungen des Forstministers Smrkovský, sie geben in aller Ausführlichkeit die Angriffe von Journalisten und Schriftstellern auf die führende Rolle der Partei (...) wieder.«[5] Bei dem »Forstminister Smrkovský«, den Hager meinte, wie einen dummen Jungen zurechtweisen zu können, handelte es sich um einen Kommunisten, der während der deutschen Okkupation Mitglied der illegalen KPČ gewesen war, 1945 in Prag den bewaffneten Aufstand gegen die Deutschen geleitet hatte und unter Stalin zu lebenslanger Haft verurteilt worden war. Smrkovský gehörte seit Mitte der sechziger Jahre zu den entschiedenen Vorkämpfern für einen humanistischen Sozialismus. Im April 1968 wurde er Präsident der Nationalversammlung.

Im Laufe des Sommers 1968 kam es zu einer hochdramatischen Folge von Gipfelkonferenzen und gemeinsamen Erklärungen, die im Grunde immer nach dem gleichen Szenario verliefen. Die Führungen der Sowjetunion, Polens, Ungarns, Bulgariens und der DDR legten der tschechoslowakischen Führung Meldungen über konterrevolutionäre Bestrebungen vor, forderten sie auf, dies zu unterbinden, drohten kaum noch verhüllt mit einem militärischen Eingreifen. Dubček erklärte diese kritischen Veröffentlichungen und die Neugründung von politischen Organisationen zum Zeichen der neuen Demokratie und verwies darauf, dass sein Kurs von einer großen

Mehrheit der Bevölkerung unterstützt werde, so dass man mit einzelnen antisozialistischen und antisowjetischen Meinungsäußerungen gut leben könne. Tatsächlich zeigten Meinungsumfragen, dass die KPČ souverän jede freie Wahl für sich entschieden hätte.

Was seit Januar 1968 in der Tschechoslowakei geschah, griff fundamental in die Verhältnisse der DDR und der anderen kommunistischen Staaten Osteuropas ein. Am deutlichsten haben dies wohl die Inhaber der Macht selbst gesehen. Langfristig standen sie vor der Wahl, das tschechoslowakische Experiment mit Gewalt zu beenden oder auf den Demokratisierungskurs einzuschwenken. Bei allen Unterschieden hatten alle RGW-Staaten ein gemeinsames Problem: Das marode Wirtschaftssystem konnte nur modernisiert werden, wenn dies mit einem Umbau der Gesellschaft einherginge. Die Erneuerungsideen konnten hinter den verschlossenen Türen von Walter Ulbrichts »strategischen Kommissionen« nicht gedeihen, sie bedurften der Freiheit der Ideen, der öffentlichen Debatte und der demokratischen Entscheidung. Es mag schon sein, dass diese Art von Freiheit Ulbrichts Regime hinweggefegt hätte. Dennoch war sie historisch alternativlos.

Das neue Modell eines Sozialismus mit menschlichem Antlitz war als Vorbild für die ganze Welt gedacht, und die führenden Köpfe der Bewegung sagten dies auch in großer Offenheit. Wie zu Zeiten von Magister Jan Hus, der 1415 auf dem Scheiterhaufen starb, ging von Böhmen das Licht der Wahrheit aus. »Der Augenblick ist gekommen, da unsere Heimat nach Jahrhunderten wieder eine Wiege der Hoffnung ist«, schrieben tschechoslowakische Intellektuelle in einem Brief an das Zentralkomitee. »Der Augenblick ist gekommen, da wir der Welt beweisen können, dass der Sozialismus die höchste Form der Zivilisation darstellt. Wir erwarten, dass dies vor allem in der sozialistischen Gemeinschaft begrüßt wird.«[6]

Abgesehen davon, dass sich der Altstädter Ring im Herzen Prags wie kaum ein anderer Ort in Prag als Treffpunkt und Versammlungsort eignet, war es kein Zufall, dass das Hus-Denkmal in den turbulenten Jahren Versammlungsort der aufsässigen Jugend war. Schließlich – und das war das traurige Ende des Prager Frühlings – wurden im Januar 1969 an dem blumengeschmückten Denkmal von Jan Hus die sterblichen Überreste des Philosophiestudenten Jan Palach aufgebahrt, der, um die Nation aus der Lethargie zu reißen, den Opfertod gewählt hatte. Doch bis dahin war der Weg noch weit.

Im Sommer 1968 war das Denkmal auf dem Altstädter Ring übersät von Losungen, Mitteilungen und Aufrufen. Jan Hus war eine Art Schutzheiliger der Freiheitsbewegung geworden.

So wie die hussitische Ketzerei im 15. Jahrhundert keine Sache der Böhmen blieb, sondern unterirdisch weiterwirkte, so war die Idee des demokratischen Sozialismus aus jenem flüchtigen Stoff gemacht, der sich weder durch Grenzen noch durch Torwachen aufhalten lässt. Wie damals lagen die ketzerischen Gedanken in der Luft. Sie waren Gemeingut der europäischen Gelehrtenrepublik und drangen von dort aus ins Volk ein. Doch sie bedurften im Zeitalter der Massenmedien nicht mehr der wandernden Scholaren, welche die ketzerischen Schriften von Oxford nach Paris, von dort nach Erfurt, Prag und weiter noch trugen.

Am 27. Juni 1968 erschien in der Zeitschrift des tschechoslowakischen Schriftstellerverbandes *Literarni listy* das »Manifest der 2000 Worte«.[7] Autor des Offenen Briefes war der Schriftsteller Ludvík Vaculík. Namentlich unterzeichnet hatten das Dokument zunächst 67 bekannte Persönlichkeiten des öffentlichen Lebens, unter ihnen der mehrfache Olympiasieger im Langstreckenlauf Emil Zátopek, der in der Tschechoslowakei ein Volksheld war.

Aus heutiger Sicht wirkt der Aufruf im Ton maßvoll, in seinen politischen Forderungen eher zurückhaltend. In keiner Weise werden der Sozialismus, das Bündnis mit der Sowjetunion oder die Vorherrschaft der Kommunistischen Partei in Frage gestellt. Es wird lediglich die Hoffnung geäußert, dass künftig glaubwürdigere Persönlichkeiten an der Spitze der Partei und des Staates stehen würden. Es wird sogar eingeräumt, dass der Erneuerungsprozess von den Kommunisten ausgegangen sei und dass es unter ihnen viele gebe, die es ehrlich meinten. Immerhin wird die Freiheit des Wortes gefordert, aber diese war im Juni 1968 schon längst durchgesetzt.

Weder die durchschlagende Wirkung des »Manifestes der 2000 Worte« bei der Bevölkerung noch die harsche Reaktion der Parteiführungen der Staaten des Warschauer Paktes sind vollständig erklärbar. Vielleicht kam es einfach zum richtigen Zeitpunkt. Innerhalb weniger Tage unterschrieben Hunderttausende Bürger das Papier. Von diesem Zeitpunkt an kann man in der Tschechoslowakei von einer echten Massenbewegung für Freiheit und Demokratie sprechen. Obwohl sich die Parteiführung und sogar die Reformer von dem Manifest distanzierten, war es für die fünf Bruderstaaten ein Signal, neuerlich vor der Konterrevolution zu warnen. Auch in den Augen der SED waren die »2000 Worte« ein Manifest der Konterrevolution. Sie drängten auf eine neue Gipfelkonferenz, die schließlich am 14. Juli 1968 in Warschau ohne die Tschechoslowaken stattfand. Die anderen Parteiführer verabschiedeten einen Brief an das ZK der KPČ. Darin wurde die »Gefahr einer Lostrennung der Tschechoslowakei von der sozialistischen Gemeinschaft« als »gemeinsame Angelegenheit aller Warschauer-Pakt-Staaten« bezeichnet. Man werde niemals zulassen, dass der Imperialismus auf friedlichem oder unfriedlichem Wege, von innen oder von außen eine Bresche in das sozialistische System schlage.[8]

Damit war jener Anspruch formuliert, der im Westen später Breschnew-Doktrin genannt wurde. Sie besagte, dass der Warschauer Pakt das Recht habe, über die inneren Angelegenheiten eines seiner Mitglieder mitzubestimmen, im Notfall sogar militärisch zu intervenieren.

Die tschechische Führung beharrte in ihrer Antwort auf der »Respektierung der nationalen Souveränität und der Nichteinmischung in die inneren Angelegenheiten«. Die Zeitungen der sozialistischen Länder, allen voran die SED-Presse, malten das Schreckbild einer drohenden Aggression des deutschen Imperialismus an die Wand, gegen den man sich gemeinsam schützen müsse. Dieser Propaganda kam entgegen, dass sich die Bundesrepublik damals noch sträubte, die Nachkriegsrealitäten in Europa formal anzuerkennen. Dies betraf die Oder-Neiße-Grenze zwischen Deutschland und Polen, aber auch die Annullierung des Münchener Abkommens von 1938. Damals hatten die europäischen Mächte die mehrheitlich von Deutschen besiedelten Randgebiete der Tschechoslowakei Hitlers Deutschem Reich zuerkannt. Die Besetzung der »Rest-Tschechei« und die Proklamation eines formal unabhängigen slowakischen Staates von Hitlers Gnaden im März 1939 waren die unmittelbaren Folgen des Abkommens von München. Vorläufig gab es aus diesen Gründen keine diplomatischen Beziehungen zwischen der Bundesrepublik und der Tschechoslowakei. Dennoch öffnete sich das Land damals dem internationalen Tourismus. West- wie Ostdeutsche waren erstaunt, wie offenherzig und freundlich sie in einem Lande empfangen wurden, in dem es viele schlimme Erinnerungen an die Deutschen gab. Ganz augenscheinlich waren die Ängste vor deutschen Revisionsansprüchen unter der jungen Generation kaum noch verbreitet.

Gipfeldiplomatie

Das Politbüro bereitete sich nun auf den Ernstfall vor. Unter dem Vorsitz Albert Nordens wurde eine ständige »operative Gruppe« gebildet, die eine tägliche Lageeinschätzung der Entwicklung im Nachbarland vornehmen sollte. Unter der Leitung Nordens stand auch eine Arbeitsgruppe von Radio Berlin International, die ab dem 22. Juli 1968 täglich auf der Mittelwelle eine jeweils einstündige Sendung in tschechischer und slowakischer Sprache brachte. Nach der Invasion vom 21. August 1968 weitete der in Dresden stationierte, als Radio Vltava (Moldau) bezeichnete Sender seine Aktivitäten aus. Er versuchte den Eindruck zu erwecken, dass es sich um eine Station sowjetfreundlicher tschechoslowakischer Kommunisten handele. Doch der Standort des Senders war allein am Akzent der Sprecher für jeden erkennbar. Die empörten, meist in deutscher Sprache abgefassten Briefe von Hörern aus der besetzten ČSSR haben teilweise im Archiv der SED die Zeiten überdauert. Sie sind ein eindrucksvolles Zeugnis für die Wirkungslosigkeit der DDR-Propaganda.

Zusätzlich wurde vom Politbüro eine »Arbeitsgruppe KPČ« gebildet, welche die Grundsatzdokumente der Bruderpartei analysieren sollte. Vor allem lief nun die Hetzkampagne der SED innerhalb der DDR auf vollen Touren. Angeblich stünde die Konterrevolution bereit, die Macht zu übernehmen. Von illegalen Waffenlagern wurde berichtet, von Geheimdienstaktivitäten der BRD, Wühlaktionen von Sozialdemokraten und schließlich sogar von amerikanischen Panzern, die bei Plzeň gesichtet worden seien. Später stellte sich heraus, dass es sich dabei um Kriegsgerät aus dem Zweiten Weltkrieg gehandelt hatte, das für Filmaufnahmen an den Drehort gebracht worden war.

Am 29. Juli 1968 trafen sich in dem Grenzort Čierna nad Tisou Delegationen der Sowjetführung und der Führung der ČSSR mit den beiden Parteichefs an der Spitze. Es kam zu einem längeren Gespräch zwischen Breschnew und Dubček. Der Sowjetführer drohte deutlich mit einer Militärintervention. Doch die Hoffnungen, den konservativen Flügel in der KPČ-Führung dadurch zu stärken und Dubček einzuschüchtern, erfüllten sich nicht. Im Grunde reiste die Sowjetdelegation unverrichteter Dinge ab.

In Bratislava kam es am 2. August 1968 zu einem neuerlichen Treffen zwischen den Parteiführern der beiden Seiten, zu dem auch

Walter Ulbricht reiste. Das Treffen endete mit einem gemeinsamen Kommuniqué. Es schien, als hätten sich die Reformer durchgesetzt. Die Attacken in der Presse der sozialistischen Länder wurden schlagartig eingestellt. Zähneknirschend – so schien es – würden nun die Bruderparteien dem weiteren Verlauf der Dinge zusehen. Denn es war klar, dass der bevorstehende Parteitag der KPČ den Reformkurs bestätigen und die letzten Konservativen abwählen würde. Damit schien der Weg offen, das faszinierende Experiment eines demokratischen Sozialismus weiterzuführen. Auf die eigene Bevölkerung konnten die Reformkommunisten mit Sicherheit bauen, und in der ganzen Welt gab es viel Zustimmung und Sympathie, nicht zuletzt bei vielen westlichen kommunistischen Parteien. Sogar im Ostblock regte sich Unterstützung. Der rumänische Parteichef Nicolae Ceauşescu und der jugoslawische Partei- und Staatschef Marschall Josip Broz Tito gaben sich in diesen Tagen in Prag die Klinke in die Hand. Für den liberalen Kurs der tschechoslowakischen Parteiführung hatten sie nur begrenzt Sympathie, viel Verständnis dagegen für deren Unabhängigkeitsbestrebungen von Moskau.

Den letzten Auftritt der hektischen Gipfeldiplomatie des Frühjahrs und Sommers 1968 bot Walter Ulbricht am 12. und 13. August 1968 in Karlovy Vary. Der Hintergrund dieser Reise mit ihren relativ versöhnlichen Tönen ist bis heute nicht ganz klar. Wollte Ulbricht die Aufmerksamkeit der Weltöffentlichkeit einschläfern? Hatte er die Illusion, die ČSSR-Führung zur Umkehr bewegen zu können? Wollte er dadurch die Militärintervention verhindern? Dies wurde ihm 1971 im Zusammenhang mit seiner Absetzung von den eigenen Genossen vorgeworfen. Es klingt aber reichlich abenteuerlich.

Die Akten sprechen eine andere Sprache. Ulbricht trat wie ein Oberlehrer in Sachen sozialistischer Demokratie auf. Er empfahl seinen Gesprächspartnern, die er wie ungezogene Schulkinder behandelte, die Lektüre der Verfassung der DDR. Übrigens habe in der DDR von Anfang an sozialistische Demokratie geherrscht. Zum Verbot von Westzeitungen bemerkte er: »Ein normaler Mensch kann doch ohne die Springerpresse leben. Wozu brauchen wir sie also?«[9]

Am 13. August 1968 traten Walter Ulbricht und Alexander Dubček gemeinsam vor die Presse. In der Öffentlichkeit vermied Ulbricht jede Kritik am Kurs der KPČ. Stattdessen lobte er die Erfolge der SED, insbesondere deren innerparteiliche Demokratie. Als er nach der Lage unter den Studenten befragt wurde, meinte er, die Studenten der DDR seien so sehr mit der Universitätsreform beschäftigt, dass sie gar keine Zeit hätten, sich mit der bürgerlichen Ideologie zu befassen. »Lieber singen sie fröhliche Lieder.«

Ulbricht konnte bei dieser Pressekonferenz einen spontanen Lacherfolg verbuchen. Seine Äußerung wurde in den folgenden Jahren in der DDR fast sprichwörtlich: »Als wir aus der Presse erfuhren, dass Sie eine Pressezensur abgeschafft haben«, meinte Ulbricht, »waren wir bei uns erstaunt, weil wir so etwas nicht kannten. Wir haben noch nie eine Pressezensur gehabt, und Sie sehen, wir sind ganz gut vorwärts gekommen, auch ohne Pressezensur.«[10]

Zum Schluss seines Auftritts bemerkte Ulbricht, es sei Zeit für ihn, »endlich mal in Urlaub zu fahren«. Das wurde allgemein als Zeichen einer Entspannung gewertet. So recht mochte es niemand glauben, dass die Sowjetarmee über das Bruderland herfallen würde. Seit der Niederwerfung des Ungarnaufstandes im November 1956 waren zwölf Jahre ins Land gegangen, und international standen die Zeichen auf Entspannung.

ACHTES KAPITEL

Heißer Sommer

Prag war in jenem Sommer ein beliebtes Ziel der reiselustigen DDR-Bürger. Die Goldene Stadt bildete die Folie, auf die sich die unterschiedlichsten Wünsche und Vorstellungen projizieren ließen. Viele Besucher lockten die Einkaufsmöglichkeiten, andere suchten den Duft der großen weiten Welt, den Prag damals bot, wieder andere wandelten auf den Spuren jenes geheimnisvollen »Mütterchens mit Krallen«, wie Franz Kafka seine Heimatstadt genannt hatte. Der Weltgeist ging in diesem Sommer auf dem Wenzelsplatz spazieren, schleckte Softeis, stöberte im Antiquariat, schaute nach böhmischen Lederwaren, die so gut waren wie einst, irrte nachts durch Gässchen und frühstückte in einem der Cafés in der Altstadt bei der Lektüre einer teuer erworbenen Westzeitung. Viele reisten dorthin, und jeder fand, was er suchte – im Zweifelsfall sich selbst, wie es Günter Kunert in seinem aus dem Jahr 1968 stammenden Text »Mütterchen mit Krallen« beschreibt. »Faszinosum aus verbröckelndem Stein, zerbröselndem Stuck, aus Finsternis, Stille und Verfall. Jeder, der die fast vergessenen, kaum je erinnerten Träume, Empfindungen, Phantasien der eigenen Kindheit nicht zur Gänze verlor, erliegt diesem ›Mütterchen mit Krallen‹ (...). Es ist ein Ort für Fußgänger, für den Spaziergänger, dem sich am Abend, der alle Straßen von Menschen reinigt, in der Altstadt ein Labyrinth öffnet, fremd und scheinbar bekannt zugleich (...).

Der Abend fällt zeitig ein. Aus den schorfigen, aussätzigen Fassaden entweicht Dämmerung. Altertümliche Straßenlaternen, viele noch gasgespeist, gehen an, weil ›leuchten auf‹ zuviel gesagt wäre, und belassen daher Winkel und Einfahrten und Tordurchgänge in Dunkelheit, voll von Geheimnissen, die wir selber mitgebracht haben, um sie dort auszustreuen (...). Hier auf den kopfsteingepflasterten Hinterhöfen, wo wir stehen und uns fragen, ob wir nicht wohl doch schon einmal hier gewesen sind, lustvoll und angstangerührt auf langsame, nahende Schritte lauschend, wird man fraglos zum Gespenst seiner selbst. Gegenüber dem eigenen Ich, einem plötzlich ganz unpersönlichen, ganz allgemeinen Ding, wirkt man wie dessen mäßig individueller Schatten – das ist der Augenblick, da es sich empfiehlt, eine der helleren Straßen aufzusuchen, dort selbst eines der Lokale, wo man bestes Bier ausgeschenkt bekommt und Knödel mit Kraut serviert, damit der Kontakt zur Wirklichkeit sich wiederherstellt.«[1]

Was aber war die Wirklichkeit? Freiheitlicher Sozialismus? Sozialismus mit menschlichem Antlitz? Schleichende Konterrevolution? Für viele Menschen waren das ohnehin ideologische Haarspaltereien. Sie wünschten sich mehr Freizügigkeit und Wohlstand. Ihre Sympathien mit dem neuen Mann in Prag waren nicht das Ergebnis ideologiekritischer Debatten, sondern einer wiedergewonnenen Hoffnung auf positive Veränderung. Natürlich gab es in der DDR junge Leute, die nächtelang über Marx und Marcuse, Lenin und Luxemburg stritten. Doch für die meisten Ostdeutschen ging es zunächst um ein wenig mehr Luft zum Atmen, ein bisschen mehr Farbe im realsozialistischen Alltag, ein paar bunte Kleinigkeiten, die das Leben interessanter machten. Dies schien das sozialistische Bruderland nun wenigstens ansatzweise zu bieten. Obwohl Reisen in die ČSSR immer noch aufwendige Formalitäten erforderten und nur ein geringer Betrag an tschechischen Kronen eingetauscht werden konnte, wurde Prag in jenem Sommer zum Mekka der DDR-Bevölkerung.

Jeder holte sich im Nachbarland, was er gerne mochte. Dort konnte man die begehrten Schallplatten der Beatles, Bee Gees und Rolling Stones kaufen, die in der DDR nicht zu bekommen waren. Hier gab es westliche Moden, die man sich wenigstens anschauen konnte. In den Kinos liefen in Originalfassung mit tschechischen Untertiteln die neuesten Filme aus den USA. An den Zeitungskiosken gab es westliche Zeitungen und Zeitschriften. Überhaupt war das Warenangebot bunter. Hier gab es die kleinen modischen Kinkerlitzchen, die in der wissenschaftlich ermittelten sozialistischen Bedürfnisstruktur nicht vorgesehen waren. Hier waren die Kellner freundlicher, die Kaffeehäuser und Biergärten gemütlicher. Nicht nur das Wiener Schnitzel hatte hier überlebt, sondern auch die böhmischen Knödel und das Budweiser Bier. Irgendwie hatte sich in der Tschechoslowakei trotz Stalinismus und radikaler Verstaatlichung ein Rest k. u. k.-Mentalität erhalten. In Prag und anderswo konnte man ohne amtliche Formalitäten ein Zimmer mieten oder in einem Studentenheim unterkommen, was in der DDR undenkbar gewesen wäre.

Mit ihren finanziellen Restriktionen erreichten die DDR-Behörden genau das Gegenteil der erstrebten Wirkung. Da sich die Reisenden meist kein Hotel leisten konnten, waren sie auf die Kontakte zu Gastgebern angewiesen, fragten in Studentenkneipen nach Unterbringungsmöglichkeiten oder schliefen im Wartesaal auf dem Bahnhof – und kamen so viel enger mit der Lebenswirklichkeit des Gastlandes in Berührung als normale Touristen. Man durfte in Prag mit der Gitarre auf der Straße sitzen, ohne von erziehungswütigen Volkspolizisten behelligt zu werden. Dort konnte man junge Leute aus der ganzen Welt treffen und mit ihnen frei reden, ohne befürchten zu müssen, an der nächsten Ecke einer »Ausweiskontrolle« in die Arme zu laufen. In den Straßencafés gab es für wenige Kronen Softeis in verschiedenen Geschmacksrichtungen. Das war aufregend und neu für die Besucher aus dem traurigen Land im Norden. Bis nach Mitternacht konnte man spazieren gehen, während in den Kneipen noch Musik spielte. Die Theater, Konzerte und Kunstausstellungen in der tschechoslowakischen Hauptstadt waren legendär, und glücklich konnte sich schätzen, wer über Beziehungen Karten für die »Laterna magica« oder das »Theater am Geländer« bekam. In den Jahren des Schweigens war die Kunst der Pantomime in ungeahnter Weise erblüht, so dass es in den Theatern kaum Sprachschwierigkeiten gab.

Von den politischen Bedrohungen war in jenem Sommer nicht viel zu spüren. Die tschechoslowakischen Freunde lachten, wenn sie gefragt wurden, wo die Konterrevolution sich versteckt hätte. Kaum jemand konnte sich vorstellen, dass sich das Rad der Geschichte noch einmal zurückdrehen ließe.

Wenn der Zug auf der Rückfahrt jenseits der Grenze in Bad Schandau hielt, wussten die Leute, dass sie wieder zu Hause waren. Voller Gehässigkeit filzten die DDR-Zöllner die Heimkehrer aus der ČSSR. Sie beschlagnahmten Schallplatten, deutschsprachige Druckschriften und Bilder jeglicher Art. Das betraf nicht nur westliche Publikationen und antiquarische Bücher, sondern insbesondere die deutschsprachigen Informationen der Nachrichtenagentur ČTK und die *Prager Volkszeitung*. Auch die Sicherheitsorgane registrierten die »verstärkte Einfuhr« tschechoslowakischer, österreichischer und westdeutscher Zeitungen und Zeitschriften.

In einem Bericht an Erich Honecker, den ZK-Sekretär für Sicherheitsfragen, wurde sogar behauptet, tschechoslowakische Studenten würden das *Prager Volksblatt* an DDR-Bürger verteilen. »ČSSR-Zeitungshändler in Kiosken und Informationsständen übergeben dieses kostenlos an unsere Bürger; der ČSSR-Zoll und die Bahnangestellten verteilen sie oder legen die Zeitungen in den internationalen Reisezügen aus.«[2] Wer sich unterstand, gegenüber den Zollorganen darauf zu verweisen, dass es sich um offizielle Verlautbarungen der kommunistischen Bruderpartei handele, konnte sich auf umfangreiche »Kontrollen« gefasst machen. »Während der überwiegende Teil der Bürger die formlose Einziehung deutschsprachiger Literatur (...) anerkennt, führen in Einzelfällen andere DDR-Bürger längere Diskussionen dazu.«[3] Zwei Studenten der Universität Rostock wehrten sich im Grenzzollamt Zinnwald gegen die willkürliche Beschlagnahme der Druckschriften und meinten: »Für sie sei es notwendig, dass sie zur freien Meinungsbildung die Zeitungen der ČSSR und Westdeutschlands benötigen.« Einer der beiden, der sich zudem als Mitglied der SED bekannte, meinte sogar: »Er bekenne sich zu dem ›revolutionären‹ Verhalten der Studenten in der ČSSR. (...) Durch das Verhalten der Prager Studenten (...) sei der gesamte Prozess der Demokratisierung ins Rollen gekommen.«[4] Ein zusammenfassender Bericht über den Vorfall wurde parallel an das Politbüromitglied Albert Norden gegeben.[5]

Offenbar war der Apparat auf das Höchste alarmiert. Der Leiter der Zollverwaltung der DDR verfertigte einige Tage später einen ausführlichen Bericht an die Abteilung Sicherheit im ZK der SED.[6] Fünf Tendenzen bereiteten den Organen der DDR demnach große Sorgen:

- Die zunehmende Zahl von Treffen zwischen Bürgerinnen und Bürgern aus der DDR und Westdeutschland bzw. West-Berlin, die teils zufällig, teils geplant waren;
- die steigende Zahl von Fluchtversuchen über die Tschechoslowakei in den Westen;
- die Ausstellung von internationalen Studentenausweisen durch den Internationalen Studentenbund, der seinen Sitz in Prag hatte;
- die Teilnahme an Beatveranstaltungen und
- die Einfuhr von Druckerzeugnissen.

Ein Jugendlicher meinte angesichts der Beschlagnahme seiner Zeitschriften: »Was kann man in der DDR überhaupt für Zeitungen lesen. Bei euch ist wohl nur das *Neue Deutschland* erwünscht. Das ›ND‹ nehmen wir zum A... abwischen.« Er wurde der Polizei übergeben.[7] Ein anderer Bürger, dessen in der ČSSR erworbene Lederjacke beschlagnahmt wurde, da der Preis höher lag als der genehmigte Umtauschsatz, äußerte im »lauten Tonfall«: »Wo gibt es denn so etwas, mir mein Eigentum wegzunehmen? (...) Das gibt es nur in diesem Sch...staat. Ihr braucht wohl die Jacken für die Staatssicherheit?«[8] Der Bazillus der Aufsässigkeit war offenbar ansteckend. Von nun an wurden wöchentlich solche Berichte verfertigt, die eine steigende Zahl von derartigen Vorkommnissen registrierten.

Die SED-Führung versuchte, die Reisen ins Nachbarland wenigstens zu reduzieren. »Ich habe mich über die Lage in der Touristik mit der Tschechoslowakei informiert«, schrieb Albert Norden an Walter Ulbricht. »Tatsächlich sieht es so aus, dass im Monat Juni von uns 244 000 Touristen in die ČSSR fuhren und 214 000 von der ČSSR in die DDR kamen. In der ersten Juli-Hälfte sind von uns 154 000 Bürger in die ČSSR gefahren und von dort 90 000 zu uns gekommen. (...) Ich habe Anweisung gegeben, dass die Werbung für Touristen nach der Tschechoslowakei und von dort per sofort eingestellt wird.«[9]

Problematisch waren für die DDR auch Gerüchte, man könne beim Österreichischen Konsulat in Prag ohne Schwierigkeiten eine Einreiseerlaubnis nach Österreich erhalten. Ein inoffizieller Mitarbeiter des MfS kolportierte diese Gerüchte. Er berichtete, ein Kollege von ihm sei in Prag gewesen und habe behauptet, »es sei für DDR-Bürger möglich, über die ČSSR nach Österreich und damit nach Westdeutschland zu gelangen. Beim österreichischen Konsulat bekäme man ohne weiteres die Genehmigung für die Einreise. (...) Auch die ČSSR-Organe würden keine Hindernisse in den Weg legen.«[10] Es wurde sogar behauptet, die Grenze nach Österreich sei praktisch offen, man könne ohne Kontrolle hinüberlaufen.[11]

Die Folge dieser Gerüchte war, dass abenteuerlustige junge Leute aus der DDR in Prag versuchten, bei ausländischen diplomatischen Vertretungen Reisepässe zu bekommen. Manche von ihnen machten sich sogar mit gefälschten Papieren auf den Weg zur tschechoslowakischen Westgrenze, wurden dort festgenommen und an die DDR ausgeliefert.

NEUNTES KAPITEL

Die Invasion

In den frühen Morgenstunden des 21. August 1968, es war genau 1.55 Uhr mitteleuropäischer Zeit, unterbrach Radio Prag überraschend sein laufendes Programm. Es folgten einige Minuten Schweigen. Dann verlas die Sprecherin mit vor Erregung zitternder Stimme folgende Mitteilung: »Gestern, am 20. August 1968 gegen 23.00 Uhr überschritten Truppen des Warschauer Paktes die Staatsgrenzen der Tschechoslowakischen Sozialistischen Republik. Dies geschah ohne Wissen des Präsidenten der Republik, des Präsidenten der Nationalversammlung, des Ministerpräsidenten und des Ersten Sekretärs des ZK der KPČ (...). Das Präsidium des ZK der KPČ betrachtet diesen Akt nicht nur als einen Verstoß gegen alle Grundsätze in den Beziehungen zwischen sozialistischen Staaten, sondern auch als eine Missachtung der elementaren Normen des Völkerrechts.«[1]

Die Bevölkerung wurde aufgerufen, Ruhe zu bewahren und den einrückenden Truppen keinen Widerstand zu leisten. Die Armee und die Sicherheitsorgane hätten keinen Befehl erhalten, das Land zu verteidigen.

Es war inzwischen 2.22 Uhr mitteleuropäischer Zeit geworden. In den Nachrichtenredaktionen der ganzen Welt begannen die Fernschreiber zu ticken. Einige Minuten später meldete DPA, dass der Telefonverkehr mit der Tschechoslowakei weitgehend unterbrochen sei. Auslandsgespräche würden nicht mehr vermittelt. Um 2.48 Uhr meldete die amerikanische Nachrichtenagentur AP, dass »auf dem Prager Flughafen ungewöhnliche Aktivitäten« herrschen würden. Man nehme an, dass dort Militärmaschinen gelandet seien.

Um 3 Uhr mitteleuropäischer Zeit verstummte Radio Prag auf Weisung des Postministers Karel Hoffmann und sendete lediglich das Pausenzeichen. Eine Stunde lang erklang das Blaník-Motiv aus Bedřich Smetanas *Mein Vaterland*. Im Berge Blaník, dem tschechischen Kyffhäuser, schlummern der Sage nach die hussitischen

Heerscharen, um dem Volke in der Stunde der Gefahr zu Hilfe zu eilen.

Zur gleichen Zeit beginnen sowjetische Störsender auf den Frequenzen westlicher Stationen zu senden, um deren Empfang im sowjetischen Herrschaftsbereich zu unterbinden. Der Kalte Krieg im Äther erreichte einen seiner dramatischen Höhepunkte.

Um 4.45 Uhr mitteleuropäischer Zeit meldet sich Radio Prag wieder. Gegen die Weisung des Postministers nehmen die Redakteure und Studiotechniker die Arbeit auf. Der Sprecher teilt mit, dass vor dem Gebäude sowjetische Panzer aufgefahren seien. Soldaten sind in das Gebäude eingedrungen und versuchen, die Sendeanlagen stillzulegen. Niemand könne im Moment sagen, wie lange Radio Prag noch senden werde. Immer wieder wird der Aufruf des tschechoslowakischen Parteipräsidiums verlesen. Und immer wieder wird zur Gewaltlosigkeit gemahnt. Zur gleichen Zeit sammeln sich vor dem Gebäude Menschen, um die sowjetischen Panzer aufzuhalten. Sowjetsoldaten feuern Warnschüsse ab, dann schießen sie in die Menge. Es kommt zu ersten Todesopfern. Als sich sowjetische Fallschirmjäger dem Sendestudio nähern, wiederholt der Sprecher noch einmal den Aufruf der Parteiführung. »Die Wahrheit wird siegen«, ruft er ins Mikrofon, den Wahlspruch des Magisters Jan Hus aufgreifend. Dann sendet Radio Prag die tschechoslowakische Nationalhymne und verstummt erneut.

Die Rundfunkstationen und Nachrichtenagenturen des Ostens schweigen vorläufig zu den Ereignissen. Radio Moskau sendet ab 6 Uhr Moskauer, also ab 4 Uhr mitteleuropäischer Zeit Wiener Walzer. Dann ist es Zeit für den täglichen Frühsport. Nach den Sieben-Uhr-Nachrichten wird in dem Sender schließlich eine umfangreiche Erklärung verlesen, die ab 7.27 Uhr Moskauer Zeit, das heißt 5.27 Uhr mitteleuropäischer Zeit von der offiziellen sowjetischen Nachrichtenagentur TASS verbreitet wird.

Inzwischen senden auch die Rundfunkstationen des Ostblocks die TASS-Erklärung. Im Anschluss an die Sechs-Uhr-Nachrichten wird im Deutschlandsender erstmals die offizielle sowjetische Verlautbarung verlesen, in der die Sowjetunion ihren Truppeneinmarsch mit der Behauptung rechtfertigte, eine nicht näher spezifizierte »Gruppe der tschechoslowakischen Führung« hätte sich mit einem Hilfsersuchen an die Warschauer-Pakt-Staaten gewendet. »TASS ist bevollmächtigt zu erklären«, heißt es in dieser Erklärung, »dass sich Persönlichkeiten der Partei und des Staates der Tschechoslowakischen Sozialistischen Republik an die Sowjetunion und die anderen verbündeten Staaten mit der Bitte gewandt haben, dem tschechoslowakischen Brudervolk dringend Hilfe, einschließlich der Hilfe durch bewaffnete Kräfte, zu gewähren. Dieser Appell wurde ausgelöst, weil die in der Verfassung festgelegte sozialistische Staatsordnung durch konterrevolutionäre Kräfte gefährdet wurde, die mit den dem Sozialismus feindlichen äußeren Kräften in eine Verschwörung getreten sind.«

Nach der Bekanntmachung der offiziellen Dokumente, die der Sprecher des DDR-Rundfunks mit ungerührter Stimme vorträgt, folgen die vorbereiteten Meldungen. Die Einbringung der Ernte verläuft planmäßig. Frau Minister Margot Honecker hat sich in einer Schule über die erfolgreiche Vorbereitung des neuen Schuljahres informieren lassen. Der Wetterbericht verspricht einen schwülwarmen Augusttag mit Temperaturen bis zu 25 Grad Celsius und örtlichen Schauern.

Die militärische Besetzung

Innerhalb weniger Stunden war das gesamte Territorium der ČSSR einschließlich des Luftraumes unter der militärischen Kontrolle der Truppen der Warschauer-Pakt-Staaten. Insgesamt 27 Divisionen der Armeen der Sowjetunion, Polens, Ungarns und Bulgariens in einer Gesamtstärke von rund 300 000 Soldaten waren in der Tschechoslowakei eingefallen. Später wurde die Truppenstärke auf eine halbe Million, zeitweise sogar auf 800 000 erhöht. Die Einheiten befanden sich in kriegsmäßiger Bewaffnung, führten 7500 Panzer, 2000 schwere Geschütze und 1000 Kampfflugzeuge mit sich.

Die Truppen der Nationalen Volksarmee der DDR beteiligten sich entgegen dem damaligen Anschein nur indirekt an der Invasion. Sie sicherten das Hinterland und die rückwärtigen Dienste. Seltsamerweise versuchten die DDR-Medien den Eindruck zu erwecken, Einheiten der NVA seien an der eklatanten Verletzung des Völkerrechtes militärisch beteiligt. Es gab sogar regelrechte Reportagen über die NVA-Soldaten, die irgendwo in der Tschechoslowakei tapfer ihre Pflicht erfüllten. Auch westliche Quellen berichteten, deutsche Soldaten seien in den Vororten von Prag oder in anderen Städten gesehen worden. Erst nach der Wende wurde bekannt, dass es sich hierbei um bewusste Irreführungen oder Fehlmeldungen gehandelt hatte. Über die Gründe der Führung des Warschauer Paktes, die in Bereitschaft stehenden Divisionen nicht in Marsch zu setzen, lassen sich nur Vermutungen anstellen. Möglicherweise wollte die Führung des Warschauer Paktes 30 Jahre nach dem Münchener Abkommen die Tschechen durch den Anblick deutscher Uniformen nicht zusätzlich verbittern. Sicher ist, dass die SED-Führung diese Entscheidung als Zurücksetzung empfunden hat. Während Diktaturen ihre Verbrechen in der Regel zu verschleiern versuchen, liegt hier der seltene, wenn nicht einmalige Fall vor, dass sich ein Staat eines Völkerrechtsbruches bezichtigt, den er gar nicht begangen hat.

Es handelte sich bei dem Einmarsch der verbündeten Armeen des Warschauer Paktes um die größte Militäroperation in Europa seit dem Zweiten Weltkrieg. Militärisch war an Widerstand weder zu denken noch lag ein solcher im Sinne der Befürworter des demokratischen Reformkurses. Versuche einer bewaffneten Konfrontation mit den übermächtigen Besatzungsarmeen hätten allein die absurde politische Argumentation der Sowjetunion und ihrer Vasallen bestätigt, in der Tschechoslowakei wäre eine gewaltsame Machtübernahme der Konterrevolution vorbereitet worden, es hätte geheime Waffenlager gegeben, und Untergrundsender wären installiert worden. Trotzdem »fanden« die zuständigen Organe der UdSSR solche Waffenlager und räumten sie vor laufenden Fernsehkameras aus.

Die Bevölkerung des besetzten Landes beschränkte sich allein auf passiven Widerstand, stellte sich den Sowjetpanzern in den Weg, redete mit russischen Soldaten, sagte ihnen, sie sollten sich nach Hause scheren, denn niemand bedrohe die Ordnung in der ČSSR als die Interventionstruppen. In einigen Fällen kam es dazu, dass die Panzer mit Hakenkreuzen beschmiert wurden.

Dennoch kann man den Truppeneinmarsch rein militärisch als Erfolg betrachten. Die handstreichartige Übernahme des Flughafens Prag-Ruzyně durch ein Kommando des KGB in den späten Abendstunden des 20. August 1968, die Errichtung einer Luftbrücke, die Besetzung der zentralen Punkte in Prag und die Verhaftung der führenden Persönlichkeiten der ČSSR liefen militärisch nahezu perfekt. Politisch allerdings war die Militäraktion eine Katastrophe. Aufgrund der Aktenfunde und der Zeugenaussagen wissen wir heute, dass vor dem Einmarsch ein Machtwechsel in der Tschechoslowakei stattfinden sollte. Die konservativen Kräfte im Präsidium der Partei hätten Dubček stürzen und anschließend, solchermaßen legitimiert, die fremden Truppen ins Land rufen sollen. Im entscheidenden Augenblick, am Abend des 20. August 1968, versagten die Putschisten. Als die ersten Meldungen vom Eingreifen der Sowjetarmee eintrafen, war es zu spät. Der orthodoxe Flügel hätte angesichts der ungeheuren Empörung über die Völkerrechtsverletzung als Vaterlandsverräter dagestanden und wollte nun von einem Hilfsersuchen nichts mehr wissen. Doch der anonyme Hilferuf war bereits veröffentlicht und lief seit den Morgenstunden des 21. August 1968 über die Nachrichtenagenturen und Rundfunksender des Sowjetblocks. Alle staatlichen Gremien der Tschechoslowakei und die Führung der Partei verurteilten den Einmarsch, für den es nun keine andere Legitimation mehr gab als das Recht des Stärkeren. Vor allem aber fehlte in der ČSSR selbst ein Ansprechpartner für die Besatzungsmacht. Sollte sie nun selbst eine Regierung einsetzen? Sollte sie die alte Staats- und Parteiführung als Partner anerkennen?

Die schwerste politische Niederlage der Okkupanten war der 14. Außerordentliche Parteitag der Kommunistischen Partei der Tschechoslowakei. Der Parteitag, dessen Delegierte bereits ordnungsgemäß gewählt waren, fand am 22. August 1968 in einer Fabrikhalle in Prag statt. Die Arbeiter hatten Wachen aufgestellt, um im Notfall den Parteitag vor den anrückenden Sowjetpanzern warnen zu können. Doch was ganz Prag wusste, blieb dem sowjetischen Nachrichtendienst unbekannt. Auf teilweise abenteuerlichen Wegen hatten sich laut Protokoll 1112 Delegierte nach Prag durchgeschlagen. Im Laufe des Tages stießen weitere Teilnehmer hinzu. Mit etwa 76 Prozent der gewählten Delegierten war der Parteitag beschlussfähig und fungierte als oberstes Organ der Partei. Später wurde die Legitimität des 14. Parteitages bestritten. Es mag angesichts der chaotischen Umstände Formfehler gegeben haben, doch im Grunde war es der erste und letzte Parteitag einer regierenden kommunistischen Partei, der eine wirkliche Legitimität besaß. Die Versammlung der Kommunisten, die unter dem Schutz der Arbeiter stattfand, war zur obersten Repräsentanz des Volkes geworden. Sie wählten die in sowjetischem Gewahrsam befindlichen Genossen mit großer Mehrheit ins neue Präsidium und bekannten sich ausdrücklich zum humanistischen und demokratischen Sozialismus: »Auch die gewaltsame Intervention ändert nichts daran, dass das Volk der Tschechoslowakei der einzig rechtmäßige und souveräne Herr seines Landes ist. Die Verteidigung der Freiheit im sozialistischen Vaterland ist nicht nur Sache der

Kommunisten, sondern aller Tschechen und Slowaken und der anderen Nationalitäten, aller Arbeiter, Bauern, Intellektuellen und Jugendlichen, denen ein würdiges, freies Leben unseres sozialistischen Landes teuer ist. (...) Die sozialistische Tschechoslowakei wird sich weder mit einer militärischen Okkupationsverwaltung noch mit einer Kollaborationsregierung, gestützt auf die Kräfte der Okkupation, jemals abfinden.«[2]

Sicherungsmaßnahmen in der DDR

Seit dem 21. August 1968 um 00.00 Uhr herrschte in allen Dienststellen des Ministeriums für Staatssicherheit und des Ministeriums des Inneren volle Einsatzbereitschaft. Urlaubs- und Ausgangssperre waren vom Minister bereits am 29. Juli 1968 angeordnet worden, so dass es nicht schwierig war, innerhalb weniger Stunden die Bereitschaft herzustellen. Seit Mitternacht befanden sich alle Mitarbeiter des MfS in ihren Dienststellen.

Teilweise fiel die Stasi auf ihre eigenen Lügenparolen von der imperialistischen Unterwanderung der ČSSR und der dort drohenden Machtübernahme durch konterrevolutionäre Banden herein. In einem dienstlichen Schreiben des Ministers Erich Mielke an alle Leiter der operativen Abteilungen vom 27. August 1968 hieß es: »Entsprechend bekanntgewordenen Feindplänen besteht die Taktik der Angehörigen der konterrevolutionären Banden in der ČSSR darin, sich nicht mehr in ihren offiziellen Wohnungen, sondern in bereits früher vorbereiteten Ausweichquartieren und sonstigen Verstecken aufzuhalten, um sich in die Illegalität zurückzuziehen (...). Es ist damit zu rechnen, dass in der DDR befindliche ČSSR-Bürger, die zu den konterevolutionären Kreisen gehören, bei gleichgesinnten Bürgern der DDR Unterschlupf suchen bzw. andere Verstecke nutzen. Es ist deshalb eine erhöhte Treff- und Verbindungstätigkeit mit allen IM und GM aufrechtzuerhalten. Gleichzeitig sind die im Verantwortungsbereich vorhandenen Unterschlupf- und Versteckmöglichkeiten aufzuklären bzw. unter Kontrolle zu halten.«[3]

Die Alarmbereitschaft galt ebenso für die Angehörigen des Ministeriums des Inneren. Die Volkspolizei erhöhte ihre Streifentätigkeit. Innerhalb der NVA herrschte seit Wochen erhöhte Gefechtsbereitschaft. Bei jedem Soldaten hing die voll aufmunitionierte Maschinenpistole am Bettpfosten, geschlafen werden sollte mit Uniform und Stiefeln. Die Soldaten hatten keine Ahnung, was in der Welt vorging. Seit Juli 1968 herrschte Ausgangs- und Urlaubssperre. Die Post wurde kontrolliert. Kofferradios waren streng verboten. Zugelassen waren allein besonders gekennzeichnete Radio- und Fernsehgeräte in den Gemeinschaftsräumen. Westempfang wurde streng bestraft, auch wenn es sich nur um Musik handelte. Außerdem wurde täglich das *Neue Deutschland*, sowie wöchentlich die unsäglich stupide Zeitschrift *Die Volksarmee* verteilt. In der DDR-Presse aber herrschte seit Anfang August drohendes Schweigen über alle Vorgänge in der ČSSR.

In der Nacht vom 20. zum 21. August 1968 wurde in allen Einheiten der NVA Alarm ausgelöst. Die Truppen verließen die Kasernen und kampierten in den Bereitstellungsräumen. In hektischer Eile wurden Politinformationen durchgeführt. Doch die zuständigen Politoffiziere wussten auch nicht mehr, als in den Zeitungen stand. Nur tröpfchenweise verbreiteten sich die Nachrichten aus den westlichen Medien, Gerüchte kursierten, schon im Vorfeld der Ereignisse war oft von einem »zweiten Ungarn« die Rede gewesen. Damit war gemeint, dass es wie in Ungarn 1956 zu schweren Kämpfen zwischen Aufständischen und Besatzungstruppen kommen könnte.

Auch in der Bevölkerung gab es angesichts der Behauptung, die Truppen der NVA wären auf tschechoslowakisches Gebiet vorgerückt, große Ängste um Angehörige, die bei der Armee dienten. Die Stasi meldete zu diesem Thema: »In den Diskussionen fragen insbesondere Bürger, deren Angehörige gegenwärtig mit den Truppen der NVA in der ČSSR weilen, nach deren Befinden und ihrem Verbleib in der ČSSR. Es wird auch die Befürchtung geäußert, dass es im Zuge der Auseinandersetzungen in der ČSSR bereits zu Verlusten gekommen sein kann. Die Unruhe der Angehörigen wird teilweise dazu genutzt, um das Informationswesen der DDR anzuzweifeln.«[4] Dies ist sehr milde ausgedrückt. Praktisch gab es weder für die Soldaten noch für deren Angehörige Informationen über die Einsatzbefehle. Die Briefe an die in Bereitstellungsräumen konzentrierten Soldaten sollten grundsätzlich an die alten Standorte adressiert sein und wurden von dort aus weitergeleitet. Den Soldaten war es streng verboten, ihren Aufenthaltsort oder andere Einzelheiten der militärischen Operation zu erwähnen. Noch bedenklicher waren Äußerungen zur politischen Situation. Die Vorgesetzten waren berechtigt, in der ausgehenden Post Stichproben vorzunehmen. Einem Soldaten wurde ein Brief an eine tschechische Brieffreundin zum Verhängnis. Er hatte sich laut Stasiunterlagen in einem Brief für die Teilnahme seiner Armee an der Militärintervention entschuldigt. Dieser Vorfall wurde für wert erachtet, bis an die obersten Spitzen der Staatsführung weitergemeldet zu werden. Über die persönlichen Folgen für den Soldaten enthält das Aktenstück keine Angaben.

Die SED trommelte seit den frühen Morgenstunden des 21. August 1968 ihre Genossen zusammen. In allen Institutionen und Betrieben, aber auch in den Wohngebieten fanden Parteiversammlungen statt. Informationen oder gar Diskussionen gab es keine, dafür Anweisungen über erhöhte Wachsamkeit, Sicherheit, Ordnung, Eilmeldungen, Sofortberichte. Einsatzstäbe wurden gebildet, Sicherheitsverantwortliche bestimmt, Alarmketten organisiert, Streifendienste eingeteilt. Besondere Vorkommnisse sollten sofort gemeldet werden, Provokateuren musste entgegengetreten werden, Staatsfeinde sollten dingfest gemacht werden. Wichtige Genossen und leitende Mitarbeiter staatlicher Einrichtungen wurden aus dem Urlaub geholt. Die meisten von ihnen ahnten ohnehin, was die Stunde geschlagen hatte, und befanden sich bereits auf dem Heimweg. Viele betäubten ihre inneren Zweifel an der Weisheit der sowjetischen Militärintervention mit organisatorischen Aktivitäten. Jetzt ist nicht die Zeit zu diskutieren, war die vorherrschende Stimmung unter den Genossen. In der Stunde der Gefahr muss man treu zur Partei stehen, die Aufgaben des Tages erfüllen und den Klassenfeind zurückschlagen, wie am 17. Juni 1953 und am 13. August 1961. Wieder einmal galt es einen jener großartigen Siege zu erringen, an deren Ende das moralische und politische Fiasko stand.

Proteste

Dabei war die Situation in der DDR äußerlich gesehen vollkommen ruhig. Brütende Augusthitze lag über dem Land. Die Wirkung der Nachricht vom Einmarsch der Truppen des Warschauer Paktes in die Tschechoslowakei war für viele Menschen niederschmetternd. Trotz der Erfahrungen von 1953 in der DDR und 1956 in Ungarn hatten es die meisten Zeitgenossen für nicht mehr möglich gehalten, dass die Sowjetunion auf so martialische Weise reagieren würde.

Zudem hatten die Nachrichten der letzten Tage eher Entspannung als Zuspitzung signalisiert.

Jedem denkenden Menschen war klar, dass der Sozialismus durch den Einsatz von Panzerdivisionen keines seiner Probleme lösen würde. Der Einmarsch war insofern nicht allein ein eklatanter Bruch des Völkerrechtes und der vielbeschworenen Brüderlichkeit, sondern auch ein Schlag gegen den gesunden Menschenverstand. Ob sich jeder DDR-Bürger im eigenen Lande einen Sozialismus à la Dubček wünschte und für möglich hielt, sei dahingestellt. Doch was die Tschechen seit Januar 1968 auf die Beine gestellt hatten, schien so rundum vernünftig und klug, dass viele Menschen angesichts der Nachricht über den Einmarsch eine wilde Empörung packte. Wider alle Alltagsklugheit ließen sie sich zu offenen Meinungsäußerungen hinreißen, die teilweise schwerwiegende Folgen hatten. Gegen alle pragmatische Vernunft setzten sie sich an die Schreibmaschine und schrieben Protestbriefe oder zogen nachts mit Pinsel und Farbe los, um Losungen an die Häuserwände zu schreiben.

In einem Stasibericht der Verwaltung Groß-Berlin des MfS werden diese Aktionen im Zeitraum vom 21. August bis zum 8. September 1968 zahlenmäßig erfasst: »An 389 Stellen in Berlin wurden insgesamt 3528 Flugblätter verbreitet und an 212 Stellen 271 Hetzlosungen geschmiert.«[5] Zum Tathergang wird berichtet: »Die Herstellungs- und Verbreitungsmethoden der Flugblätter und das Schmieren von Losungen zeigen keine besonders raffinierten Methoden. Überwiegend wurde auf öffentlichen Plätzen und Straßen geworfen, im Unterschied zur sonstigen Verbreitung, wo das Einwerfen in Hausbriefkästen überwiegt. Die Täter waren in der Mehrzahl bereit, ein größeres Risiko einzugehen. In keinem Fall wurde eine Massenwirksamkeit erreicht, da gestreute Flugblätter sofort eingesammelt und geschmierte Losungen rasch entfernt wurden.«[6] Diese Einschätzung dürfte in allen Punkten durchaus realistisch sein. Überhaupt zeichnet sich das Dokument durch eine zynische Kälte der Analyse aus. Die ins Visier des MfS geratenen Jugendlichen werden zu Insekten unter dem Mikroskop des Vivisekteurs. Verfasser des Berichtes ist der damalige »Stellvertreter Operativ des Leiters der Verwaltung Groß-Berlin« Wolfgang Schwanitz. 21 Jahre später war er der letzte Chef des von Hans Modrow installierten Amtes für Nationale Sicherheit, das die Reste der Stasi in eine gewendete DDR hinüberretten sollte. Als Rentner gehört er seit 1990 zu den Protagonisten der Rechtfertigungsoffensive, die den MfS-Apparat als vollkommen normale Angelegenheit darstellen will.

Zu den Inhalten der Flugblätter und Losungen bemerkt der Bericht des MfS: »Die Täter wandten sich mit ihren Losungen und Flugblättern hauptsächlich gegen die Maßnahmen der Bruderländer und forderten in den meisten Fällen den Abzug der Truppen. An zweiter Stelle in der Häufigkeit des Auftretens liegen Bekenntnisse zu Dubček bzw. zum revisionistischen Weg der tschechoslowakischen Partei- und Staatsführung. Nur ein geringer Teil der Täter bekannte sich offen zur Konterrevolution.«

Bei den Tätern handelte es sich fast ausschließlich um Jugendliche zwischen 17 und 21 Jahren. »Die Tendenz, dass eine Reihe von Tätern der schriftlichen Hetze Jugendliche unter 16 Jahren bzw. zum Teil geistig primitive Menschen sind, zeigte sich während des genannten Zeitraums nicht. Bei den Tätern handelt es sich fast ausnahmslos um Personen, die wussten, was sie mit ihren Handlungen erreichen wollen.«[7] Die Stasi konnte am 26. September 1968 vermelden, dass alle größeren Aktionen aufgeklärt seien. Von 63 Prozent der Flugblätter seien die Täter ermittelt worden, bei »Hetzlosungen« betrug die Aufklärungsrate bis zu diesem Zeitpunkt 12 Prozent.

Widerstandsaktionen im ganzen Land

Die Protestwelle hatte in der ganzen DDR ein beträchtliches Ausmaß. In einer abschließenden Übersicht des MfS vom 2. Dezember 1968 heißt es: »Insgesamt wurden vom 21.8.1968 bis 30.11.1968 von den Rechtsorganen der DDR wegen Straftaten im Zusammenhang mit den Maßnahmen der verbündeten sozialistischen Staaten zur Sicherung der sozialistischen Ordnung in der ČSSR gegen 1290 Personen Ermittlungsverfahren eingeleitet.«[8] Gegen 506 der Beschuldigten ermittelte das MfS, gegen weitere 784 die Deutsche Volkspolizei, die Transportpolizei und der Militärstaatsanwalt.

Laut Aufstellung des MfS waren 272 (21,16 Prozent) der beschuldigten Personen unter achtzehn Jahren, 279 Personen (21,62 Prozent) waren zwischen achtzehn und zwanzig Jahren, 223 Personen (17,29 Prozent) zwischen einundzwanzig und vierundzwanzig Jahren, 412 Personen (31,94 Prozent) zwischen fünfundzwanzig und vierundvierzig Jahren und 103 der Festgenommenen (7,99 Prozent) waren älter als fünfundvierzig Jahre. Insgesamt ergibt sich also ein deutliches Übergewicht von Jugendlichen unter fünfundzwanzig Jahren.

Interessant ist auch die soziale Zusammensetzung der Beschuldigten. Nach der Aufschlüsselung des MfS waren 73 Beschuldigte (5,66 Prozent) Schüler, 170 Personen (13,18 Prozent) Lehrlinge, 43 (3,33 Prozent) Studenten, 20 (1,55 Prozent) Intellektuelle und 907 (70,31 Prozent) Arbeiter und Angestellte. Weitere 77 Personen (5,97) wurden vom MfS als Sonstige rubriziert. Die allgemeine Fehlwahrnehmung, der Protest gegen den Einmarsch vom 21. August 1968 sei vor allem von Studenten, Künstlern und Intellektuellen getragen worden, entspricht also keineswegs dem statistischen Befund.

Nach den Berichten der für Untersuchungsvorgänge zuständigen Hauptabteilung IX an die Zentrale Auswertungs- und Informationsgruppe (ZAIG) hatte es bis zum 24. September 1968 insgesamt 429 Zuführungen durch das MfS und 578 durch die Deutsche Volkspolizei gegeben. Die HA IX fertigte seit dem 25. August 1968 täglich eine »Übersicht über Zuführungen und Inhaftierungen von Personen im Zusammenhang mit feindlichen Aktionen gegen die Maßnahmen zur Sicherung der sozialistischen Verhältnisse in der ČSSR« an.[9] Die Stichzeit war jeweils um 5 Uhr morgens. Neben dem Zahlenspiegel enthielten die Tagesberichte auch Gesamteinschätzungen über die Tätergruppen und deren Motive sowie Kurzberichte über typische oder besonders schwerwiegende Einzelfälle.

Im zweiten Tagesbericht heißt es dazu: »Die Mehrzahl der Straftaten ist unter direktem Einfluss der politisch-ideologischen Diversion des Gegners, vorrangig der Sendungen des Deutschlandfunks, entstanden. Dem entsprechend widerspiegelt die Straftat inhaltlich im Wesentlichen die gegen die Sicherungsmaßnahmen der Warschauer Vertragsstaaten gerichtete Hetze der Zentren der politisch-ideologischen Diversion. Dabei wird vor allem immer wieder mit der Behauptung operiert, die verbündeten Armeen würden sich in der ČSSR schwere Ausschreitungen gegen die Zivilbevölkerung zuschulden kommen lassen.«[10]

In den Tagesberichten werden mehrer Fälle von schwerer Sabotage gemeldet. In verschiedenen Teilen der DDR trennten Einzeltäter oder Gruppen Nachrichtenkabel der Sowjetarmee und der NVA. durch. Ein solcher Fall wurde in der Tagesmeldung vom 28./29. August 1968 geschildert. Am 25. August 1968 wurde in Heidenau (Kreis Pirna) ein Nachrichtenkabel der Sowjetarmee mit einem scharfen

Gegenstand durchtrennt. Der Täter konnte nicht ermittelt werden. Ein weiterer Fall von Durchtrennung einer Nachrichtenverbindung wurde am 29./30. August 1968 gemeldet. »Gegen 3 Personen wurde ein Ermittlungsverfahren gemäß § 215 StGB eingeleitet. Die Beschuldigten H., R. und W. haben am 22. August 1968 in Altwarp (Kr. Ueckermünde) ein Kabel der NVA zerstört, das eine hohe Bedeutung für die Übermittlung von Nachrichten zur Sicherung des Luftraums der DDR besitzt.«

Auch innerhalb der NVA kam es zu offenem Widerspruch, gegen den die Dienstvorgesetzten mit aller Schärfe vorgingen. »Die Abteilung IX der BV Karl-Marx-Stadt bearbeitet ein Ermittlungsverfahren gegen einen seit dem 24.8.1968 in der ČSSR eingesetzten Unteroffiziersschüler der NVA, der gegenüber seinen Dienstvorgesetzten gegen die NVA hetzte und mehrfach Befehlsverweigerung beging.«[11] Ob man diesen Aktenvermerk als Beleg werten kann, dass sich entgegen allen neueren historischen Kenntnissen doch Truppenteile der NVA auf tschechoslowakischem Gebiet befanden, oder ob es sich hier um eine unkorrekte Formulierung handelt, sei dahingestellt. Letzteres ist wahrscheinlicher. Immerhin ist es ein Beleg dafür, dass selbst Mitarbeiter des MfS von der Vorstellung ausgingen, auf dem Territorium der ČSSR befänden sich Einheiten der NVA.

Rund eine Woche nach dem Einmarsch verstärkten sich überall die Protestaktionen. »In Potsdam wurde am 29. August 1968 gegen die beiden Jugendlichen K. und A. ein Ermittlungsverfahren gemäß § 106 StGB eingeleitet, weil sie ca. 1000 Hetzflugblätter hergestellt und davon 650 im Stadtgebiet von Potsdam verbreitet hatten. In den Flugblättern riefen sie u.a. zu einer Protestdemonstration am 31.8.1968 13.00 Uhr auf dem Platz der Nation in Potsdam auf.«[12]

In einer Zusammenfassung der Ereignisse meldet die Hauptabteilung an die Zentrale Auswertungs- und Informationsabteilung insgesamt 429 Zuführungen sowie weitere 578 vorläufige Festnahmen durch die Deutsche Volkspolizei. Nach diesem Zahlenspiegel befanden sich also rund 1000 Personen längere oder kürzere Zeit in den Untersuchungshaftanstalten. Gegen fast alle Inhaftierten – präzise gegen 980 Personen – wurden Ermittlungsverfahren eingeleitet. 794 Personen befanden sich zum Zeitpunkt des Berichts, also am 24. September 1968 noch in Haft.

Das territoriale Schwergewicht der Zuführungen befand sich mit 174 Personen erstaunlicherweise im Bezirk Karl-Marx-Stadt. Offenbar spielte die räumliche Nähe zu den Ereignissen sowie die dauernde Präsenz von Truppen der Sowjetarmee und der NVA in den Wäldern an der böhmischen Grenze eine erhebliche Rolle. Aus Stimmungsberichten und Erzählungen geht hervor, dass hier auch die Kriegsfurcht am stärksten war. Es gab sogar Gerüchte, die Grenzgebiete würden evakuiert. Ältere Leute, denen die Flucht aus den Ostgebieten noch in guter Erinnerung war, begannen schon, ihre Wertsachen und das Lebensnotwendigste in Koffern zu verpacken. Natürlich war in den Augen der Stasi an diesen Gerüchten der Klassenfeind schuld. »Es mehren sich Anzeichen, dass der Gegner Gerüchte in Umlauf setzt, um die Bevölkerung zu beunruhigen. So wird im Kreis Klingenthal behauptet, dass die Grenzkreise geräumt werden müssten.«[13]

Gefolgt wird bezüglich der Zahl der Widerstandsaktionen Karl-Marx-Stadt von Berlin mit 158, Leipzig mit 118 und Dresden mit 94 Inhaftierungen. Die wenigsten Fälle gab es in Suhl und Cottbus mit jeweils 18 Fällen.

In der 23. Tageszusammenfassung der Übersichten über die Zuführungen vom 19./20. September 1968 wird auch der Fall von zwei Pastorentöchtern aus Frankfurt/Oder erwähnt, die zusammen mit ihrer Freundin auf der Schreibmaschine des Pfarramts einen Aufruf verfassten und ihn mit der Post verschickten: »Durch die Bezirksverwaltung Frankfurt/Oder, Abteilung IX werden drei weibliche Beschuldigte, eine Studentin in Greifswald und zwei Lehrlinge bearbeitet, die gemeinschaftlich handelnd zwischen dem 23. und 27. August 1968 insgesamt 150 Hetzschriften gegen die Maßnahmen der sozialistischen Länder maschinenschriftlich hergestellt und in Briefumschlägen, die mit Adressen aus dem Frankfurter Telefonbuch beschriftet waren, durch die Deutsche Post befördern ließen. Bei zwei Beschuldigten handelt es sich um die Töchter des Kreisjugendpfarrers von Frankfurt/Oder«.[14]

In den folgenden Tagen verstärkte sich laut Stasi-Bericht die »mündliche Hetze«. In der Regel ging es dabei um offenen Widerspruch an den Arbeitsstellen, auf Versammlungen oder in den Schulen und Universitäten. Oft reichte für ein Ermittlungsverfahren auch eine politische Bemerkung in einer Gaststätte, in der Straßenbahn oder sonst irgendwo.

Das MfS registrierte ein «Ansteigen negativer Diskussionen und Gerüchten, deren wesentlicher Inhalt ist: Die Hilfeleistung wird als Einmischung in die inneren Angelegenheiten der ČSSR betrachtet und mit 1938 verglichen; es bestehen Zweifel an der Anforderung des Hilfeersuchens; die Genossen Breschnew, Kossygin und Gretschko wären von ihren Positionen zurückgetreten; Befürchtungen über den Ausbruch eines Krieges wurden zum Ausdruck gebracht.«[15]

In verschiedenen Städten der DDR versuchten Jugendliche, ihren Protest in offenen Demonstrationen zum Ausdruck zu bringen. »In Erfurt hatte bereits seit längerer Zeit eine Gruppe von negativ beeinflussten jungen Leuten am Anger ihren Treffpunkt. Die Gruppierung war unter dem Namen ›Angerluden‹ bekannt. Am 24.8.1968 rotteten sie sich zu einer ›Sympathiekundgebung‹ für konterrevolutionäre und revisionistische Kräfte in der ČSSR zusammen.« Die Polizei ging gegen eine Ansammlung von etwa 150 bis 200 Jugendlichen vor. 36 Personen wurden festgenommen.[16]

Weiter heißt es in dem Stasi-Bericht: »In Mühlhausen gelang es einer negativen Gruppierung, eine Zusammenrottung von ca. 180 Personen vor dem Haus der Kreisleitung der SED zu organisieren, die dort in übelster Weise randalierten.

Die Rädelsführer konnten in allen derartigen Fällen inhaftiert werden.

In Wolgast wurde eine als ›Rolling Stones‹ auftretende negative Gruppierung zerschlagen. Schon seit längerer Zeit hatten sie die öffentliche Ordnung gestört und nach dem 24.8.1968 Krawalle in der Kreisstadt inszeniert.«[17]

Unaufgeklärte Aktionen

Im gleichen Aktenbestand findet sich auch eine Zahl der unaufgeklärten Straftaten nach dem Stand vom 24. September 1968. Es handelte sich um nicht weniger als 1406 Fälle. In dieser Statistik führt Berlin mit 364 unaufgeklärten Widerstandsaktionen, gefolgt von Potsdam 160 Halle/Saale mit 156 und Karl-Marx-Stadt mit 146.

Neben Flugblattaktionen ging es in den Verfahren auch um Sabotageakte, Aufrufe zum Streik, Teilnahme an Aktionen in der Tschechoslowakei oder Stellungnahmen gegenüber tschechoslowakischen Medien, So wird einem 24-jährigen Kellner aus Freiberg angelastet, er hätte einem Sender »Freies Prag« ein Interview gegeben. Andere DDR-Bürger hatten versucht, Material und Fotos aus der Tschechoslowakei in die DDR einzuschleusen.

Bei der Masse der anfallenden Straftaten handelte es sich um die Verbreitung von Flugzetteln oder Briefen, die gegen den Einmarsch Stellung bezogen. Dazu heißt es in der Stasi-Analyse:

»Bei den einzelnen Formen der schriftlichen Hetze traten vorzugsweise Täter der Altersgruppe bis zu 40 Jahren in Erscheinung. Ferner wurden diese Form von Feindtätigkeit größtenteils von solchen Personenkreisen, wie Schülern, Lehrlingen, Studenten, Kulturschaffenden und Angehörigen der Intelligenz angewandt. Diese Personen, die sich mehrfach zu Gruppen zusammengeschlossen haben, zeigten in einigen Fällen eine hohe Intensität in konterrevolutionären Flugblattaktionen (so wurden in Berlin Serien bis zu 750 Flugblättern hergestellt und in zahlreichen Stadtteilen zur Verteilung gebracht). Für diese Täterkategorie ist ferner charakteristisch, dass die von ihnen verbreiteten Hetzschriften durch die Verwendung der sozialistischen Terminologie zur Tarnung der feindlichen Absicht starke revisionistische Züge aufweisen. In der Mehrzahl handelte es sich allerdings um Einzeltäter, die handschriftlich nur eine geringe Anzahl von Hetzschriften hergestellt haben, deren Inhalt im wesentlichen durch eine Wiedergabe der von den Zentren der politisch-ideologischen Diversion verbreiteten Argumente und Losungen gekennzeichnet ist.«[18]

Höhepunkt dieser Aktivitäten war die Nacht vom 21. zum 22. August 1968. Sehr oft wurden die jungen Leute auf frischer Tat ertappt. Sie hatten nicht damit gerechnet, dass nicht nur Staatssicherheit und Polizei nachts ausgeschwärmt war, um für Ruhe und Ordnung zu sorgen, sondern dass auch die SED zuverlässige Mitglieder veranlasst hatte, wie Hilfspolizisten Streife zu laufen und verdächtige Vorgänge zu melden. Der Abschlussbericht der Stasi lobt diese »gesellschaftlichen Kräfte« ausdrücklich und empfiehlt, diese Erfahrung auch künftig bei »zugespitzten Situationen« zu nutzen. »Durch vertrauensvolle Zusammenarbeit der Werktätigen mit den Sicherheitsorganen«, heißt es in einer Stasi-Analyse, »konnten 482 Straftäter (ca. 30 % aller Täter) an Ort und Stelle dingfest gemacht und an der Fortsetzung strafbarer Handlungen gehindert werden.«[19] Die Prozentzahl bezieht sich auf 1189 Täter, die in der Zeit vom 20. August bis zum 30. September 1968 insgesamt 1809 Straftaten »gegen die Schutzmaßnahmen der fünf verbündeten sozialistischen Staaten« begangen hatten.[20]

Die öffentliche Wirksamkeit der nächtlichen Protestaktionen war gering, das Risiko dagegen sehr hoch. Die Teilnehmer waren auf eine konspirative Tätigkeit weder vorbereitet noch waren sie dafür geeignet. Handelte es sich in der Regel doch um Jugendliche, die ihre kritische Haltung zum SED-System bisher keineswegs verheimlicht hatten. Die Netze des Spitzelsystems waren damals schon so eng gewoben, dass sich nahezu jeder darin verfing, der sich mit seinen Ansichten nicht zurückhielt. Es ist kein Zufall, dass die zentrale Schlussfolgerung des MfS aus den Ereignissen im massiven Ausbau der IM-Basis bestand.

Rückkehrer aus der ČSSR

Eine spezielle Gruppe von Straftätern waren in den Augen des MfS Personen, die sich während der Ereignisse zufällig oder zielgerichtet in der ČSSR aufgehalten hatten. Manche hatte Fotos gemacht, Flugblätter eingesteckt oder sich spontan an Unterschriftenaktionen und Demonstrationen beteiligt.

Dazu heißt es in der Stasi-Analyse: »Einige Beschuldigte versuchten, konterrevolutionäre Schriften aus der ČSSR, selbst gefertigte Foto- und Filmaufnahmen von konterrevolutionären Ausschreitungen und andere Gegenstände, wie Fähnchen, Plaketten u. ä. in die DDR einzuschleusen, um dadurch ihrem geplanten hetzerischen Auftreten gegenüber anderer DDR-Bürger einen höheren Grad an Glaubwürdigkeit und Zustimmung dieser zu erreichen. In mehreren Fällen haben diese Personen selbst aktiv sich an derartigen konterrevolutionären Ausschreitungen, größtenteils in Prag, während ihres Urlaubsaufenthaltes in der ČSSR beteiligt, wobei es zur Verteilung von Flugblättern und anderen Schriften, zum Anschmieren von Losungen und Schreien antisowjetischer Losungen gekommen war.«[21]

Als die Züge mit Rückkehrern aus Prag an den Grenzübergangsstellen eintrafen, wurden vom Zoll der DDR und der Staatssicherheit Personen, die dem Täterprofil politischer Straftäter entsprachen, herausgefiltert und langen Vernehmungen unterzogen. Insofern war die Stasi recht gut darüber orientiert, welche DDR-Bürger sich in Prag an Demonstrationen oder Unterschriftenaktionen beteiligt hatten.

So gerieten drei 16-jährige Ostberliner Schüler in die Fänge der Staatssicherheit.

»Drei Beschuldigte (...) hielten sich vom 19.8. bis 26.8.1968 in Prag auf. Von konterrevolutionären Kräften erhielten sie 10 Flugblätter. Sie wurden aufgefordert, diese und weitere sich zu beschaffende Flugschriften in der DDR zu verbreiten.«[22]

Gegen die Schüler wurde ein Ermittlungsverfahren wegen Staatsverbrechen eingeleitet. Das gleiche Los traf vier Studenten der Humboldt-Universität. Bei ihnen wurde »ebenfalls in größeren Maße konterrevolutionäre Schriften und zahlreiche Film- und Fotoaufnahmen gefunden, die zum Zwecke der Hetze in der DDR verbreitet werden sollten.« Gegen sie wurde wegen staatsfeindlicher Hetze und Staatsverbrechen gemäß den Paragraphen 106 und 108 des Strafgesetzbuches der DDR ein Ermittlungsverfahren eröffnet.[23]

Der Student Heiko H. von der Universität Halle fuhr am 20. August 1968 nach Prag, um die politische Situation dort kennen zu lernen, »da er auf Grund seiner feindseligen Einstellung den Zeitungsmeldungen der DDR nicht glaubte. In Prag beteiligte er sich an der Verbreitung konterrevolutionärer Hetzschriften und schmierte ein Hakenkreuz an einem Hotel an. Auf der Rückfahrt schleuste er 20 verschiedene Hetzschriften zur Verbreitung unter seinen Studienkollegen ein. In Magdeburg hetzte er in einer Gaststätte in übelster Weise gegen die Schutzmaßnahmen und verbreitete Gräuelpropaganda.«[24] Gegen ihn wurde am 26. August 1968 ein Ermittlungsverfahren wegen staatsfeindlicher Hetze eingeleitet und Haftbefehl erlassen. Es darf vermutet werden, dass das Hakenkreuz als Anklage gegen den Sowjeteinmarsch gemeint war. Viele Tschechen versuchten die sowjetischen Panzerfahrzeuge mit dem Nazisymbol zu versehen, um an die Parallelität der Ereignisse von 1938 und 1968 zu erinnern.

Die Alterszusammensetzung der Rückkehrer aus der ČSSR, die in die Mühlen der Justiz gerieten, entsprach den Teilnehmern an anderen Protestaktionen. Es dominierte mit 66 Prozent die Altersgruppe bis zum fünfundzwanzigsten Lebensjahr. Interessant war die soziale Zusammensetzung der Täter. Es dominierten auch in dieser Gruppe von Straftätern keineswegs Studenten und junge Intellektuelle. Der größte Anteil fiel mit 57,2 Prozent auf die Arbeiter. Nur 7,7 Prozent der Festgenommenen waren Studenten und 2,4 Prozent wurden statistisch der Intelligenz zugeschlagen.

Aufstand der Jeunesse dorée

In den Tagen nach dem 21. August 1968 wurde eine Reihe von Kindern prominenter Intellektueller und hoher Staatsfunktionäre von der Staatssicherheit verhaftet. Sie hatten auf Flugblättern und durch Losungen auf Häuserwänden gegen die Militäraktion der Staaten des Warschauer Paktes protestiert. Dieser Vorgang erregte zu Recht großes Aufsehen und wurde auch in den westlichen Medien gemeldet. Zu den Verhafteten gehörten Rosita Hunzinger und Erika Berthold, die gemeinsam eine Klasse der 2. Erweiterten Oberschule Berlin besuchten. Beide waren im Sommer 1968 gerade 18 Jahre alt geworden, also zum Zeitpunkt der Tat erst einige Tage strafmündig. Rosita Hunzinger war die Tochter der bekannten Bildhauerin Ingeborg Hunzinger, deren Haus in Rahnsdorf am Rande von Berlin ein beliebter Treffpunkt der intellektuellen Szene aus Ost und West war. Erika Berthold war die Tochter von Professor Lothar Berthold, dem Direktor des Instituts für Marxismus-Leninismus beim ZK der SED (IML). Erika Berthold war damals mit dem 18-jährigen Frank Havemann, dem Sohn des von der SED gemaßregelten Professors Robert Havemann, befreundet, was im Elternhaus zu schweren Kontroversen geführt hatte. Als hoher Parteifunktionär musste Professor Berthold seine Obrigkeit über diese Verbindung informieren. Der von der SED gemaßregelte Professor Havemann lebte seit seiner Entlassung von der Humboldt-Universität in Grünheide bei Erkner außerhalb von Berlin. Dort trafen sich trotz strengster Überwachung durch den Staatssicherheitsdienst kritische Künstler und Intellektuelle und eben auch junge Leute, die mit den Brüdern Florian und Frank Havemann befreundet waren.

Zu dem Kreis gehörte auch der 23-jährige Student Thomas Brasch, ein angehender Schriftsteller und Sohn des stellvertretenden Kulturministers, sowie die 20-jährige Studentin Sanda Weigl und der 18-jährige Hans-Jürgen Uszkoreit, der die Schule abgeschlossen hatte und in einem Betrieb arbeitete.

Der Einmarsch der Armeen des Warschauer Paktes am 21. August 1968 in die Tschechoslowakei traf die Jugendlichen vollkommen unvorbereitet. Spontan begannen sie unkoordinierte Widerstandsaktionen. Zu diesem Zeitpunkt waren sie jedoch schon längst im Visier des MfS, dem der jugendliche Leichtsinn gerade recht kam. Noch am Abend des 21. August 1968 schrieben Frank Havemann und Hans-Jürgen Uszkoreit an vier Häuserwände die Losung »Dubček«. Außerdem verteilten sie 45 Flugblätter mit dem Lied von Wolf Biermann »In Prag ist Pariser Kommune«. Im Laufe des 22. August stellten Thomas Brasch, Rosita Hunzinger, Erika Berthold und Sanda Weigl rund 500 handgeschriebene Flugblätter mit den Losungen »Es lebe das rote Prag!« und »Hoch Dubček!« her. In der Nacht verteilten sie diese in Telefonzellen und Hausbriefkästen. Noch in derselben Nacht kam es zu den ersten Verhaftungen.

Thomas Brasch konnte für einige Stunden seine Verfolger abschütteln. Er lebte damals mit Bettina Wegner zusammen, ihr gemeinsames Kind war erst wenige Monate alt. Brasch kam nach Hause und berichtete über die Aktion und die Verhaftungen. »Die sitzen alle. Und bald werde auch ich sitzen. Mach bloß nichts, wegen des Kindes«. Dann wurde er abgeholt. Bettina Wegner stammte ebenfalls aus einem kommunistischen Elternhaus. Wie ihre Freunde hatte sie die hohen Ideale des Sozialismus tief verinnerlicht. Nach der Verhaftung ihres Lebensgefährten entschloss sie sich, die Flugblattaktion fortzusetzen. Sie begann, mit anderen Freunden DIN-A4-Blätter zu zerreißen und handschriftlich mit Losungen zu versehen: »Es lebe das rote Prag!«, »Hoch Dubček!«, »Stalin lebt«. Es waren die gleichen Parolen, die auch am Abend zuvor Brasch und seine Freunde benutzt hatten. Bettina Wegner warf die Zettel in Briefkästen und über die Mauer eines Fabrikgeländes. Dann fuhr sie zu ihren Eltern, wo sie ihr Kind untergebracht hatte. Dort fand sie ohne Schwierigkeiten das Greifkommando der Staatssicherheit. Sie wurde festgenommen und in die Untersuchungshaftanstalt des MfS nach Berlin-Hohenschönhausen gebracht.

Nach einer Woche wurde sie vorläufig entlassen, musste sich aber täglich beim MfS zur Vernehmung melden. Bis zum Prozess im Oktober 1968 musste sie viermal pro Woche in die Stasi-Zentrale in der Magdalenenstrasse kommen, wo ihr den ganzen Tag immer wieder die gleichen Fragen gestellt wurden. Unterdessen wurde sie von der Schauspielschule relegiert und erhielt dort Hausverbot.

Bettina Wegner wurde wegen »staatsfeindlicher Hetze« zu einer Freiheitsstrafe von einem Jahr und sieben Monaten verurteilt. Die Verbüßung der Haftstrafe wird auf Bewährung ausgesetzt. Ihr wurde ein Arbeitsplatz in einem Produktionsbetrieb zugeteilt, sie sollte dort bei der Arbeiterklasse ihren »ideologischen Standpunkt« festigen. Als sie nach zwei Jahren die Möglichkeit erhielt, ihr Studium an der

Schauspielschule fortzusetzen, hat sie keine Lust mehr. Sie war auf dem Weg, eine erfolgreiche Liedersängerin zu werden. Ihr Song »Sind so kleine Hände« von 1978 wurde als Aufruf zu einer Erziehung ohne Gewalt in ganz Deutschland bekannt.

Am 13. September 1968 wurde gegen den 18-jährigen Anton Krahl, Schüler der 12. Klasse der Alexander-von-Humboldt-Oberschule in Berlin-Oberschöneweide ein Ermittlungsverfahren gemäß § 106 StGB eingeleitet und Haftbefehl erwirkt. »Der Beschuldigte, bei dem es sich um den Sohn des Redakteurs des *Neuen Deutschland*, Dr. Franz Krahl, handelt, gehört zum Freundeskreis um die beiden Brüder Havemann. Am 22. August 1968 suchte er mit zwei weiteren Personen die Botschaft in Berlin auf, wo sie gegenüber Mitarbeitern der Botschaft ihre ablehnende Haltung zu den Schutzmaßnahmen äußerten und von den Botschaftsangehörigen Material über den illegalen 14. Parteitag der KPČ erhielten, das sie unter ihren Bekannten weiter verbreiteten. In den folgenden Tagen forderte Krahl etwa 80 Personen zur Teilnahme an einer sogenannten Schweigekundgebung vor dem Gebäude der sowjetischen Botschaft Unter den Linden für den 25. August 1968 auf. An dem genannten Tag, gegen 19 Uhr, hielt sich der Beschuldigte mit seinem Freundeskreis in der Nähe der Botschaft der UdSSR auf, wo sie auf weitere Teilnehmer an der sogenannten Schweigekundgebung warteten. Durch das Eingreifen der VP wurde die Personenansammlung aufgelöst.«[25]

Am 21. und 22. sowie am 24. und 25. Oktober 1968 fand vor dem Strafsenat des Stadtgerichtes Groß-Berlin unter Leitung von Oberrichterin Gerda Klabuhn die Hauptverhandlung statt, an der ausgewählte Vertreter der Bildungseinrichtungen und Arbeitsstellen der Angeklagten teilnahmen sowie Mitarbeiter des Parteiapparates und des MfS. Auch die Eltern der Jugendlichen saßen im Gerichtssaal. Verhandelt wurden jedoch kaum die Taten, deren strafrechtliche Relevanz schwer zu begründen war. Alexander Dubček, dessen Namen die Angeklagten als Losung an die Häuserwände geschrieben hatten, war zum Zeitpunkt der Urteilsverkündung immer noch Generalsekretär der tschechoslowakischen Bruderpartei und wurde in Moskau mit allen Ehren empfangen. Vielmehr ging es in dem Prozess um die Kriminalisierung politischer Meinungen. So wurden lange Gutachten verlesen, die den staatsfeindlichen Charakter der Gedichte Biermanns und der Auffassungen Robert Havemanns beweisen sollten.

Am 28. Oktober 1968 ergingen folgende Urteile: Die Angeklagten Thomas Brasch und Rosita Hunzinger wurden zu jeweils zwei Jahren und drei Monaten, Sanda Weigl zu zwei Jahren, Erika Berthold zu einem Jahr und zehn Monaten, Frank Havemann zu einem Jahr und sechs Monaten und Hans-Jürgen Uszkoreit zu einem Jahr und drei Monaten Freiheitsentzug verurteilt. Für den minderjährigen Florian Havemann wurde die Einweisung in ein Jugendhaus beantragt. Am 7. November 1968, dem Tag des Strafantritts, wurde den Verurteilten Hans-Jürgen Uszkoreit, Sanda Weigl und Erika Berthold mitgeteilt, dass ihre Haftstrafe unter Bewährungsauflagen ausgesetzt sei. Am 11. November 1968 erhielten die noch in Haft befindlichen Verurteilten Thomas Brasch und Rosita Hunzinger sowie einen Tag später, am 12. November 1968, auch Frank Havemann die Mitteilung, dass ihre Haftstrafen ausgesetzt und die Haftentlassung verfügt worden seien.

Die Tatsache, dass 1968 eine Reihe von Kindern hoher Funktionäre und prominenter Intellektueller in Konflikt mit dem Staatswesen ihrer Eltern geriet, hat damals schon Unverständnis, Verwirrung, aber auch hämische Freude ausgelöst. Der Vorgang war für die SED-Führung grenzenlos peinlich, zumal die Partei ideologische Verirrungen ständig dem Klassenfeind in die Schuhe schob. Wurde in den Haushalten der SED-Funktionäre etwa ständig Westfernsehen gesehen und »falsch diskutiert«? Die Eltern der missratenen Sprösslinge wurden von der Partei zur Verantwortung gezogen. So verlor Professor Berthold seinen Posten als Direktor des Institutes für Marxismus-Leninismus und wurde an eine weniger exponierte Stellung in der Akademie der Wissenschaften versetzt. Wer nicht in der Lage gewesen war, seine eigenen Kinder im richtigen Sinne zu erziehen, konnte auch nicht als ideologischer Obererzieher in Erscheinung treten.

Allein es stellte sich die Frage, ob die gemaßregelten Eltern jene Kinder, die in den Augustnächten des Jahres 1968 Flugblätter verteilten und Parolen an die Häuserwände schrieben, nicht durchaus im richtigen Sinne erzogen hatten. Waren es doch die Angehörigen der vom Schicksal bevorzugten jeuness dorée, die sich gegen die Pervertierung der kommunistischen Ideale zur Wehr setzten und dabei nicht unbeträchtliche Risiken eingingen.

Der Grundkonflikt war durchaus typisch für die DDR. Er wiederholte sich unter weniger spektakulären Umständen immer wieder.

Der kommunistische Ödipuskomplex hatte weniger tiefenpsychologische als vielmehr konkrete soziale und politische Ursachen.

Die DDR war, entgegen allen Bekenntnissen zur Rolle der werktätigen Massen, eine Art Ständesystem, das heißt eine Gesellschaft der ererbten Vorrechte und Privilegien. Ironisch nannte man die Funktionärselite oft den »roten Hochadel«. Man sollte die konkreten Folgen einer Herkunft aus der Funktionärsschicht nicht überschätzen. Doch ein Vater oder eine Mutter in prominenter Position erleichterten die Zugänge zur höheren Schulbildung, zu exklusiven Studiengängen und zu lukrativen Berufslaufbahnen. Wenn noch ein bisschen Fleiß, Intelligenz und Anpassungsfähigkeit dazukamen, stand der Karriere nichts im Wege. Warum haben so viele Kinder der SED-Oberschicht diesen bequemen Weg nach oben nicht oder nur mit viel innerem Widerstreben betreten?

Der Schlüssel des Rätsels liegt wohl bei der Elterngeneration. Die damals 40- bis 50-Jährigen hatten, soweit sie im SED-System in hohen Stellungen waren, einen Weg voller innerer Spannungen hinter sich. Die einen waren aus dem Krieg in dem Glauben zurückgekehrt, dass am Faschismus die Kapitalisten schuld gewesen seien. Die anderen kamen aus der Emigration oder den Zuchthäusern und wollten nun einen sozialistischen Staat in Deutschland aufbauen. Ein Friedensstaat sollte erblühen, die Fabriken sollten den Arbeitern gehören, die werktätigen Intelligenzler dem Volke dienen. Wie lange konnte und durfte ein intelligenter Mensch dies alles glauben? Bis zum 17. Juni 1953, als sich die Arbeiter gegen die angebliche Arbeiterregierung erhoben? Bis zum Februar 1956, als die sowjetische Parteiführung ihren Abgott Josef Stalin in den Orkus des Vergessens schleuderte? Bis zum 13. August 1961, als der Friedensstaat sich mit Stacheldraht umzäunte? Die Geschichte hat dieser Generation viel zugemutet. Natürlich gab es Zyniker der Macht, doch die meisten Funktionäre und Ideologen des SED-Systems litten an dem Widerspruch zwischen den einst verkündeten Idealen und der bedrückenden Realität. Die einzige Möglichkeit, den Widerspruch zu ertragen, bestand darin, der Wirklichkeit ein »Vorläufig« entgegenzusetzen. Die Unfreiheit und geistige Enge waren sicher bitter, aber sie waren *vorläufig* notwendig, weil die Imperialisten mit gierigen Krallen nach den Errungenschaften des Sozialismus griffen. Die stumpfsinnigen Propagandalügen der SED waren *vorläufig* nötig, um dem Klassenfeind keinen Raum zu bieten. Die materiellen Lebensverhältnisse waren *vorläufig* so bescheiden, weil der Sozialismus seine ihm innewohnende Schöpferkraft noch nicht frei entfaltet hatte. In ihren eigenen vier Wänden predigten die Revolutionäre von Gestern geduldiges Abwarten. Die einst auf ihre Kompromisslosigkeit so Stolzen lebten ein Leben voller kleiner und großer Kompromisse. Die Verkünder heiliger Wahrheiten empfahlen ihren eigenen Kindern die billigen kleinen Lügen. Sie gaben an ihre Kinder die Ideale weiter und rieten ihnen gleichzeitig, von ihnen vorläufig keinen Gebrauch zu machen. Was die Kinder einforderten, Freiheit, Demokratie, Wahrheit, Menschlichkeit, Gerechtigkeit, sei alles schön und gut, aber noch nicht möglich. Doch es kam der Tag, an dem aus *noch nicht* ein *nicht mehr* wurde. Dieser Tag war der 21. August 1968. Die Eltern gingen mit Groll im Herzen und einem unguten Gefühl in der Magengrube dorthin, wohin die Partei sie befohlen hatte. Die Kinder zogen los, um Flugblätter zu schreiben. Der Zusammenstoß von Utopie und Wirklichkeit war zum Generationskonflikt geworden.

Ein Ort wird durchleuchtet

Bei der Bewertung des Zahlenmaterials des MfS über »staatsfeindliche Aktionen« stellt sich ein methodologisches Grundproblem. Hinter der Zahl von über tausend Inhaftierungen und weiteren etwa 1400 unaufgeklärten Straftaten staatsfeindlichen Charakters verbirgt sich ein buntes Sammelsurium von Einzelvorkommnissen ganz unterschiedlichen Gewichtes. Es befinden sich organisierte und vorbereitete Widerstandsaktionen darunter, aber auch einzelne Inschriften auf Bahnhofstoiletten, »hetzerische Äußerungen« in Gaststätten nach erheblichem Alkoholkonsum, anonyme Drohbriefe und Anrufe bei SED-Funktionären und andere Vorfälle wurden vom MfS und der Volkspolizei mit großer Sorgfalt untersucht. Die Frage drängt sich auf, ob die Staatsorgane der DDR in ihrem Eifer, selbst kleinste Delikte mit großem Aufwand zu registrieren und zu verfolgen, die Protestwelle nicht selbst produzierten. Immerhin legitimierte sich der aufgeblähte Sicherheitsapparat allein durch die Existenz eines gefährlichen und allgegenwärtigen Gegners. Könnte es sein, dass der Historiker dieser Fehlwahrnehmung zum Opfer fällt und Vorgänge erforscht, die ihre Bedeutung erst unter dem gigantischen Vergrößerungsglas der Sicherheitsorgane erhielten?

Ein Beispiel soll die Fragestellung illustrieren. Der exemplarische Vorgang spielt in Neuhausen, einem Industriedorf im Erzgebirge. Damals hatte es 3234 Einwohner. Die meisten arbeiteten in einer Möbelfabrik. Die Grenze zur Tschechoslowakei war nicht weit, und schon seit dem Sommer gab es ständig Truppenbewegungen. In den Wäldern der Umgebung kampierten Einheiten der Roten Armee. Die Militäraktion vom 21. August 1968 wurde also von den Einwohnern des Dorfes unmittelbar wahrgenommen. Es gab wie anderswo in der Grenzregion auch das Gerücht, die Bevölkerung würde evakuiert werden. Einige Tage nach der »Hilfsaktion der sozialistischen Bruderstaaten« wurde aus dem kleinen Ort Neuhausen im Kreis Marienberg ein »Besonderes Vorkommnis« gemeldet. In der Nacht vom 25. zum 26. August 1968 war es zum Anschmieren von vier Hetzlosungen gekommen.

»Am 26.08.1968 wurde durch Genossen Unterleutnant Krämer, Kreisdienststelle Marienberg und den Kriminaltechniker des VPKA, Genossen Grundig eine Tatortbesichtigung durchgeführt. Hierbei wurden nachgenannte Feststellungen getroffen:

26.08.1968 um 09.00 wurde durch den LPG-Bauern H. am Straßenwärterhäuschen Neuhausen, Brüxerstraße eine Hetzlosung mit den Worten ›Vivat Dubček‹ festgestellt. Vermutliche Tatzeit war die Nacht vom 25. zum 26.08.1968. Als Tatmittel wurde braune Farbe, vermutlich Latex, verwendet. Spuren wurden nicht sichergestellt. Der Spurenträger Straßenwärterhäuschen hatte einen grünbläulichen Anstrich, wodurch die Hetzschrift deutlich erkennbar war.«[26]

Ähnliche Inschriften in braunem Latex wurden von einer Lehrerin der Polytechnischen Oberschule am Feuerwehrdepot Neuhausen und vom Hausmeister der Schule Neuhausen am Eingang zum Heizungskeller entdeckt und gemeldet. Eine vierte Hetzlosung gleicher Art wurde am Nachmittag am Schuppen eines Fuhrunternehmers festgestellt. In allen Fällen blieb die Spurensicherung ergebnislos.

Der Verdacht fiel auf den Jugendlichen Dietmar Sch., der sich am Abend des 25. August 1968 unweit der Tatorte gegenüber seinem Lehrer H. und dem Pionierleiter M. kritisch über den Einmarsch der Truppen des Warschauer Paktes in die Tschechoslowakei geäußert hatte. Der Pionierleiter hatte dies bei der Staatssicherheit angezeigt. Der Jugendliche, der sich in Begleitung einiger Freunde befand, hatte der Anzeige zufolge gesagt,

- »dass die Sportler der sozialistischen Staaten, die sich an dem Einmarsch in die ČSSR beteiligt haben, nicht zur Olympiade fahren dürfen;
- die Situation in der ČSSR geht uns nichts an, das ist ein Problem der Tschechen;
- Dubček wäre ›der Mann‹ in der ČSSR, hinter ihm stehe die Masse.«[27]

Der anwesende Lehrer wollte oder konnte sich rund eine Woche später gegenüber der Staatssicherheit nicht mehr an die Einzelheiten des nächtlichen Gespräches erinnern. Allerdings wäre es um die »Vorgänge in der ČSSR gegangen«, räumte er ein. Sch. hätte gesagt, dass es »hoffentlich keinen Krieg gibt« und »dass sie nicht eventuell aus ihren Häusern raus müssten bei Einrichtung des Sperrgebietes«.[28]

Da sich gegen den Jugendlichen Sch. zunächst keine Beweise finden ließen, forschte die Staatssicherheit beim Malermeister N. nach, ob ihm braune Latexfarbe abhanden gekommen sei. Er sei tatsächlich in der Schule, in deren Umkreis die vier Hetzlosungen aufgetaucht waren, tätig gewesen, gab der Meister an. Er hätte jedoch nur mit Latexfarbe in beige gestrichen.[29]

Der VP-Angehörige Genosse W. und der VP-Helfer Sch. waren in der fraglichen Nacht auf Streife gewesen, um in Neuhausen für Ruhe und Ordnung zu sorgen. Sie hatten aber lediglich einige Jugendliche gesehen, die gegen ein Uhr nachts von einer Tanzveranstaltung zurückgekehrt seien. Übrigens seien sie gut gekleidet und angetrunken gewesen. Diese Tatsachen wurden von dem VP-Wachtmeister als entlastende Momente angeführt.[30]

Die Einwohner der Umgegend wurden auf Vorstrafen und andere Verdachtsmomente überprüft. Alles vergeblich.

So führten die eingeleiteten Sofortmaßnahmen zu keinen »auswertbaren Hinweisen auf den Täterkreis«, doch stieß die Stasi auf eine Reihe von »negativen Personen«. Die Untersuchung dauerte mehrere Monate. Noch im Mai 1969 wurde von der Kreisdienststelle des MfS Marienberg ein Maßnahmeplan zur Aufdeckung des »Anschmierens von Hetzlosungen«, der nun den Namen Operativvorgang »Schanze« trug, erstellt.[31]

Zu den Personen, die ins Visier der Stasi gerieten, gehörten ein ehemaliger CDU-Bürgermeister, ein Oberschüler und eine »jugendliche Gruppe«, Personen mit Westverbindungen u.a. Auch der Pionierleiter M. und dessen Bruder gerieten in den Kreis der Verdächtigen. Sie hatten angeblich während der Weltfestspiele der Jugend und Studenten in Berlin am 11. August 1951 »Hetzflugblätter aus Westberlin« eingeführt. Obwohl der Vorgang damals schon 17 Jahre zurücklag, wurde er neuerlich Gegenstand einer Untersuchung mit dem Ziel, »konkrete Beweise für die damaligen staatsfeindlichen Handlungen zu erhalten und Zusammenhänge zu den jetzigen Vorkommnissen herauszuarbeiten«.[32]

Das MfS stellte aus den alten Akten eine immerhin 13-seitige Chronologie aller staatsfeindlichen Delikte in Neuhausen seit 1951 sowie eine Personenübersicht aller in diesen Zusammenhängen auftauchenden Bürger zusammen. So entstand eine richtige kleine Ortschronik von nicht unerheblichem historischem Interesse. Über die Kneipe, die als Treffpunkt »negativer Elemente« galt, wurde eine lange Liste der Stammgäste angefertigt. Aber auch andere Verdachtsmomente wurden registriert. Man hat den Eindruck, das »Besondere Vorkommnis« vom 25. August 1968 diente dazu, den ganzen Ort Neuhausen zu durchleuchten. Dabei taucht die Kategorie »ČSSR-Fahrer« oder »aktive ČSSR-Reisende« auf. Damit waren Personen gemeint, die im Laufe des Jahres 1968 in die Tschechoslowakei gefahren waren. Ihnen wurde unterstellt, dass sie sich dort über die Vorgänge informieren wollten, vielleicht sogar politische Sympathien für den Prager Frühling hatten.

War das alles nur bürokratischer Leerlauf? Selbstbeschäftigung einer überbesetzten Staatsbehörde? Bei der Lektüre der Akten stellt sich ein anderer Eindruck her. Es entsteht das Bild eines sehr gründlich und rational arbeitenden Apparates, der die Gesellschaft bis in den letzten Winkel ausleuchtete. Jeder Ansatz von Widerständigkeit wurde erkannt und erstickt. Dazu musste ununterbrochen Angst erzeugt werden. Menschen wurden zu Denunzianten, ein nächtliches Gespräch auf der Straße zum Kriminaldelikt. Uralte Geschichten wurden aus den Akten hervorgekramt. Die Tatsache, dass der Übeltäter in diesem Fall nicht erwischt wurde, scheint angesichts dieser Entfaltung von Niedertracht fast nebensächlich. Wieder war es gelungen, Menschen zu Denunzianten zu machen, Misstrauen zu schüren, potentielle Unruhestifter einzuschüchtern.

Die Verfahrensweise des MfS-Apparates war keineswegs irrational. Auch das oft gebrauchte Wort vom Sicherheitswahn ist im Grunde unzutreffend. Die lückenlose Kontrolle jedes Widerspruchs gegen staatliche Maßnahmen war für das SED-System von existentieller Bedeutung. Erst auf der Basis einer vollständigen Kontrolle konnte sie nach Bedarf die Repressionsschraube anziehen oder lockern. Das Maß der strafrechtlichen Härte – das heißt konkret die Länge der Haftstrafen – war nicht unbedingt ein Gradmesser für das Ausmaß der Unterdrückung. Je differenzierter die Repression funktionierte, desto wirksamer war sie.

Lockerung der Repressionsschrauben

Etwa Ende Oktober 1968 begannen die Strafverfolgungsbehörden der DDR stärker zwischen in ihren Augen schwerwiegenden Straftaten und kleineren Delikten zu differenzieren. Eine Reihe von Ermittlungsverfahren wurde eingestellt, in den anderen Fällen wurden die Beschuldigten aus der Untersuchungshaft entlassen, ohne dass es zur Anklage gekommen wäre. Die Staatsmacht beschränkte sich auf erzieherische Maßnahmen wie Schul- und Universitätsverweise sowie polizeiliche Kontrollmaßnahmen. So gut die Einzelfälle dokumentiert und statistisch aufgeschlüsselt sind, so sehr ist man bezüglich der Motive der Staats- und Parteiführung auf Vermutungen angewiesen.

Es gab gute Gründe dafür, die Schraube der Repression etwas zu lockern. Zum einen hatte sich die Situation in der krisengeschüttelten Tschechoslowakei etwas stabilisiert. Nach den emotional aufgewühlten Tagen der Intervention begannen sich Resignation und Gleichgültigkeit über das Land zu legen. Die Führung unter Dubček war noch im Amt, doch ihre schwankende Haltung gegenüber den Okkupanten hatte sie viel Sympathie gekostet. In der DDR und den anderen an der Invasion beteiligten Staaten war es zu Widerstandsaktionen, aber zu keinem offenen Aufruhr gekommen. Die SED fühlte sich sicher im Sattel – im Grunde sogar sicherer als vor der Militäraktion vom 21. August 1968, als viele Rücksichten zu nehmen waren.

In dieser Situation wollte man es vermeiden, über das nötige Maß hinaus Märtyrer zu schaffen. Die Tatsache, dass viele spektakuläre Fälle von Verhaftungen Kinder hoher Partei- und Staatsfunktionäre betrafen, war für die SED-Führung hochgradig unangenehm. Diese Fälle waren für die westlichen Medien interessant, und es gab aus den Kreisen prominenter Intellektueller eher Verbindungen zu Westmedien als aus einem Arbeiterhaushalt im Bezirk Karl-Marx-Stadt. Das Gleiche betraf Kinder von Pfarrern oder anderen Kirchenangestellten. Ein Artikel aus der *Frankfurter Allgemeinen Zeitung* landete auf Erich Honeckers Schreibtisch und veranlasste eine genaue Überprüfung der ausstehenden Fälle. In einem MfS-Bericht vom 9. Januar 1969 heißt es:

»Bis zum 23. Dezember 1968 wurden entsprechend dem Schreiben des Generalstaatsanwaltes und der Dienstanweisung des Ministers für Staatssicherheit 315 Personen, die im Zusammenhang mit den Maßnahmen der verbündeten sozialistischen Staaten vom 21.8.1968 straffällig wurden, aus dem Strafvollzug und der Untersuchungshaft entlassen.«[33]

Die Haftentlassungen erfolgten durch Strafaussetzung auf Bewährung in insgesamt 251 Fällen, durch Einstellung und Aufhebung der Haftbefehle im Anklagestadium in insgesamt 45 Fällen, durch Aufhebung der Haftbefehle im Stadium der Bearbeitung in insgesamt 19 Fällen.

Unter den Entlassenen befanden sich 34 Schüler, 93 Lehrlinge, neun Studenten, 120 Arbeiter und 55 Hilfsarbeiter. Insgesamt 286 der entlassenen Personen, also über 90 Prozent, waren unter 25 Jahre alt.

Zu den Umständen der Haftentlassungen heißt es in dem Bericht der Staatssicherheit:

»Die Durchführung der Entlassungen erfolgte im engen Zusammenwirken zwischen den Untersuchungsorganen und der Staatsanwaltschaft. Mit den zur Entlassung gekommenen Personen wurden ausführliche Erziehungsgespräche geführt. Bei den noch jugendlichen Personen wurden die Eltern zu dem Abschlussgespräch hinzugezogen, denen vorher die getroffenen Entscheidungen und ihre weiteren Aufgaben bei der politisch-ideologischen Erziehung und der Wiedereingliederung erläutert wurden.

Darüber hinaus wurden in Zusammenarbeit mit den Abteilungen Volksbildung, den örtlichen Räten sowie den einzelnen Lehrbetrieben Maßnahmen zur Fortsetzung der schulischen und beruflichen Ausbildung festgelegt. (...) Den Vertretern der Kollektive wurden die getroffenen Entscheidungen und ihre Aufgaben bei der Arbeitsaufnahme durch die entlassenen Personen erläutert. Teilweise wurde die Auflage erteilt, bis zum 3.1.1969 eine Bescheinigung über die Arbeitsaufnahme beim Staatsanwalt vorzulegen. (...) Von den im

Zusammenhang mit den Maßnahmen vom 21.8.1968 inhaftierten Personen befinden sich gegenwärtig noch 447 in Haft, von denen 9 wegen Staatsverbrechen und 94 wegen Delikten der allgemeinen Kriminalität vorbestraft sind.«

Auseinandersetzungen innerhalb der SED

Die innere Situation der DDR war bei weitem nicht so kritisch wie am 17. Juni 1953 oder im August 1961, doch in gewisser Weise war der psychologische Einbruch tiefer. Damals war klar, wer der Gegner war – die Bonner Revanchisten und einige fehlgeleitete DDR-Bürger, die deren Parolen auf den Leim gegangen waren. Nun aber war der Hauptfeind die kommunistische Partei des Nachbarlandes. Die Lichtgestalt der »imperialistischen Hetzsender« war Alexander Dubček, der Generalsekretär der Bruderpartei, mit dem Ulbricht noch vor einer Woche Bruderküsse getauscht hatte. Seinen Namen an die Wand zu schreiben, war ein Staatsverbrechen, die Flagge der Tschechoslowakei aus dem Fenster zu hängen eine politische Provokation. Verworrener konnte die Situation kaum sein, zumal die Zeitungen vom 22. August 1968 eine große Kampagne gegen die Konterrevolution begannen. Die Beschimpfungen aber waren vollkommen anonym oder richteten sich gegen einzelne Intellektuelle.

Die Solidarisierung mit den überfallenen Tschechoslowaken war in aller Welt riesengroß. Pavel Kohout, den die Ereignisse während einer Italienreise überrascht hatten, erzählt in seinem Tagebuch von einer mährischen Familie, der am Tag vor der Okkupation in Venedig das Auto gestohlen worden war. Einen Tag später stand es an der alten Stelle mit einem handgeschriebenen Schild an der Frontscheibe: »Eviva Praga rossa, Praga libera!«[34]

Mit den Krokodilstränen der westlichen Regierungen hatten die Okkupationsmächte sicherlich gerechnet, und ihre Propagandamaschinerie stand bereit, sie hohnlachend zurückzuweisen. Doch auch ein großer Teil der Kommunisten in aller Welt lehnte die Gewaltaktion ab. Das war bitter oder doch wenigstens sehr peinlich. Die großen und einflussreichen kommunistischen Parteien Frankreichs, Italiens und Spaniens verurteilten die Militärintervention sehr scharf. Gott sei Dank blieb die Kommunistische Partei Luxemburgs auf der politischen Linie der Sowjetunion. So hörte man jetzt in den

DDR-Medien viel von der Avantgardepartei des Proletariats aus dem kleinen Großherzogtum.

Mehr noch als in den ersten Tagen nach dem Einmarsch wurden in den Wochen danach die Bruchlinien in der kommunistischen Weltbewegung sichtbar. Längst war ein unüberwindlicher Gegensatz zwischen dem dogmatischen Sowjetkommunismus und dem demokratischen Sozialismus aufgebrochen. Diese ideologische Front ging auch durch die SED, wenngleich die Kräfteverhältnisse hier sehr klar waren. Zweifler an der Richtigkeit der Parteilinie hatten nur die Wahl zwischen einem Bruch mit der Partei und dem Rückzug in ein Schweigen, das in der Regel sehr lange dauern sollte.

Die Partei unterwarf ihre Mitglieder einer strengen Disziplin, die bis in die Privatsphäre hineinging. Selbst Familienprobleme, Beziehungsaffären, Ehekrisen, Alkoholprobleme, Kriminaldelikte oder die schulischen Schwierigkeiten der Kinder wurden in der Partei verhandelt, und gegebenenfalls ergriff die Parteileitung »erzieherische Maßnahmen«. Das Statut der SED kannte als Parteistrafen die Verwarnung, die Rüge, die strenge Rüge und den Ausschluss. Als Kompromiss sah das Parteistatut die Streichung aus den Mitgliederlisten der Partei vor. Dieser Weg wurde in weniger schwerwiegenden Fällen gegangen, so beispielsweise bei einer Übersiedlung in ein anderes sozialistisches Land zum Zwecke der Eheschließung.

Ein Parteiausschluss dagegen war ein feierlicher Akt von düsterer Mystik. Er bedeutete die Entfernung aus einer verschworenen Gemeinschaft, den Sturz in die seelische und geistige Heimatlosigkeit. Beruflich war ein Parteiausschluss eine schwere Stigmatisierung. Oft war er mit dem Verlust des Arbeitsplatzes oder mit einer dienstlichen Degradierung verbunden. Er stellte einen schwarzen Fleck in der Kaderakte dar, der kaum wieder zu beseitigen war. So war dann auch der Parteiaustritt, obwohl das Statut ihn ausdrücklich vorsah, inakzeptabel. Die Erklärung eines SED-Mitgliedes, er habe den Wunsch, aus der Partei auszutreten, wurde als derartige Blasphemie empfunden, dass sie zumeist mit einem inquisitorischen Parteiverfahren und dem formellen Ausschluss beantwortet wurde.

Viele ehemalige Genossen haben solche Parteiverfahren als schweren Einschnitt in ihrer Biografie erlebt und den Ausschluss über Jahre und sogar Jahrzehnte nicht verwinden können. Dies gilt seltsamerweise sogar für Parteimitglieder, die sich bereits vor ihrem Ausschluss innerlich von der Parteiideologie entfernt hatten.

In einer Information für die SED-Führung vom Dezember 1968 über »Auseinandersetzungen mit Mitgliedern und Kandidaten der Partei, die im Zusammenhang mit den militärischen Hilfsmaßnahmen der fünf sozialistischen Bruderländer vom 21.8.1968 durchgeführt wurden«, heißt es: »Nach der bisherigen Übersicht wurden mit 3358 Mitgliedern und Kandidaten in ca. 2500 Parteiorganisationen und Abteilungsparteiorganisationen (bewaffnete Organe einbezogen) wegen unklarer Auffassungen, schwankenden Verhaltens, parteischädigenden Auftretens und parteifeindlichen Handlungen Auseinandersetzungen geführt. Bisher wurden 522 Parteistrafen beschlossen. Davon 223 Ausschlüsse, 55 Streichungen, 109 strenge Rügen und 135 Rügen. 297 Mitglieder und Kandidaten erhielten Verwarnungen und Missbilligungen. Bei 2017 Genossen wurden die politisch-ideologischen Aussprachen und Klärungen in den Parteiorganisationen ohne parteierzieherische Maßnahmen abgeschlossen.«[35]

Angesichts von ungefähr 1800000 SED-Mitgliedern im Jahre 1968 kann man nicht gerade von einem politischen Erdbeben sprechen, aber doch wohl von deutlichen seismischen Erschütterungen.

Von 2883 Auseinandersetzungen lagen laut Informationsbericht genaue Angaben zu den Personen vor. Auch hier sticht das Übergewicht der Arbeiterschaft ins Auge. 1148 der Betroffenen, also fast 40 Prozent, wurden von der Statistik als Arbeiter klassifiziert. Nur 26 der gemaßregelten Genossen waren Künstler, 23 Wissenschaftler, 17 Studenten, 132 Lehrer, 28 Ärzte und 216 Ingenieure. Das Bild von den Intellektuellen, die sich kritisch zur Partei gestellt hätten, wird – wie schon bei den politischen Straftaten – durch die Statistik nicht bestätigt. Dies ist umso bemerkenswerter, als entgegen der Theorie der Anteil der Parteimitglieder unter den Arbeitern relativ gering war.

Ganz offenbar war das Jahr 1968 für viele »alte Genossen« der Schlusspunkt unter eine lange und konfliktreiche Beziehung zur Partei. »Mit einem großen Teil der jetzt ausgeschlossenen oder mit einer anderen Parteistrafe zur Verantwortung gezogenen Parteimitglieder musste sich die Partei bereits in der Vergangenheit wegen ernster Schwankungen (...) auseinandersetzen. So befinden sich im Bezirk Dresden unter den parteimäßig zur Verantwortung gezogenen Genossen allein 13, die bereits 1953, 1956 oder 1961 in jeweils zugespitzten Situationen des Kampfes parteimäßig zur Verantwortung gezogen werden mussten.«[36]

Resignation

Die Berichte über Protestaktionen und Widerstand dürfen nicht darüber hinwegtäuschen, dass es in breiten Kreisen der Bevölkerung der DDR eine vollkommene Gleichgültigkeit gegenüber den Ereignissen gab. Christoph Hein, ein unbestechlich kühler Chronist der Ereignisse, hat in seinem Roman *Der Tangospieler* so einen Fall gänzlicher innerlicher Gleichgültigkeit gegenüber den Vorgängen geschildert.

Er beschreibt die unmittelbare Reaktion seiner Romanfigur auf die Radionachrichten am Morgen des 21. August 1968: »Von dem Einmarsch der Truppen in Prag hörte er, als er am frühen Vormittag wach wurde, im Bett liegend den Vorhang vor dem offenen Fenster beiseite schob und das Radio anstellte. Neben ihm lag eine Studentin, die er seit zwei Tagen beherbergte, ein etwas fülliges, sehr kleines Mädchen, das fassungslos die Nachrichten verfolgte. Anschließend verlas ein Nachrichtensprecher eine Mitteilung der Agentur TASS. Dallow stellte das Radio ab, aber das Mädchen bat ihn, das Gerät wieder einzuschalten. Sie hörte atemlos dem Sprecher zu und wehrte Dallow ab, der sie zu streicheln versuchte. Verwundert bemerkte er, dass sich die Augen der Kleinen mit Tränen füllten. Er wollte sie beschwichtigen, aber auch das verwehrte sie ihm, stand auf, stellte sich ans Fenster und hörte bewegungslos dem Radiosprecher zu, der das amtliche Kommuniqué mit gleichförmiger Stimme verlas. Dallow sah, dass das Mädchen heftig weinte. Anfangs belustigte es ihn, aber je länger er sie ansah, um so unwirklicher und anrührender erschien sie ihm. Dieses halbnackte weinende Mädchen mit den dicken Beinen, die ihren Kopf gegen den Fensterflügel lehnte, einer emotionslosen Radiostimme lauschte und über deren Rücken in fast regelmäßigen Abständen ein Zittern lief und die mit hilfloser Gebärde der Hand sich die Tränen abwischte erregte Dallow. Er ging zu ihr, nahm ihr das Laken weg, das sie vor der Brust hielt, und trug sie zum Bett. Sie ließ es willenlos geschehen, und er schlief mit ihr, während der Radiosprecher ein zweites, heroisch klingendes Kommuniqué verlas.«[37]

Diese Gleichgültigkeit einer großen Mehrheit resultierte aus zwei Quellen. Die entfaltete Macht der Panzerdivisionen des Warschauer Paktes hinterließ das Gefühl absoluter Ohnmacht. Gegen diese Macht Widerstand leisten zu wollen, schien vollkommen aussichtslos. Zudem gab es eine tiefe Skepsis gegenüber allen Versuchen, den

Sozialismus zu verbessern. Hinzu kam ein weitverbreitetes Obrigkeitsdenken. Es dominierte das Gefühl: Ein anständiger und vernünftiger Mensch legt sich nicht mit der Staatsmacht an. Es gab in der DDR eine schweigende Mehrheit der Gleichgültigen und Angepassten. Solange die SED-Führung energisch und machtbewusst auftrat und die sowjetische Besatzungsmacht im Rücken hatte, konnte sie auf diese passive Mehrheit bauen.

Adolf Dresen schrieb in jenen Tagen ein Gedicht über seinen von der Stasi verhafteten Freund Thomas Brasch:

Als die Interventen in Prag einmarschierten
Verteilte Brasch am Prenzlauer Berg Flugblätter:
Wollt ihr euch denn alles gefallen lassen?

Das Schlimme war nicht, dass sie ihn nach drei Tagen abholten
Das Schlimme war, dass er nach drei Tagen merkte, ja
Sie wollen sich alles gefallen lassen.[38]

VIERTER TEIL

Ein endloser Herbst

Aufbruch in die Stagnation

In der Morgendämmerung ziehen die Jäger aus,
Mit Hörnern, Flinten und Hunden.
Das Wild flieht, aber sie folgen seiner Fährte.
Das Wild, erschreckt und verängstigt
vom schallendem Lärm der Schüsse und
von den Hunden verwundet, versucht zu fliehen.
Doch stirbt es erschöpft.

Antonio Vivaldi: Der Herbst, Sonett zu
dem Konzert »Die vier Jahreszeiten« (1725)

ZEHNTES KAPITEL

Politik als Normalität des Absurden

Die Monate nach dem Einmarsch waren von einem seltsamen Schwebezustand gekennzeichnet. Die führenden Politiker der Tschechoslowakei waren nach dem Einmarsch durch sowjetische Sicherheitskräfte festgenommen und in die Sowjetunion verbracht worden. Allein Staatspräsident Ludvík Svoboda verblieb auf seinem Posten in Prag und wurde schließlich für die Sowjets zum Verhandlungspartner. Er wurde in Moskau mit allen Ehren eines Staatsoberhauptes empfangen. Die sowjetische Führung hoffte, Svoboda würde eine sowjethörige Regierung in Prag legitimieren. Dieser bestand jedoch darauf, dass die verhafteten Reformpolitiker mit Alexander Dubček an der Spitze zu den Gesprächen hinzugezogen werden sollten. Hinter den Kremlmauern kam es zum gnadenlosen Machtpoker. Die Russen hatten begriffen, dass sich in Prag vorläufig niemand finden ließe, der sich an die Spitze einer Marionettenregierung stellen würde. Breschnew brauchte eine Kompromisslösung. Die tschechoslowakischen Reformkommunisten hofften nun, trotz der Anwesenheit fremder Truppen ihren Kurs der Erneuerung wenigstens teilweise fortsetzen zu können. Sie unterzeichneten am 26. August 1968 eine als »Moskauer Erklärung« in die Geschichte eingegangene Vereinbarung. Die tschechoslowakische Partei- und Staatsführung akzeptierte die Okkupation ihres Landes, erhielt dafür aber freie Hand für die Fortsetzung des Reformkurses. So meinten sie zu retten, was noch zu retten war, brachten sich selbst aber in einen unhaltbaren Zwiespalt. Das einzige Mitglied der tschechoslowakischen Parteiführung, das sich diesem Kompromiss verweigerte, war Franitšek Kriegl. Der ehemalige Spanienkämpfer war von der Sowjetführung stets mit besonderem Hass betrachtet worden. Während der Gespräche in Čierna nad Tisou am 30. Juli 1968 hatte der sowjetische Ministerpräsident Alexej Kossygin gefragt, was der »galizische Jude« in der tschechoslowakischen Delegation mache. Dies hätte fast zum Abbruch der Gespräche geführt.

In Moskau gab es neuerlich Auseinandersetzungen um Kriegl. Die Russen hätten ihn gern in Haft behalten. Doch die tschechoslowakische Seite setzte durch, dass ihre Delegation vollständig nach Hause reisen konnte. So kehrten Dubček und seine Freunde am 27. August 1968 mit einem kleinen Erfolg in der Tasche nach Prag zurück und nahmen ihre Arbeit wieder auf.

»Seit Dubček zurückgekommen ist, hat sich alles geändert«, lässt Milan Kundera seine Romanheldin Teresa sagen. »(...) Die allgemeine Euphorie hatte nur die ersten sieben Tage der Besetzung angehalten. Die Repräsentanten des Landes waren von der russischen Armee wie Verbrecher verschleppt worden, niemand wusste, wo sie waren, alle Welt zitterte um ihr Leben, und der Hass auf die Russen berauschte die Menschen. Es war ein trunkenes Fest des Hasses. Die tschechischen Städte waren mit Tausenden von handgemalten Plakaten übersät: höhnische Aufschriften, Epigramme, Gedichte, Karikaturen auf Breschnew und seine Armee, über die alle lachten, wie über einen Zirkus der Analphabeten. Doch kein Fest kann ewig dauern. Inzwischen hatten die Russen die verhafteten Repräsentanten gezwungen, in Moskau einen Kompromiss zu unterzeichnen. Dubček kehrte mit diesem Dokument nach Prag zurück und verlas seine Rede im Radio. Die sechstägige Gefangenschaft hatte ihn so zugerichtet, dass er kaum noch sprechen konnte, er stotterte und rang nach Atem, so dass zwischen den Sätzen unendlich lange Pausen entstanden, die bis zu einer halben Minute dauerten. Der Kompromiss bewahrte das Land vor dem Schlimmsten: vor Hinrichtungen und Massendeportationen nach Sibirien, vor denen alle entsetzliche Angst hatten. Eines aber war sofort klar: das Land würde sich vor seinem Eroberer beugen müssen und für immer stottern und nach Luft ringen wie Alexander Dubček. Das Fest war vorbei. Es folgte der Alltag der Erniedrigung.«[1]

Die Situation war verworren. Auch in den Medien der DDR herrschte Unsicherheit. Die Sowjetarmee und ihre Verbündeten hatten sich aus den Städten in Feldlager und auf Truppenübungsplätze zurückgezogen. Die Helden des Prager Frühlings waren in ihre Ämter zurückgekehrt, doch waren ihnen die Hände gebunden. In der SED-Presse wurden keine Namen mehr genannt, stattdessen schimpfte sie allgemein auf die »konterrevolutionären Elemente« und lobte die »gesunden Kräfte«.

Die heimlichen Sympathisanten des Prager Frühlings nutzten jede Gelegenheit, ihre Gefühle zum Ausdruck zu bringen. Da die Normalität der Brüderlichkeit wenigstens formal wieder Einzug gehalten hatte, gab es hierzu immer wieder Gelegenheit.

Vom 24. Oktober bis zum 10. November 1968 fand im Internationalen Ausstellungszentrum am Bahnhof Berlin-Friedrichstraße eine Konsumgüterausstellung der ČSSR statt. »Im Foyer der Ausstellungsräume in der Nähe des Eingangs liegt ein Gästebuch aus«, heißt es in einem Bericht des Ministeriums für Staatssicherheit. »In dieses Gästebuch werden von den Besuchern Eintragungen vorgenommen. Es handelt sich bisher um etwa 100 – 110 Eintragungen auf 36 Seiten dieses Buches. Zirka 50 % haben zweideutigen bzw. negativen Charakter. Einige Beispiele dazu: Die Ausstellung zeigt die großen wirtschaftlichen Erfolge Ihres Landes. Wir wünschen der ČSSR Freiheit und keine Tyrannei (...) Wir fühlen mit euch, Freiheit für die ČSSR (...) Hoch leben die Führer der ČSSR (...) Dubček große Klasse (...) Die Leser der deutschsprachigen Volkszeitung stehen hinter dem Aktionsprogramm der KPČ (...) Die ČSSR kann stolz sein auf ihr Volk.«[2]

Nun war es nicht direkt strafbar, die Führer einer Bruderpartei hochleben zu lassen oder das Aktionsprogramm der regierenden Kommunisten zu begrüßen. Auch konnte man das Gästebuch mit Rücksicht auf die tschechoslowakischen Partner schwer einziehen. Doch die Stasi wusste Rat. »Es wird deshalb vorgeschlagen, zuverlässige Genossen durch die SED-Bezirksleitung zu beauftragen, Eintragungen in dieses Buch mit politisch klarem und fortschrittlichem Inhalt vorzunehmen und damit die Meinung der Werktätigen der Hauptstadt zum Ausdruck zu bringen sowie mit Bemerkungen auf den Seiten mit negativen Äußerungen durch kurze Texte sich von diesen Schmierereien zu distanzieren bzw. die Provokateure zu entlarven.«[3]

Zustimmungserklärungen

In der DDR ging das heimtückische Wort von der »schleichenden Konterrevolution« um. Jeder war verdächtig. Überall konnte es »Aufweichungserscheinungen« geben. Selbst eine blütenreine Kaderakte, eifrige gesellschaftliche Tätigkeit und ein guter Klassenstandpunkt in der Vergangenheit waren keine Garantie dafür, dass der Betreffende nicht vom Geist des Liberalismus angekränkelt war. Tatsächlich tauchten diese verräterisch biologistischen Metaphern noch häufiger als sonst auf. Auch im *Neuen Deutschland* war ständig von den »gesunden Kräften« in der ČSSR die Rede. Kritische Diskussionen wurden als »ungesunde Erscheinungen« und skeptische Geister als »intellektuell angekränkelt« diffamiert. So einen Krankheitskeim konnte sich jeder einfangen. Die Erfahrungen in Polen und der Tschechoslowakei zeigten, dass selbst erfahrene Genossen in der Stunde der Gefahr knieweich geworden waren. So überboten sich die Funktionsträger der Staatsmacht an Radikalität. »Fauler Liberalismus«, wie es damals oft hieß, konnte als Indiz für eigene innere Schwankungen aufgefasst werden.

Ende August und Anfang September 1968 schwärmten Funktionäre der SED und der FDJ aus, um markige Reden zu halten, Widerspruch niederzuwalzen und an die Staatssicherheit zu melden. In Betrieben, Institutionen, Schulen und Hochschuleinrichtungen fanden Versammlungen statt. Möglichst sollten zwei oder drei Vertreter des Kollektivs mündlich ihre Empörung über die Machenschaften des Gegners und ihr vorbehaltloses Einverständnis mit den Hilfsmaßnahmen der fünf Bruderländer äußern. Diese Rolle oblag den Funktionären der Partei oder der Massenorganisationen. Dann sollten alle unterschreiben, dass sie die Konterrevolution verurteilen würden. Dort, wo es besondere Vorkommnisse gegeben hatte – Verhaftungen oder Maßregelungen von Kollegen, Mitschülern und Kommilitonen –, wurde eine einmütige Distanzierung von solchen staatsfeindlichen Elementen erwartet.

Viele unterschrieben diese vorgefertigten Erklärungen achselzuckend. Wozu sich in Dinge mischen, die man nicht beeinflussen kann?, sagten sich viele. Was gingen einen im Übrigen die Tschechen an? Vor allem: Was ging einen der Sozialismus an? Wenn es noch eines Beleges bedurft hatte, dass der sogenannte demokratische Sozialismus ein Widerspruch in sich ist, so war er durch die Militäraktion der Warschauer-Pakt-Staaten jetzt geliefert worden.

Solche erzwungenen Erklärungen hatten zudem weder eine rechtliche Bedeutung noch ein ethisch-moralisches Gewicht. Im Grunde wurden sie durch ein einhelliges, widerspruchsloses Unterschreiben in ihrer Absurdität bloßgelegt. Zudem erleichterte man durch irgendwelche Zeichen des Unwillens, gar durch offene Verweigerung, der Stasi die Arbeit. Wozu sollte man sich offenbaren, wenn man wusste, dass die Gegenseite stärker war. Die Macht der Partei und ihrer Sicherheitsapparate bestand darin, Schul- und Universitätsverweise auszusprechen, Parteistrafen zu verhängen und damit berufliche Laufbahnen abzubrechen, Existenzen zu vernichten und letztlich auch Gefängnisstrafen zu verhängen. Die Staatsmacht wollte die Bürger einschüchtern, dazu musste sie Exempel statuieren und brauchte Schuldige. Spielte man durch offenen Widerspruch nicht ein Spiel mit, so fragten sich viele, dessen Regeln die andere Seite festgelegt hatte? Zudem war es ein Spiel, in dem Sieger und Verlierer bereits vorher feststanden. »Opposition ist Kollaboration«, hat der Schriftsteller Gert Neumann später einmal in Bezug auf diese Vorgänge gesagt und damit den Widerspruch in seiner äußersten Zuspitzung formuliert.[4]

Doch so einfach lagen die Dinge nicht. Ziel der Unterschriftenkampagnen war nicht Überzeugung, sondern Erniedrigung. Insofern war die kleinste Geste der Verweigerung ein Sieg der Menschenwürde über die Macht. Zudem kehrte der Wahn nach Einmütigkeit den Mechanismus der Machtausübung auf gefährliche Weise um. Eine demokratisch legitimierte Macht kann mit Gegenstimmen bis zu 49 Prozent gut leben. Für die Diktatur ist der Widerspruch des Einzelnen unerträglich. Er birgt die Gefahr der Nachahmung in sich. Wenn ein kleines Kind ruft: »Der Kaiser ist nackt!«, wie in Hans Christian Andersens Märchen von des »Kaisers neuen Kleidern«, stimmen leicht andere in den Chor ein, und schnell lacht das ganze Volk über den Herrscher. Die absolute Macht stolpert über ihren eigenen Anspruch auf Absolutheit und wertet dadurch jede Gegenstimme unangemessen auf. Dort, wo in großen Betriebsversammlungen nur ein oder zwei Mitarbeiter ihre Unterschrift verweigerten, und sei es nur durch schweigendes Verlassen des Raumes, erlebte die Partei eine Niederlage. Wenn ganze Abteilungen oder Brigaden die Erklärung verweigerten, war dies für die Funktionäre eine Katastrophe. Vor allem hatte sie gegenüber einfachen Arbeitern und technischen Angestellten weniger Möglichkeiten einer Disziplinierung.

Der Bericht des inoffiziellen Mitarbeiters »Nitzsche« schildert ausführlich so eine Versammlung im VEB Güterkraftverkehr Berlin: »Durch Betriebsfunk wurden die Kollegen (…) am 21. August 1968 aufgerufen, sich im Kraftfahrzeugsschulungsraum zu versammeln. Dieser Schulungsraum hat 96 Sitzplätze, die alle besetzt waren. Außerdem bietet der Raum noch für 40 bis 60 Personen Stehplätze. (…) Der IM schätzt ein, dass es 130 bis 150 oder 160 Personen gewesen sein könnten. (...) Bereits während der Ansprache des IM und der Diskussion mussten einige Kollegen zur Erfüllung ihrer dienstlichen Pflichten den Schulungsraum verlassen. Über die vorliegende Resolution wurde zuerst mit Handzeichen abgestimmt. Was einstimmig geschah. Anschließend wurde aufgerufen, schriftlich das Einverständnis durch Unterschrift zu dokumentieren, was getan wurde. Nach der Auszählung wurden 98 Unterschriften gezählt. Eine namentlich nicht bekannte Person ist nach der Bitte um Unterschriftenleistung aufgestanden und hat den Raum verlassen. Dies wurde vom IM selbst nicht bemerkt, sondern durch die Genossin S., die dem IM auch davon Mitteilung machte. Die Genossin S. wurde zu dieser Person konkret befragt, war jedoch nicht in der Lage, nähere Angaben zu machen. Da die Person namentlich nicht bekannt ist und auch nicht gesagt werden kann, als was sie tätig ist, ist die Ermittlung erschwert. Konkrete Maßnahmen zur Aufklärung dieser Person sind jedoch eingeleitet.«[5] Unterleutnant Wager von der Verwaltung Groß-Berlin des MfS, der den IM-Bericht zu Papier gebracht hat, machte sich zunächst Gedanken um die Differenz von etwa 50 Kollegen, die zwischen Abstimmung und Unterschrift spurlos verschwunden sind, beschränkte sich dann auf den Hinweis, dass die genaue Zahl nicht festgestellt werden könne. Mit dem Ziel der Ermittlung des einen unbekannten Kollegen, der sich auf stille Weise der Unterschrift entzog, stellt der MfS-Offizier einen Maßnahmekatalog zusammen. Anhand der Lichtbilder aus den Personalakten soll gemeinsam mit Genossin S. jener Kollege identifiziert werden. Danach solle diese Person in den Karteien der Volkspolizei und der Staatssicherheit überprüft werden, das persönliche Umfeld im Wohngebiet und im Betrieb müsse dann aufgeklärt werden. Anschließend sollten inoffizielle Mitarbeiter auf den Übeltäter angesetzt und Maßnahmen der Parteiorganisation eingeleitet werden.

In einer Information vom 15. November 1968 werden die Vorkommnisse in verschiedenen Berliner Betrieben zusammengefasst. Im Karosseriebau OLW im Kreis Treptow lehnte ein »großer Teil der Kollegen« eine »Zustimmungserklärung zu den Maßnahmen der befreundeten Länder ab«; das gleiche Bild im Werk für Baureparaturen; in der Medizinischen Geräte-Fabrik: »Forderung nach mehr Pressefreiheit«; Steremat: »Der größte Teil der Intelligenz lehnte eine Zustimmungserklärung ab«; Federtechnik: »Größter Teil der Abteilungen Planung und Buchhaltung lehnte Zustimmungserklärungen ab«; Backwarenkombinat: »Starkes Auftreten feindlicher Argumente«; Deutsche Akademie für ärztliche Fortbildung: »Auftreten vieler falscher und feindlicher Auffassungen. Die staatlichen Leiter beziehen teilweise eine negative Position«; Weinrestaurant *Ganymed*: »Fast das gesamte Personal ist gegen die von den sozialistischen Staaten eingeleiteten Maßnahmen.«[6]

So setzt sich die Liste über viele Seiten fort. Handelt es sich hier um isolierte Vorkommnisse, die das zwischen Resignation und Gleichgültigkeit schwankende Gesamtbild nicht ändern, oder wird eine gefährlich angespannte Atmosphäre sichtbar? Immer wieder stellt sich diese Frage bei der Lektüre der Akten. Auf der einen Seite neigten die Staatssicherheit und die Sicherheitsbeauftragten der SED dazu, schon aus Gründen des Selbstschutzes den leisesten Anschein von Widerständigkeit aktenkundig zu machen. So konnte man ihnen nicht mangelnde Wachsamkeit nachsagen. Auf der anderen Seite durften die Berichte kein zu schlechtes Licht auf die Gesamtsituation eines Betriebes oder einer Abteilung werfen. In solchen Fällen konnte es schnell geschehen, dass die übergeordnete Leitung den Betriebsparteisekretär und den staatlichen Leiter vor Ort für die negative Situation verantwortlich machte. In jedem Falle bedeuteten »Besondere Vorkommnisse« Besuch von der Staatssicherheit, weitere Versammlungen, Aussprachen, schriftliche Berichte und andere Misshelligkeiten. In diesem Spannungsfeld bewegten sich die Stimmungsberichte der Parteifunktionäre. In der Regel schildern sie die Lage insgesamt als hervorragend, informieren über die breite Zustimmung zu den Beschlüssen der Parteiführung, setzen einige Floskeln aus dem letzten Leitartikel des *Neuen Deutschland* hinzu und nennen dann einige konkrete Problemfälle, um die es sich zu kümmern gelte. Diese Art von Berichten wurde dann – in diesem Fall von der Abteilung Parteiinformation der Bezirksleitung Groß-Berlin der SED – zusammengefasst. Wenn man sie auf die Negativfälle reduzierte, entstanden solche Listen, die das Bild einer hochbrisanten Lage zeichneten, die es in dieser Form wohl nicht gegeben hat.

Die Situation an den Universitäten

Als an den Universitäten der DDR Anfang September 1968 der Studienbetrieb begann, herrschte eine angespannte Atmosphäre. Überall fanden Versammlungen statt. Auch hier wurden mündliche und schriftliche Zustimmungserklärungen eingefordert, und dort wo sich Widerspruch regte, wurden die Funktionäre der FDJ und der SED aktiv. In einer ausführlichen Analyse der Abteilung Wissenschaften im ZK der SED über die politisch-ideologische Situation nach dem 21. August 1968 heißt es zunächst pauschal: »Es gelang dem Gegner nicht, fühlbare ideologische Einbrüche bei den Studenten zu erreichen.«[7]

Dann wird allerdings eingeschränkt: »In dieser Zeit scharfer politischer Auseinandersetzungen wurden jedoch auch die Schwächen unserer ideologischen Arbeit deutlicher. Bei exakter Analyse des Denkens zeigt sich, dass der 21. August ein tiefer Einschnitt in die Persönlichkeitsentwicklung vieler Studenten war, wichtige politische Grundfragen nach wie vor unklar sind (Rolle des sozialistischen Weltsystems mit der SU an der Spitze, die Frage der Macht, Charakter der Konvergenztheorie) und viele Studenten – bis hinein in das Aktiv – in ihren politischen Grundpositionen erschüttert wurden. Trotz klärender Diskussionen haben bis heute viele Studenten die Vorgänge in der ČSSR noch nicht in ihrer ganzen Tiefe als Klassenfrage begriffen. In Diskussionen über sogenannte ›Detailfragen‹ zeigen sich fehlendes Vertrauen zur Politik der SED und der Regierung der DDR, Zweifel an der Notwendigkeit der Maßnahme der 5 befreundeten Länder und eine falsche Einschätzung der Gefährlichkeit der imperialistischen Globalstrategie und des westdeutschen Imperialismus.«[8]

Die Berichterstatter waren klug genug zu bemerken, dass sich viele Studenten gegenüber den Funktionären zurückhielten, um nicht ins offene Messer zu laufen. »Verschiedene Studenten«, heißt es, »die nicht offen feindliche Positionen vertreten wollten, versteckten ihre Ablehnung hinter Scheinargumenten, z. B.: Die DDR hätte zeitiger über die gefährliche konterrevolutionäre Entwicklung in der ČSSR informieren müssen – viele Studenten hätten mit der Entwicklung in der ČSSR sympathisiert und wären von der DDR-Presse nicht rechtzeitig gewarnt worden.«[9] Das war in der Tat ein schwacher Punkt. Die Kommentare der DDR-Presse richteten sich bis zum 21. August

1968 immer gegen diffuse »konterrevolutionäre Kräfte«, niemals aber gegen die Führung von Staat und Partei in der ČSSR. Es gab Fälle, in denen im September 1968 Protokolle vom März oder April 1968 hervorgezogen wurden. Damals konnte es schwerlich als Delikt gewertet werden, wenn man die Maßnahmen der Partei- und Staatsführung des Bruderlandes für gut befand. Nun wurde retrospektiv ein Gedankenverbrechen aus Äußerungen konstruiert, die Monate zurücklagen.

Insgesamt verspürten nach dem 21. August 1968 viele Studenten keine Lust, Grundsatzdebatten vom Zaun zu brechen, deren Folge Disziplinierungsmaßnahmen gewesen wären. Sinnvoller schien es, konkrete Kritik an den Studienbedingungen zu üben. Die SED forderte ja ständig schöpferische Kritik, sogar revolutionären Elan bei der Durchsetzung der Hochschulreform. Die Partei geriet also in einen gewissen Zwiespalt, wenn diese Aufforderung ernst genommen wurde. »Bis weit in das FDJ-Aktiv hinein«, heißt es in der Analyse, »entstanden spürbare Tendenzen der Unzufriedenheit, des Pessimismus und der Resignation (bis zur Androhung ›studentischer Aktionen‹) An der Karl-Marx-Universität Leipzig äußerten einige Medizinstudenten, wenn sich trotz jahrelanger Kritik an der Pathologie nichts ändere, müsse man eben mal das Institut besetzen.«[10]

Die Monate nach dem Einmarsch der Invasionstruppen in die Tschechoslowakei waren die große Zeit der Hexenjäger und Denunzianten. Für manche war es auch die Stunde der Abrechnung mit dem Geist des Reformismus. Und diese Abrechnung traf Schuldige wie Unschuldige.

In seinem 1989 veröffentlichten Roman *Der Tangospieler* schildert Christoph Hein einen absurden Vorgang, wie ein Universitätsdozent über einen Fehler stolpert und brutal von der Karriereleiter herunterfällt.

»Er hat Pech gehabt«, erzählt eine Kollegin. Roessler, so der Name des Dozenten, hatte »(...) am Tag des Einmarsches der verbündeten Truppen in Prag um sieben Uhr morgens eine Vorlesung zu halten. Der Vorlesungsbeginn verzögerte sich, da die Studenten ihn mit Fragen zu den nächtlichen Ereignissen bestürmten. Der ahnungslose Dozent fragte misstrauisch nach der Quelle dieser Nachrichten, und die Studenten räumten ein, dass sie ausschließlich westliche Rundfunkstationen gehört hatten. Darauf erklärte Roessler, die Meldungen über einen Einmarsch in Prag seien nichts als eine erneute westliche Provokation, schloss militärische Maßnahmen gegen die befreundete Tschechoslowakei kategorisch aus und berief sich dabei auf ältere Zeitungsmeldungen und Kommentare von Staat und Partei. Die Unglaubwürdigkeit der westlichen Nachrichten zeigte sich, wie Roessler länger ausführte, an der Meldung, dass auch Truppen der DDR in das Nachbarland einmarschiert seien. Diese Meldung empfinde er, wie Roessler den Studenten sagte, als besonders widerlich und empörend, da aus politischer und geschichtlicher Verantwortung niemals deutsche Soldaten an einem Einmarsch in Prag teilnehmen könnten. Nach der Vorlesung brachte ihm ein Student eine Tageszeitung, deren Titelseite von einer TASS-Mitteilung beherrscht wurde. Nach Aussage der Studenten habe Roessler das Kommuniqué leichenblass gelesen und schweigend den Raum verlassen. Er ging anschließend sofort zur Universitätsleitung, um von seinem Missgeschick und Fehler zu berichten. Dort erfuhr er, dass man von dem Vorfall in seiner Vorlesung bereits informiert war. Sechs Stunden später war er von seinem Amt suspendiert.«[11]

Laut einem Bericht des Sekretariats des ZK wurden nach dem 21. August 1968 an den Hochschuleinrichtungen der DDR insgesamt »127 Disziplinarverfahren wegen politischer Vergehen (...) durchgeführt«.[12] An der Berliner Humboldt-Universität wurden zehn Disziplinarverfahren gegen insgesamt 18 Studenten durchgeführt. 16 Studenten der Berliner Universität wurden verhaftet, acht davon wegen versuchter Republikflucht. Fünf Studenten gelang der Weg in den Westen.

Diese bei etwa 12 000 Studierenden gering erscheinenden Zahlen dürfen nicht vergessen machen, dass eine statistisch schwer erfassbare Zahl von Studenten auf andere Weise reglementiert wurde. Oft wurde dem Delinquenten vor dem formellen Disziplinarverfahren angeboten, freiwillig das Studium zu beenden oder sich zu einer Bewährung in der Produktion zu verpflichten. Dadurch vermieden die Betroffenen einen schwarzen Fleck in der Kaderakte, der sich nur schwer tilgen ließ. Im Falle einer Läuterung am Busen der Arbeiterklasse gab es sogar die Möglichkeit, das Studium später fortzusetzen. Auch kam es nicht selten vor, dass unbotmäßige Studenten unter dem Vorwand schlechter Studiendisziplin oder wegen angeblicher Verletzung der sozialistischen Moral von der Universität entfernt wurden. Für die Betroffenen war das allemal günstiger als ein Universitätsverweis aus politischen Gründen.

Wichtiger noch ist, dass jeder der Fälle eine abschreckende Wirkung auf viele andere Studenten hatte. In dem festgefügten und scheinbar stabilen System der DDR reichte es in der Regel, wenn den potentiellen Übeltätern die Instrumente gezeigt wurden.

Schlussfolgerungen der SED und des MfS

Die Partei- und Staatsführung der DDR sah sich Ende der sechziger Jahre einem strategischen Zangenangriff ausgesetzt. Von außen drohte die Politik des »Brückenschlags«, das heißt konkret die sich bereits während der großen Koalition abzeichnende neue Ostpolitik. Von innen drohte durch mangelnde ideologische Klarheit die »schleichende Konterrevolution«.

Nach Meinung der SED-Führung würden mit der nachlassenden Schärfe unmittelbarer militärischer Konfrontation Fragen der Weltanschauung, Kunst, Literatur und Kultur zum Schlachtfeld der Systemauseinandersetzung werden.

Im Inneren galt es vor allem, die Ideen des demokratischen Sozialismus, des dritten Weges, der Konvergenztheorie, aber auch ultralinke Strömungen zu bekämpfen. Dadurch geriet die SED-Führung in einen systembedingten Zielkonflikt. Sie musste, um ihren Staat funktionsfähig zu halten, ein Minimum an Innovation zulassen, fürchtete aber hinter jeder Neuerung den Geist des Reformismus.

In den Augen der SED-Ideologen war der Prager Frühling eine Aktion westlicher Geheimdienste gewesen. In dem vielgelesenen, weil durchaus spannend geschriebenen Buch *Nicht länger geheim*, das unter der Ägide des MfS entstanden ist und unter den Autorennamen Albrecht Charisius und Julius Mader verbreitet wurde, ist dem »Modellfall ČSSR« ein ganzes Kapitel gewidmet.[13] Dort heißt es: »Autoren, Dramaturgen und Regisseure des ›schleichenden‹ Exports der Konterrevolution in die ČSSR waren die politischen und militärischen Planungs- und Führungsstäbe des Bonner Regimes und die entsprechenden Institutionen in den USA. (...) Unter dem Decknamen ›Zephir‹, das heißt milder Südwestwind, wurde dieser Operationsplan dann im Frühjahr 1968 von den politischen Führungsgremien der NATO und dem ›Internationalen Militärstab‹ als geheimes ›Sonderprogramm‹ für das Vorgehen gegen die ČSSR verabschiedet.«[14]

Der Tätigkeit westlicher Sendeanstalten wird sowohl in den internen Analysen als auch in den Propagandadarstellungen der DDR ein hoher Stellenwert eingeräumt.[15] Angeblich hätten sich außer den 47 akkreditierten Korrespondenten vor dem 21. August 1968 über 100 Sonderkorrespondenten in der ČSSR aufgehalten. Diese Journalisten hätten ausführlich über die Ereignisse berichtet. Das Schwergewicht der Untersuchung liegt bei den Vertretern von BRD-Zeitungen und -Zeitschriften, denen vor allem die Kontakte zu »konterrevolutionären Kreisen« vorgeworfen werden.

»Die Kontaktbestrebungen werden auch sehr deutlich bei Vertretern der Massenmedien Rundfunk und Fernsehen. Wie die westdeutsche Zeitung *Frankfurter Allgemeine* am 22. Juli 1968 erklärte, habe sich im Hinblick auf die Tschechoslowakei besonders die ›Deutsche Welle‹ mit ihrer relativ reichlichen Sendezeit – dreimal mehr als der Deutschlandfunk – im vergangenen Jahr um Breitenwirkung bemüht. In technischer Hinsicht habe sich Auf- und Ausbau der westdeutschen Sendemöglichkeiten nach Ost-Mitteleuropa planmäßig vollzogen.«[16]

Weiter heißt es in der MfS-Analyse: »Mit der Forderung nach einer weiteren Verbesserung der westdeutschen Funkausstrahlung durch Frequenzabsprache der Rundfunkanstalten der Bundesrepublik wird eine noch stärkere Forcierung der Hetzsendungen gegen die sozialistischen Länder angestrebt, wobei beide Sender im Hinblick auf die ČSSR die gleiche Rolle übernommen haben, die bei den Ereignissen in Ungarn 1956 der Sender ›Freies Europa‹ spielte. (…)

›Deutsche Welle‹ und ›Deutschlandfunk‹, die beiden Propagandasender der Bonner Regierung, spielen eine Hauptrolle in der ›Funkbrücke‹ zwischen den Konterrevolutionären und ihren westdeutschen Drahtziehern. Besonders Sendungen in Tschechisch und Slowakisch sind in den letzten Wochen, vor und nach dem 21. August 1968 laufend verstärkt worden.«[17] Insbesondere die illegalen Sender, die sich seit dem 21. August um 5 Uhr morgens auf verschiedenen Frequenzen und unter verschiedenen Namen meldeten, bereiteten dem MfS Sorge.

»Funkstationen von Spezialgruppen des Bundesnachrichtendienstes, der Bundeswehr und tschechoslowakischer Emigrantenorganisationen, die in unmittelbarer Nähe der Grenze zur ČSSR stationiert sind, haben ihre Zusammenarbeit mit konterrevolutionären Elementen in der ČSSR ausgebaut. Sie übernehmen für den ›Deutschlandfunk‹, die ›Deutsche Welle‹ und den RIAS die Erklärungen und Aufrufe konterrevolutionärer ČSSR-Sender. Die Hetzsendungen werden dann von den starken westdeutschen bzw. West-Berliner Sendern als Anleitung für Provokationen gegen die in der ČSSR befindlichen Streitkräfte der verbündeten sozialistischen Staaten zurückgesendet.«[18]

In dem erwähnten Geheimdienstbuch des Militärverlages der DDR wird eine größere Zahl von westdeutschen Amateurfunkstationen aufgezählt, die aus der ČSSR mit Nachrichten und Material versorgt wurden und diese vom Territorium der BRD aus sendeten. Gleichzeitig hätten die angeblichen Amateurfunker die großen Sendeanstalten wie Radio Free Europe mit Meldungen versorgt, aber auch Falschmeldungen produziert wie die am 22. August 1968 verbreitete Nachricht vom Tod Alexander Dubčeks, die auch RIAS, Deutsche Welle und Deutschlandfunk übernommen hätten.[19]

Verlorene Siege in der Medienschlacht

Am Montag, dem 30. September 1968 um 14.30 Uhr, versammelten sich die Mitglieder der Agitationskommission des ZK der SED im Raum 2321 des ZK-Gebäudes im Zentrum der Hauptstadt der DDR.[20] Auf der Tagesordnung stand laut Einladungsschreiben nur ein einziger Punkt: »Schlussfolgerungen aus den jüngsten Ereignissen für die weitere Qualifizierung der journalistischen Arbeit.« Hinter der trockenen Formulierung verbarg sich ein hochbrisantes Thema. Die SED-Propaganda, die in den Zeiten des überall spürbaren Aufbegehrens in der westlichen Welt angesichts des Vietnamkrieges, der Rassenunruhen in den USA und der revolutionären Bewegung in Frankreich sehr selbstbewusst auftrat, befand sich im Spätsommer 1968 in der moralischen und ideologischen Defensive.

Die Propagandaschlacht, die in den Morgenstunden des 21. August einsetzte, ging in allen Punkten an den Westen. Zum Thema ČSSR gab es bereits am ersten Tag des dramatischen Geschehens im Morgenprogramm der westlichen Rundfunkstationen ausführliche Sondersendungen. Seltsamerweise waren zwar die Fernmeldeverbindungen in die Ostblockstaaten und die DDR unterbrochen worden, die Telefonleitungen in den Westen dagegen funktionierten problemlos. So war es möglich, dass sich Reporter oder zufällig in Prag anwesende Personen wie Heinrich Böll telefonisch vom Ort des Geschehens meldeten. Auch der tschechoslowakische Rundfunk sendete noch mehrere Stunden weiter und berichtete sozusagen »live« vom Vordringen der Sowjetsoldaten gegen das Rundfunkgebäude, von den ersten scharfen Schüssen und Todesopfern, die es unter den Verteidigern des Rundfunks gegeben hatte. Später übernahmen versteckte Sender aus dem Untergrund die unabhängige Nachrichtenverbreitung.

Diese politisch hochdramatische Situation, einschließlich diverser Gerüchte und Falschmeldungen wie der Nachricht vom Rücktritt Breschnews, wurde vom Hörfunk und Fernsehen des Westens teilweise ungefiltert, dafür aber immer brandaktuell wiedergegeben. Die DDR-Medien dagegen hinkten gnadenlos abgeschlagen den Ereignissen hinterher. Sie beschränkten sich zunächst auf die wörtliche Verlesung der geschraubt formulierten und langatmigen amtlichen Verlautbarungen. Parallel liefen die vor den Ereignissen zusammengestellten Nachrichten in ihrer ganzen Banalität ungekürzt weiter. Rundfunk und Fernsehen der DDR berichteten am 21. August 1968 von den Siegen an der Erntefront und den Vorbereitungen des Schuljahresbeginns, als wäre auf der Welt nichts Wichtiges geschehen. Beim Deutschen Fernsehfunk der DDR erfolgten schließlich hektische Programmumstellungen. Das Fernsehprogramm aus Adlershof war einige Tage lang gänzlich durcheinandergewirbelt. Lediglich der Sendetermin des Sandmännchens blieb unangetastet. Die Wunderwaffe im ideologischen Klassenkampf waren nun englische Kriminalfilmklassiker und französische Liebesschnulzen. Statt der angekündigten Sendung *Tierwelt der Heimat* lief am 21. August 1968 ab 20 Uhr als Konkurrenz zur Tagesschau die Edgar-Wallace-Verfilmung *Der Hexer*. Ohne Ankündigung und Pause – in der leicht durchschaubaren Absicht der Überrumpelung des Zuschauers – folgte dann Karl-Eduard von Schnitzler mit einem Kommentar zu den Zeitereignissen.

Die Hetztiraden Schnitzlers und seiner Genossen nach dem 21. August 1968 waren voller vager, meist anonymer Andeutungen über die »schleichende Konterrevolution« in der ČSSR. Dann verließen diese Kommentare eilig das dünne Eis der komplizierten Situation im Nachbarstaat und ergingen sich in der üblichen Polemik gegen die amerikanische Globalstrategie, deren Teil die westdeutsche Revanchepolitik sei. Im Bündnis mit den Monopolherren, alten und neuen Nazis würden rechte SP-Politiker die Aggression gegen den Osten planen. Aufgrund der militärischen Überlegenheit der Friedenskräfte würden sie auf ideologische Diversion, psychologische Kriegsführung, Unterwanderung und Aufweichung setzen. Die Schlagworte waren kaum durch Sachinformationen oder gar durch aktuelle Filmberichte vom Ort des Geschehens untermauert.

Die hilflos wirkenden Sowjetsoldaten, die sich der erregt diskutierenden Menschen nur schwer erwehren konnten, wollte man im Deutschen Fernsehfunk der DDR nicht zeigen. Bilder von fortschrittlichen Werktätigen, welche die Hilfsaktion begrüßt hätten, waren schlechterdings nicht zu liefern. Auch die Truppen der NVA blieben aus guten Gründen unsichtbar.[21] Vor allem aber war die politische Lage verworren. Auch Wochen nach dem Einmarsch konnte die Ostpropaganda weder die Verfasser des ominösen Hilferufs an die Bruderstaaten präsentieren noch konnte sie die Konterrevolutionäre namentlich benennen. Diese Hilflosigkeit der DDR-Medien hatte gute Gründe. Keine konkrete Nachricht zum Thema »Hilfsaktion der Bruderstaaten« konnte ohne Rückversicherung aus Moskau gesendet oder gedruckt werden. Allein dort konnte entschieden werden, welche Persönlichkeit aus der Partei- und Staatsführung der Tschechoslowakei »Agent des Imperialismus« und welche ein »gesundes Element« war. In der Sowjetunion aber nahm man sich Zeit. Schließlich kehrte die Symbolfigur Alexander Dubček in sein Amt zurück und erklärte seinem Volk mit tränenerstickter Stimme, dass der Kurs des Januarplenums weitergehen würde. Der Sowjetführung, die diese Lösung gegen den Willen Walter Ulbrichts durchgesetzt hatte, schienen solche rasanten Wendungen unproblematisch. Man war in dem abgeschotteten Riesenreich nicht so unmittelbar mit den westlichen Medien konfrontiert wie die DDR. An der Frontlinie des internationalen Klassenkampfes fiel es den Propagandisten der Partei deutlich schwerer, die halsbrecherischen Kurven der Parteilinie glaubhaft zu vermitteln.

Die Nachrichtenlage im Spätsommer 1968 war also mehr als diffus, und selbst treue Genossen kamen kaum umhin, gelegentlich am Knopf für die Sendereinstellung zu drehen. Um einigermaßen auf dem Laufenden zu bleiben, musste man sich fast notgedrungen beim »Gegner« informieren.

Ob die SED-Führung die tieferen Ursachen dieser medienpolitischen und moralischen Katastrophe geahnt hat, ist schwer zu sagen.

Sicher dagegen ist, dass die SED propagandistisch in die Offensive kommen wollte und eine intensive Suche nach den Ursachen des Versagens einsetzte. In einem aus der Abteilung Agitation des ZK der SED stammenden »Vorschlag für eine Diskussionsgrundlage« zu der erwähnten Sitzung der Agitationskommission am 30. September 1968 wird in ungewöhnlicher Klarheit und Schärfe Kritik am Zustand der politischen Berichterstattung in den DDR-Medien geübt. Ohne die übliche Phraseologie kommen die Verfasser gleich auf der ersten Seite zum Kern der Sache:

»Die kontinuierliche Nachrichtengebung im Zusammenhang mit den Maßnahmen der verbündeten sozialistischen Länder vom 21. August 1968 setzte zu spät ein und kam zu schwerfällig in Gang, während der Gegner durch eine Flut von Spekulationen, Zweckmeldungen und Hetzkommentaren über Rundfunk und Fernsehen eine antikommunistische Hysterie zu entfachen begann. In solchen Zeiten erhält das Detail über Tatsachen und Ereignisse, das zum Verständnis der Gesamtsituation beiträgt, den Neuigkeitswert und die Beweiskraft der Nachrichtengebung und schafft unentbehrliche Anknüpfungspunkte für die Argumentation.«[22]

Solche Eingeständnisse waren damals selbst in internen Papieren der SED durchaus ungewöhnlich. Doch bei alle Schärfe der Kritik macht das Diskussionspapier der Abteilung Agitation nicht einmal den Versuch einer Ursachenanalyse, sondern bürdet den Genossen vor Ort die Verantwortung auf: »Die Erfahrungen zwingen zu der Schlussfolgerung, dass wir das politische Denken derjenigen Genossen gründlicher schulen müssen, die – von ADN angefangen bis in die verschiedenen Redaktionen der Presse, des Rundfunks und des Fernsehens hinein – auf dem Gebiet der Nachrichtenpolitik tätig sind. Sie müssen, namentlich in Zeiten rasch wechselnder Ereignisse, imstande sein, auf der Grundlage der von der Partei gegebenen Linie alle verfügbaren Informationsquellen auszuschöpfen und neu sich abzeichnende Veränderungen rechtzeitig zu erkennen und zu werten. Das wird besonders deutlich am Beispiel der anfänglichen Mängel in der Behandlung der Kompliziertheit der Situation in der ČSSR.«[23]

Veränderungen sollten sich vor allem an der Kaderfront vollziehen. Bereits am 11. September hatte das Sekretariat des ZK der SED die Bildung einer Kommentatorengruppe im Deutschen Fernsehfunk und beim Staatlichen Rundfunkkomitee der DDR beschlossen. Dazu verkündet das Arbeitspapier der Abteilung Agitation kämpferisch:

»Am deutlichsten wurde die Kritik hinsichtlich der Bildberichterstattung in den Wochenzeitungen formuliert.« Und in der Tat hatten die Medien der DDR hier wohl den größten Nachholbedarf gegenüber dem westlichen Standard.

Es »wurde verabsäumt, in den Monaten vor dem 21. August Hintergrundmaterial, insbesondere Bildmaterial, über die konterrevolutionäre Entwicklung in der ČSSR zu beschaffen (Prager Mai-Demonstration, Besuche von Brzezinski, Blessing, Scheel usw. in Prag). Es gab über Zentralbild noch nicht einmal ein Porträt von Brzezinski! D. h. eine alte Erfahrung aus der AIZ [Arbeiter Illustrierte Zeitung], rechtzeitig Material zu sich anbahnenden Ereignissen zusammenzutragen, wurde nicht beachtet.

Es gelang nicht, rechtzeitig solche Fotoreporter nach Prag zu schicken, die politisch klug, mutig und wendig auftreten konnten. Die Westillustrierten waren voller Bilder über die sowjetischen Truppen. Unsere Presse dagegen besaß kaum Material über Beispiele der herzlichen Aufnahme der sowjetischen Truppen bzw. konterrevolutionäre Aktionen.«[24]

Der Propagandafeldzug für die Hilfsaktion der Bruderstaaten gegen die drohende Konterrevolution in der sozialistischen ČSSR war für die SED so schwierig, weil erstmals in größerem Umfang die Ereignisse von den Medien visualisiert wurden.

Kundera lässt seine Romanheldin Teresa mit dem Fotoapparat durch Prag ziehen und euphorisch Fotos machen. »Alle früheren Verbrechen des russischen Reiches wurden im Schutze eines diskreten Halbdunkels begangen. Die Deportation einer Million Litauer, die Ermordung von Hunderttausenden Polen, die Liquidierung der Krimtataren, all das ist ohne fotografische Dokumente in unser Gedächtnis gegraben, ist also etwas Unbeweisbares, das man früher oder später zu einer Mystifikation erklären wird. Im Gegensatz dazu wurde die Invasion in die Tschechoslowakei im Jahre 1968 fotografiert, gefilmt und in allen Archiven der Welt deponiert. Die tschechischen Fotografen und Kameraleute hatten sehr wohl begriffen, dass es ihre Aufgabe war, das Einzige zu tun, was es noch zu tun gab: für die ferne Zukunft das Bild der Gewalt festzuhalten. Teresa hatte diese sieben Tage auf der Straße verbracht, um russische Soldaten und Offiziere in belastenden Situationen zu fotografieren. Die Russen wussten nicht, was sie tun sollten. Sie hatten genaue Instruktionen, wie sie sich verhalten sollten, wenn auf sie geschossen oder mit Steinen geworfen werden würde, aber niemand hatte ihnen Weisungen erteilt, wie sie zu reagieren hätten, wenn man ein Objektiv auf sie richtete. Teresa belichtete mehrere hundert Filme. (...) darauf sah man drohende Fäuste, beschädigte Häuser, mit blutigen blau-weiß-roten Fahnen zugedeckte Tote, junge Leute auf Motorrädern, die mit rasender Geschwindigkeit um die Panzer kreisten und die Nationalfahne an langen Stangen schwenkten, Mädchen mit unglaublich kurzen Miniröcken, die die armen, sexuell ausgehungerten russischen Soldaten provozierten.«[25]

So endete der Prager Frühling für die SED-Führung mit einer gemischten Bilanz. Die Staats- und Parteiführung hatte bewiesen, dass sie jederzeit in der Lage war, Widerstand und Opposition zu unterdrücken. In der DDR herrschten Ruhe und Ordnung. Der Preis dafür war jene erstickende Atmosphäre, die das sozialistische System langsam, aber sicher in die finale Katastrophe trieb.

ELFTES KAPITEL

Kafka und Faust

Heinrich Böll, der am 21. August 1968 in Prag zufällig von den Ereignissen überrascht wurde, berichtete in seinen Reisenotizen, vor dem Geburtshaus Kafkas hätte ein Sowjetpanzer gestanden, das Rohr der Panzerkanone drohend auf die Reliefbüste des Dichters gerichtet.[1] Die beiden komplementären Symbole des Prager Frühlings begegneten einander in der Rathausgasse, dort wo früher das alte Judenviertel begann. Sie standen einander stumm gegenüber: Das stählerne, gesichtslose Ungetüm, das ungerufen gekommen war, den Traum vom menschlichen Sozialismus niederzuwalzen. Und das an der Hausecke »U Radnice No. 5« befestigte Porträt des jüdischen Schriftstellers mit den großen, traurigen Augen. Eine absurde Szenerie, die von Kafka selbst stammen könnte, dessen Werk als Albtraum einer von seelenlosen Apparaten beherrschten Welt interpretiert wird. War der Panzer auf dem Vorplatz der barocken St. Niklaskirche eine Metapher voller Symbolkraft oder aber ein belangloser Zufall, überinterpretiert von dem Gast aus Deutschland, der Kafka im geistigen Reisegepäck hatte?

Mit Sicherheit stand das Panzerfahrzeug, das Böll in der Rathausgasse gesehen hatte, nicht wegen der Familie Kafka dort, die schon 1886, drei Jahre nach Franz Kafkas Geburt, eine andere Wohnung bezogen hatte. Zudem waren die Spuren Kafkas in der Stadt längst unkenntlich geworden. Obwohl manche Häuser noch standen, war doch die Weltgeschichte zweimal wie eine Dampfwalze über das Judenviertel hinweggegangen. Auch die 1965 enthüllte Bronzetafel ist eher unscheinbar. Es braucht viel Phantasie, um Franz Kafka zu erkennen. Angeblich hat der Enkel von Kafkas Schwester Ottla, dem eine Ähnlichkeit mit dem Großonkel nachgesagt wurde, Porträt gesessen. Vor allem aber ist nichts ungeeigneter, den Geist toter Dichter zu jagen, als schwere Kampfpanzer mit aufmontierten Maschinengewehren. Also eine zufällige Berührung zweier Welten, die einander so fern standen wie unterschiedliche Galaxien? Oder ging es im Kern genau um diese Alternative: Sowjetpanzer oder Kafka?

Zwischen Kafka und dem Prager Frühling gibt es eine komplizierte und vielschichtige Beziehungsgeschichte. Im Sowjetreich und auch in seiner böhmischen Heimat galten die Werke Kafkas zunächst als bürgerlich-dekadent und wurden nicht gedruckt. Dies kam einem faktischen Verbot gleich. Anfang der sechziger Jahre schrieben es sich Prager Germanisten, vor allem der spätere Prorektor der Karls-Universität, Professor Eduard Goldstücker, auf die Fahnen, den Dichter in das Pantheon des literarischen Erbes heimzuholen. Mit diesem Ziel veranstalteten sie am 27. und 28. Mai 1963 im Gästehaus der Akademie der Wissenschaften in Liblice bei Prag eine internationale Kafka-Konferenz. Selten hat eine literaturwissenschaftliche Tagung so viel Staub aufgewirbelt wie jene legendäre Kafka-Konferenz, und noch seltener hat sich der aufgewirbelte Staub so lange nicht gelegt. Klaus Hermsdorf, einer der DDR-Teilnehmer, schrieb rund 40 Jahre später: »Die Konferenz in Liblice verfehlte ihren wissenschaftlichen Zweck, gestaltete sich aber zu einem Ereignis, das einen Mythos gebar. Über die Ergebnisse hinweg gewann sie die Qualität eines Vorzeichens, wenngleich der Überlebende fragt, ob er in der Kafka-Konferenz den Anfang des Prager Frühlings sehen soll oder schon die Symptomatik seines Scheiterns.«[2] Bis Anfang der siebziger Jahre wurde in der DDR und den anderen Bruderstaaten der Eindruck erweckt, in Liblice seien 1963 die Fäden einer großen Verschwörung geknüpft worden.

Tatsächlich fanden sich dort einige marxistische Theoretiker ein, die später als Renegaten verdammt wurden. Der Schriftsteller und Publizist Ernst Fischer, Mitglied des Zentralkomitees der Kommunistischen Partei Österreichs, wurde 1969 aus der Partei ausgeschlossen; der Philosoph Roger Garaudy, Mitglied des Politbüros der Französischen Kommunistischen Partei, verließ 1970 die Partei, um auf gänzlich anderen Wegen zu wandeln.

Aus der DDR waren Anna Seghers gekommen, die konsequent schwieg und in viele Fotolinsen lächelte, sowie der Theaterkritiker Ernst Schumacher, die Literaturwissenschaftler Klaus Hermsdorf, Kurt Krolop, Werner Mittenzwei und Helmut Richter.

So wurde zwei Tage im barocken Ambiente von Liblice über Kafka diskutiert. Die Tschechen betonten die Bedeutung Kafkas als Dichter und kündigten an, ihm einen »Reisepass« zur Rückkehr in seine Heimat ausstellen zu wollen. Im Namen der DDR-Delegation trat Mittenzwei für eine »richtige Kanalisierung des Einflusses« von Kafka ein. Ernst Fischer nutzte die Gelegenheit, für die Überwindung von Tabus in der Kulturpolitik des Ostblocks einzutreten. Emphatisch rief er aus: »Ich appelliere an die sozialistische Welt: Holt das Werk Kafkas aus dem unfreiwilligen Exil zurück! Gebt ihm ein Dauervisum!«[3]

In seiner Zusammenfassung der Debatte ging Eduard Goldstücker nochmals auf die Frage nach der Aktualität Kafkas ein. Dabei kam er zu bemerkenswerten Resultaten. Er konstatierte, dass die Entfremdung in der sozialistischen Gesellschaft weiter existiere. Damit greift er eine Kategorie des jungen Marx auf, die in der damals aktuellen westlichen Debatte eine zentrale Rolle spielte. Es sei sogar möglich, so Goldstücker, dass sich die Menschen in manchen Etappen des Sozialismus noch stärker entfremdet fühlten als im Kapitalismus. Er sieht in der modernen Zivilisation ein inhumanes Element, das beide Gesellschaftsformen betreffe. Kafka habe ein System von Symbolen geschaffen, die das ausdrückten. Mit solchen Äußerungen war die Grenze zwischen Literaturtheorie und Politik überschritten. Das Protokoll erschien im tschechoslowakischen Verlag der Akademie der Wissenschaften in den verschiedenen Sprachen, so auch in Deutsch unter dem Titel *Kafka aus Prager Sicht*. Allerdings kam die deutsche Ausgabe des Protokollbandes in der DDR nicht zur Auslieferung.[4]

Ernst Fischer veröffentlichte unterdessen im Wiener *Tagebuch* einen Konferenzbericht unter der Überschrift »Erste Schwalben eines neuen Frühlings«.[5] Dort erklärte er die Kafka-Debatte zum Sieg im Kampf der »Marxisten gegen Schematismus und Vulgär-Soziologie«. Roger Garaudy griff das Thema und die Metaphorik in einem Aufsatz unter dem Titel »Kafka und der Prager Frühling« auf, der in der kommunistischen Literaturzeitschrift *Les Lettres françaises* erschien.[6] Er verwendete dabei erstmals den Begriff Prager Frühling in jener spezifisch politischen Konnotation, in der er schließlich in den Wortschatz der Zeitgeschichte eingehen sollte. Fischer und Garaudy ging es im Kern darum, den Begriff der Entfremdung aus den Frühschriften von Karl Marx ins Zentrum der politischen Debatte zu stellen. Sozialismus war in ihren Augen und ganz im Sinne von Marx und Engels das »Reich der Freiheit«, das sie dem »Reich der Notwendigkeit« gegenüberstellten. Freiheit war die Freiheit von entfremdeter Arbeit; dass hiervon der real existierende Kommunismus sowjetischer Prägung noch weit entfernt war, lag offen zutage. Der SED-Ideologe Alfred Kurella griff diese Debatte in einem Artikel auf, der im *Sonntag* unter dem Titel »Der Frühling, die Schwalben und Franz Kafka« erschien.[7] Der Beitrag benennt die ideologische Brisanz der Debatte deutlich. Es geht um die Frage, ob das gegenwärtige Modell des Sozialismus einer gründlichen Reform an Haupt und Gliedern bedürfte, um jenem von den Klassikern des Marxismus prognostizierten »Reich der Freiheit« ein Stückchen näher zu kommen.

Die Debatten um den nicht ganz einfach verständlichen Begriff der Entfremdung fielen in der DDR aber offenbar auch außerhalb von Philosophenkreisen auf fruchtbaren Boden.

»Der Schriftsteller [Karl] Otto versuchte, während einer Betriebsbesichtigung im Meßgerätewerk Zwönitz am 26.4.1968 zu beweisen, dass die These von Marx, im Sozialismus gibt es im Gegensatz zum Kapitalismus keine Entfremdung des Arbeiters von seinem Arbeitsergebnis, falsch sei. Dazu befragte er eine größere Zahl Arbeiter dieses Betriebes nach dem Verwendungszweck der von ihnen gefertigten Teilprodukte und wertete das Ergebnis, dass viele den (...) Verwendungszweck nicht kannten, als Beweis für eine Entfremdung im Sozialismus.«[8] Karl Otto, der in den Berichten der Bezirksverwaltung ständig als Unruhefaktor Erwähnung findet, war keineswegs ein Nachwuchstalent, sondern ein gestandener Literat mit antifaschistischer Vergangenheit. Unter anderem war er mit Poemen über Spartakus und Thomas Müntzer hervorgetreten.[9]

Es ging bei der Kafka-Debatte also tatsächlich um fundamentale Kategorien der marxistischen Theorie. Ein Sozialismus, in dem es die gleiche Entfremdung des Produzenten vom Produktionsprozess gab, bedurfte einer grundlegenden Revision. Eine solche Auffassung musste als direkter Angriff auf die herrschende Politbürokratie gesehen werden. Die konkrete politische Diskussion verbarg sich wie so oft im kommunistischen Machtbereich hinter abstrakten ästhetischen und literaturwissenschaftlichen Debatten. Kafka war in der Schlacht zwischen Dogmatikern und Revisionisten für beide Seiten zum Feldzeichen geworden.

Eduard Goldstücker berichtet in seinem Erinnerungsbuch *Prozesse*: »Im Jahr 1968, damals war Klaus Gysi bereits Kulturminister, hielt er in Weimar eine große Rede, in der er mir und Ernst Fischer, dem österreichischen Marxisten und bedeutenden Essayisten, ein furchtbares Verbrechen vorwarf: Wir wollten angeblich das Symbol des Proletariats, Goethes Faust, durch einen Menschen ersetzen, der sich in ein Insekt verwandelt, Gregor Samsa aus Kafkas *Verwandlung!*«[10]

Eine seltsame Alternative. Faust als Symbol des Proletariats gegen jenen unglücklichen Handlungsreisenden Gregor Samsa, der eines Morgens aufwacht und ein Käfer ist.

Doch vielleicht ist dies der innerste Wesenskern des Konfliktes: Naiver Fortschrittsglaube gegen ein tiefes Wissen um die Abgründe des menschlichen Wesens. Denn gerade der stumpfsinnige Pflichtoptimismus selbsternannter Weltbeglücker verwandelt die Menschen in auf den Rücken gefallene, kläglich zappelnde Käfer. Der existentielle Pessimismus eines Franz Kafka dagegen ist von tiefem Mitleiden für das in die Welt geworfene Individuum geprägt.

Nach den Ereignissen von 1968 trat eine lange Pause in der Kafka-Rezeption der DDR ein. Walter Ulbricht stellte im November 1969 fest: »Mit der Pseudotheorie ›Realismus ohne Ufer‹, mit der Idealisierung des (...) Kafka, nicht um ihn zu ehren, sondern ihn als Rammbock gegen den sozialistischen Realismus zu nutzen, versuchten die rechten Revisionisten die künstlerische Intelligenz in den sozialistischen Staaten aufzuweichen.«[11]

Noch 1970 belehrte Parteichef Walter Ulbricht seinen Staatsgast, den Ersten Sekretär der KPČ, Gustav Husak, während eines Besuches der Leipziger Messe: »Die Hauptwaffe der Imperialisten ist gegenwärtig der psychologische Krieg. Die USA und Bonn haben ein raffiniertes System des Eindringens in die sozialistischen Länder entwickelt. (...) Unsere Aufgabe ist es, dieses raffinierte System der psychologischen Kriegsführung zu entlarven, insbesondere gilt es, gegen die kleinbürgerlichen Ideologien auf dem Gebiet der Kultur (Kafka u. a.) und Ökonomie aufzutreten.«[12]

Anna Seghers hat 1973 unter veränderten Zeitumständen Franz Kafka in der Novelle »Die Reisebegegnung« aus dem von der SED-Führung verhängten virtuellen Stubenarrest ins Pandämonium der lebendigen Literatur geholt.[13] Drei Dichter der Weltliteratur, die in der Wirklichkeit durch Zeit und Raum getrennt waren, lässt die Dichterin 1922 in einem Prager Café zusammentreffen: E. T. A. Hoffmann, Nikolai Gogol und Franz Kafka. Die drei unterhalten sich – wie man sich denken kann – über Literatur, genauer gesagt darüber, warum sie es nicht lassen können zu schreiben. Der Text schwebt zwischen einer Novelle und einem literarischen Essay. Auf wenigen Seiten rehabilitiert Anna Seghers ihren Helden Franz Kafka von den albernen Vorwürfen, ein Wegbereiter des Revisionismus gewesen zu sein.

Gogol fragt ihn: »›Was hat denn das Schreiben für einen Sinn, wenn die Menschen Sie nicht verstehen?‹ ›Es hat keinen Sinn‹, sagte Kafka. ›Ich schrieb darum meinem Freund, er soll gleich meine Schriften verbrennen, wenn er von meinem Tod hört. Man würde alles falsch auslegen. Nie wird man meinen Gedanken folgen, den Worten, die ihre Flügel sind, nie. Nicht, weil ich etwas falsch schrieb. Zum Beispiel mein Roman *Der Prozess*. Man wird ihn in Zusammenhang mit irgendwelchem Prozess bringen, der jeweils die Leute erregt, wenn ich schon längst tot und stumm bin. Ich weiß, ich bin todkrank. Eine Macht, die mir unbekannt ist, hat ihren Prozess gegen mich angestrengt, der einen tödlichen Ausgang haben wird. Das ist mein eigener Prozess.‹«[14]

Damit war die Analogie zu den Schauprozessen der Stalinzeit vom Tisch, und wer sollte es besser wissen als Kafka selbst, dass er in seinem Roman keinen dieser Prozesse gemeint hatte, die nach seinem Tode stattgefunden haben.

Gogol, der als Klassiker der russischen Literatur auch in der DDR hochgeehrt war, fungiert gewissermaßen als der Kronzeuge für das Phantastische in der Literatur, genauer gesagt für den Einbruch des Phantastischen in den Alltag in Form der Groteske. Bei Nikolai Gogol macht sich die Nase des Kollegienassessors Kowaljow selbständig, avanciert zum Staatsrat, fährt ordensgeschmückt mit der Equipage durch St. Petersburg. Ein toter Kanzleischreiber, dem der Mantel geraubt worden war, rächt sich als Gespenst an den hohen Beamten, die ihm nicht hatten helfen wollen. Der Teufel stiehlt in der Silvesternacht den Mond und lässt die Erde in Dunkelheit versinken.

Solche Sujets erregten das Misstrauen der strikt auf den Realismus orientierten Kulturfunktionäre. Die Romantik galt ihnen als reaktionärer Irrweg, bestenfalls als ärgerliche Abzweigung von der geraden Straße in den Fortschritt.

Es war also Zeit, der blauen Blume der Romantik mit etwas Kunstdünger aufzuhelfen. So lässt denn die Dichterin E. T. A. Hoffmann genau hundert Jahre nach dessen Tod nach Prag fahren, um mit Gogol und Kafka im Café zu disputieren.

Die Präsidentin des Schriftstellerverbandes brach in einem Anlauf eine Lanze für Kafka, für die Aufnahme der Romantik ins nationale Erbe und allgemein für das Phantastische, Absurde und Groteske in der Literatur, und für das Böse, genauer gesagt für den Teufel.

»›Bei mir gibt es Teufel in Hülle und Fülle. Ich glaube, teuflische Menschen gelingen mir besser (...). Ich möchte wohl wissen‹, sagte Gogol, ›und ich leide ja selbst ständig unter dem Vorwurf, was den Dichter so furchtbar verlockt, das Böse, ja das Teuflische besonders gut darzustellen – warum ihm das meistens besser gelingt als die Darstellung des Guten und Reinen.‹« E.T.A. Hoffmann fügt hinzu: »›Unter den steinernen Jungfrauen an dem Portal des Domes von Straßburg und wo immer sind die bösen Jungfrauen schöner als die frommen. Das Böse soll verlocken, das Gute durch sich selbst wirken, und das gelingt uns armen Menschen selten. Wir haben selten in unserem Inneren ein verlockendes Bild des Reinen.‹ Gogol hatte gespannt auf diese Sätze gehorcht. Er sagte: ›Sie haben tausendmal recht. Ich sehe sehr selten das Erhabene, Reine. Ich kann es nur ganz selten darstellen.‹«[15]

»Die Macht, welche die ganze Welt beherrschen wollte«, schrieb Professor Eduard Goldstücker 1993, und er meinte mit dieser Macht den Sowjetkommunismus, »fühlte sich von einem einsamen, seit Jahrzehnten toten Schriftsteller bedroht.« Das werfe die Frage auf, »ob jene Angst nur absurd oder (...) gerechtfertigt war.«[16]

Er zitiert einen Artikel des DDR-Germanisten Reinhard Weissbach, der in einer tschechischen Zeitschrift erschienen war. Der Kafka-Spezialist aus der DDR diagnostiziert zwei Sorten »Kafkaismus«, eine bürgerliche und eine revisionistische Spielart. Dann heißt es: »(...) als dem bürgerlichen Kafkaismus der Atem ausgegangen war, trat an seine Stelle der revisionistische Kafkaismus und bestätigte, dass der moderne Revisionismus ebenso wie der um die Jahrhundertwende entstandene alte, eine Agentur der Bourgeoisie innerhalb der Arbeiterbewegung ist. (...) Der Kafkaismus dieser Observanz war kein Streit von Philosophen und Literaturwissenschaftlern, ist aber zu einer Komponente der allgemeinen ideologischen Konfrontation geworden. (...) Obzwar es im Wesen der Sache läge, konnte der Kafkaismus als Bestandteil des modernen Revisionismus mit bloß ästhetischen und literaturtheoretischen Argumenten nicht besiegt werden. Auch der Kafkaismus wurde, wie bekannt, vor allem mit politischen Argumenten überwunden.«[17]

Diese Anklageschrift gegen Kafka ist kaum weniger kafaesk als die Vorwürfe gegen Josef K. im *Prozess*. »Jemand musste Franz K. verleumdet haben«, fühlt man sich versucht, den berühmten ersten Satz aus dem *Prozess* zu paraphrasieren, »denn ohne dass er etwas Böses getan hätte, wurde er eines Morgens verhaftet.« So wie im Roman gegen Josef K. lief gegen den Dichter Kafka ein Verfahren, in dem es kein Gericht und kein Gesetz gab, keine Verteidigung und keinen fassbaren Schuldvorwurf. Allein der Angeklagte stand fest. So berühren sich auf einmalige Weise Fiktion und Realität.

Milan Kundera beginnt seinen Roman *Das Buch vom Lachen und Vergessen* mit einer Anekdote aus der neueren tschechischen Geschichte. »Im Februar 1948 trat der kommunistische Führer Klement Gottwald auf den Balkon eines Prager Barockpalais, um [zu] den Hunderttausenden von Bürgern zu sprechen, die den Altstädter Ring füllten. Es war ein historischer Augenblick in der Geschichte Böhmens. (...) Gottwald war von seinen Genossen umgeben, und direkt neben ihm stand Clementis. Es schneite, es war kalt, und Gottwalds Kopf war unbedeckt. Der fürsorgliche Clementis nahm seine Pelzmütze ab und setzte sie auf Gottwalds Kopf. Die Propagandaabteilung veröffentlichte das Foto, auf dem Gottwald mit der Lammfellmütze auf dem Kopf und den Genossen an der Seite vom Balkon zum Volk spricht, in Hunderttausenden Exemplaren. Auf dem Balkon hat die Geschichte des kommunistischen Böhmen begonnen. (...) Vier Jahre später wurde Clementis des Verrats angeklagt und gehenkt. Die Propagandaabteilung radierte ihn unverzüglich aus dieser Geschichte, und natürlich auch von allen Fotografien. Seither steht Gottwald allein auf dem Balkon. Dort wo einmal Clementis war, sieht man nur noch die leere Mauer des Palais. Von Clementis ist nur die Mütze auf Gottwalds Kopf geblieben.«[18]

Die Geschichte spielt auf dem Balkon jenes Hauses, in dem sich Kafkas Gymnasium und das väterliche Geschäft mit der Dohle auf dem Ladenschild befunden hatten. Wenn auch Gottwald und Clementis nichts von Kafka gewusst haben, schreibt Kundera, so hat doch er von ihrer Gedächtnislosigkeit gewusst. »In seinen Romanen ist Prag eine Stadt ohne Gedächtnis. Die Stadt hat sogar vergessen, wie sie heißt. Niemand erinnert sich dort an etwas zurück, auch Josef K. scheint nichts von seinem früheren Leben zu wissen. (...) Die Zeit in Kafkas Romanen ist die Zeit einer Menschheit, die ihre Kontinuität verloren hat, es ist die Zeit einer Menschheit, die nichts mehr weiß, sich an nichts mehr erinnert und in Städten lebt, die keine Namen tragen.«[19]

Diktatur ist Gedächtnislosigkeit. Genauer gesagt, die Beherrschung des Gedächtnisses durch die Macht. Namen werden gelöscht, Bilder retuschiert, Bücher verschwinden in Stahlschränken, die Geschichte wird umgeschrieben. Die Romane Kafkas waren nicht die Widerlegung des Kommunismus, sie waren dessen Schilderung auf einer höheren Ebene. Der kafkaeske Hass gegen den »Kafkaismus«, der Versuch, ihn im Gedächtnisloch verschwinden zu lassen, sein Andenken zu vaporisieren, zeugte vom hellsichtigen Scharfsinn der Macht. Doch das Gedächtnis war stärker. Am eigenen Kafkaismus ist der Realsozialismus zugrunde gegangen. Kafka hat ihn nicht besiegt, aber überstanden, um ein Wort seines Landsmannes Rainer Maria Rilke aufzugreifen.

Inzwischen ist Kafka in Prag neben dem Golem, Rabbi Löw, Pilsener Bier und dem braven Soldaten Schwejk zum Markenartikel der Tourismusbranche geworden. Der Platz vor dem Geburtshaus ist in »Námešti Franze Kafky« umbenannt worden, damit ihn die Eintagestouristen besser finden. Im Hause selbst befinden sich ein kleine *exhibition* mit Schildern auf Englisch und Deutsch sowie ein Kafka-Shop. Dort kann man Kafka-T-Shirts, Kafka-Schlüsselanhänger und andere Souvenirs kaufen. Die Reliefbüste, die während der Normalisierungsperiode nach 1968 zum Zwecke einer merkwürdig lange dauernden Restaurierung verschwunden war, hängt wieder an der alten Stelle, und der Dichter blickt von der Hausecke so fremd und traurig auf das Treiben vor seinem Geburtshaus wie wohl einst auf den Russenpanzer.

Faust – der Tragödie dritter Teil

Jede Zeit hat ihre literarische Lieblingsgestalt. Für die DDR der späten sechziger Jahre war dies ohne Zweifel der Doktor Faust in all seinen Adaptionen seit der 1587 erschienenen *Historia Von D. Johann Fausten/dem weitbeschreiten Zauberer und Schwartzkünstler.* Im Zentrum der Aufmerksamkeit standen – wie könnte es anders sein – die beiden Teile von Goethes Tragödie, aber auch Thomas Manns Roman *Doktor Faustus* und schließlich die Versuche des sozialistischen Realismus, den Stoff zu bewältigen.

Walter Ulbricht verkündete in einer Rede vor dem DDR-Nationalrat am 25. März 1962, dass der noch fehlende »Faust III« als eine Art Gesamtkunstwerk des deutschen Arbeiter- und Bauern-Staates entstehen werde. »Goethe hat ihn nicht schreiben können, weil die Zeit dafür noch nicht reif war. Erst weit über hundert Jahre, nachdem Goethe die Feder für immer aus der Hand legen musste, haben ..., alle Werktätigen der Deutschen Demokratischen Republik begonnen, diesen dritten Teil des ›Faust‹ mit ihrer Arbeit, mit ihrem Kampf für Frieden und Sozialismus zu schreiben.« Den im 5. Akt von Goethes *Faust II* beschriebenen »Sumpf« und »faulen Pfuhl«, der »alles schon Errungene« verpeste, verglich er mit dem Zustand der kapitalistischen Bundesrepublik und sah in der sozialistischen DDR die Vision vom »freien Grund mit freiem Volk« verwirklicht.[20]

Nun haben Politiker zu allen Zeiten versucht, große Geister vor den Karren ihrer Rhetorik zu spannen. Aber nicht allein darum ging es. Im *Faust*-Stoff spiegelte sich die DDR, erhob sich selbst in den Rang eines Kunstwerkes und fand darin eine Sinnerfüllung. Unbewusst vollzog sie damit jene Ästhetisierung des Politischen, die für die totalitären Systeme des 20. Jahrhunderts so typisch war.

Der Schlussmonolog Fausts wurde 1952 am Haus des Kindes in der Ost-Berliner Stalinallee in Stein gehauen. Die Worte »Solch ein Gewimmel möcht ich sehn, / Auf freiem Grund mit freiem Volke stehn. / Zum Augenblicke dürft ich sagen: / Verweile doch, du bist so schön!« schmückten manche Festrede. Doch es wurde übersehen, dass die Szene voll tragischer Ironie ist. Der erblindete Faust hält die Lemuren, die sein Grab schaufeln, für Arbeiter, die das Land trockenlegen. Das gewonnene Land wird bald schon des »Wasserteufels großer Schmaus« sein, höhnt Mephisto. »Und auf Vernichtung läuft's hinaus.«

Wenn Ulbricht meinte, die Verwirklichung des Sozialismus in der DDR sei der dritte Teil des *Faust*, so vergaß er, dass es sich bei Goethes Stück um eine Tragödie handelt. Wenn man schon dem alten Goethe seherische Kräfte zubilligt, so war der Schluss seines *Faust* eher eine Schreckensvision. Erbarmungslos vernichten Fausts und Mephistos Kanalbaupläne die Hütte von Philemon und Baucis. »Menschenopfer mussten bluten, / Nachts erscholl des Jammers Qual; / Meerab flossen Feuergluten, / Morgens war es ein Kanal.« Man mag dabei an den Technikwahn des 20. Jahrhunderts denken oder an die Großbauten des Kommunismus, an die Kanäle, die Wüsten bewässern und das Nördliche Eismeer mit der Ostsee verbinden sollten. Das Projekt des »Weißmeerkanals« hat in den dreißiger Jahren Hekatomben von Menschenopfern verschlungen.

Doch die *Faust*-Rezeption hatte noch eine andere Seite. In Fausts Erkenntnisdrang, in seiner Überwindung traditioneller Schranken, selbst in seinem Pakt mit dem Teufel sahen kritische Intellektuelle eine Analogie zu ihrer eigenen Situation. *Faust*-Diskussionen wurden zum Stellvertreterkrieg zwischen Dogmatikern und Reformern. Wo über Politik nicht gesprochen werden darf, wird über Kunst geredet, die dadurch unter der Hand politisch wird.

Bereits der fünfteilige Fernsehfilm *Dr. Schlüter* aus dem Jahre 1966 wurde von den Filmschöpfern als eine *Faust*-Adaption konstruiert. Der Drehbuchautor Karl Georg Egel ließ seinen Schlüter alias Faust am Schluss des fünften und letzten Teiles zum Augenblicke sagen: »Verweile doch, du bist so schön!«

Doch auch hier wieder verfangen sich die Fernsehschaffenden der DDR in den Fallstricken von Goethes *Faust*-Dichtung. Die Zufriedenheit Fausts mit dem Augenblicke wäre der Sieg Mephistos in der himmlischen Wette mit Gott gewesen. Faust spricht die vom Satan ersehnte Formel in seinem Schlussmonolog, aber unter der falschen Voraussetzung, sein Landnahmeprojekt wäre erfolgreich. So gewinnt schließlich Mephisto die himmlische Wette und wird nur durch einen Handstreich der Engel um seinen Sieg betrogen. Allein in dieser von Goethe bewusst in der Schwebe gehaltenen Aussage ist Fausts Schlussmonolog eine Zukunftsvision. Für die politische Propaganda war *Faust* nur so lange geeignet, wie man sich darauf verlassen konnte, dass niemand den Text nachlas.

Am 28. August 1968, also genau eine Woche nach den »Hilfsmaßnahmen der sozialistischen Bruderstaaten in der Tschechoslowakei«, feierte Weimar den 219. Geburtstag Johann Wolfgang von Goethes und den 20. Jahrestag der Wiedereröffnung des Weimarer Nationaltheaters. Zu diesem Anlass hob sich der Premierenvorhang für ein schon im Vorfeld der Aufführung umstrittenes Stück: Volker Brauns *Hans Faust.*

Der Bauarbeiter Hans Faust vermag nach dem Krieg, auf sich allein gestellt, weder die verzweifelten Menschen zur Enttrümmerungsarbeit zu motivieren noch den Diebstahl lebenswichtiger Maschinen durch den Klassenfeind zu verhindern. Er möchte alles auf einmal umwälzen und zahlt als Einzelgänger ein bitteres Lehrgeld. Der Schlosser und Parteifunktionär Kunze bietet ihm seine Hand, die Macht und einen Plan. Es besiegelt den Teufelspakt als Freundschaftsbund. Solange uns die Welt nicht gefällt, gehören wir beide zusammen. Es ist ein Risiko für beide Seiten. Kunze setzt auf den phantasievollen anarchischen Faust, dieser auf den pragmatischen Tagespolitiker Kunze. Es ist der Pakt zwischen Utopie und Realität. Faust verlässt seine Frau und zieht mit Kunze in die große Welt. Gemeinsam initiieren sie im Bergbau eine Aktivistenbewegung und betreiben die sozialistische Umgestaltung des Dorfes. Faust will verweilen. Kunze zieht ihn mit sich fort zu neuen Aufgaben. Er wird Leiter einer Chemiegroßbaustelle. Dort begegnet er seiner Frau wieder. Es kommt zum Bruch zwischen den Freunden. Doch sie begegnen sich wieder als Mitglieder des Forschungsrates. »Ich kann zufrieden sein, weil ich mich nicht zufrieden geben muss.« Faust kann zum Augenblicke sagen: »Verweile doch, du bist so schön.« Und er stirbt.

Viele sind nach Goethe am *Faust*-Stoff gescheitert. Ideenkonstruktionen sind noch keine Theaterstücke und keine Romane. Aber nicht allein darum geht es. Volker Braun, der Dialektiker aus der Sektion Marxismus-Leninismus der Leipziger Universität, scheitert an der Dialektik von Kunst und Wirklichkeit. Sein Stück über den Pakt von Geist und Macht war selbst eine Art Teufelspakt, genauer gesagt ein Kuhhandel. Um das Stück auf die Bühne zu bringen, musste er ändern, kaschieren, glätten. Der unlösbare Widerspruch zwischen Theorie und Praxis löst sich in verlogener Harmonie auf.

Braun schrieb auch darüber einen Text, eine Art Prosastück zum Drama, in dem die Geschichte der Inszenierung geschildert wird. Der Text erschien 1972 unter dem Titel »Die Bretter« als dritter Teil des *Ungezwungenen Leben Kasts* im Aufbau Verlag Berlin und Weimar sowie im Suhrkamp Verlag Frankfurt am Main.

Der Bericht über die Geschichte der *Hans Faust*-Inszenierung beginnt doppeldeutig genug:

»Mitte August war die Arbeit im entscheidenden Zustand.«[21] Es war – es sei daran erinnert – der August 1968. »Auf der Probebühne fand ein Durchlauf statt, er war öffentlich. Die Arbeiter des Kombinats waren da, zwanzig oder dreißig saßen auf den Holzstühlen, auch die Parteileitung der Stadt.« Proben von Stücken über Arbeiter mit Arbeitern, das war damals große Mode im Arbeiterstaat. Allerdings waren die Arbeiter nicht immer ganz echt, sondern eher

Funktionäre aus den Betriebsparteileitungen, die man zur Not vorher instruieren konnte. Zudem fielen die Entscheidungen ohnehin in den übergeordneten Parteileitungen. So kam es auch diesmal. Nach dem 21. August 1968 bekam die Partei kalte Füße.

»Wir gingen durch die Gänge und Treppen hinauf und traten wie zufällig in das Zimmer des Intendanten G. Einige Leute waren um den großen Tisch versammelt, Regisseur, Dramaturgin, die Genossen der Stadtleitung, und ein oder zwei, die ich nicht kannte. Kein Schauspieler war dabei. Das Gespräch brach ab, Schweigen.

Der Intendant erhob sich und sprach mich mit einer ungewöhnlich kalten und sachlichen Stimme an. ›Sie wissen, was in der Welt vorgeht.‹ – ›Ja.‹ Er verlangte, dass ich Veränderungen im Stück mache oder dass wir Streichungen machen, ›sonst wird das nicht herauskommen‹. – ›Aber‹ sagte ich, ›das liegt ein Jahr da. Wir haben jeden Satz besprochen.‹ ›Sie werden verstehen‹, sagte er, ›wir müssen das tun! Wir müssen alles weglassen, was auch nur entfernt – was an Ereignisse erinnert, die (...) Wir wissen nicht, wer vor uns sitzt im Zuschauerraum!‹ – ›Das verstehe ich nicht – wie wissen wir es nicht?‹ Der Intendant wischte sich über die Stirn, (...). Der Intendant las eine Liste herunter, die er auf einen Zettel gekritzelt hatte, einiges betraf nur Sätze, das meiste die Hindernisse und Härten bei den Taten der Figuren. Wir sollten in ihr ›Leben‹ eingreifen. (Aber mir war, als sollten wir ihnen die Arme abhacken.) Er stand wieder auf: ›Sie müssen es den Schauspielern als *Ihren* Vorschlag mitteilen!‹ – ›Nein. Dann möchte ich schon, dass wir es mit ihnen besprechen, dass wir sie hinzuziehen, wenn es um ihre Rollen geht.‹ – ›Schweigen Sie, Genosse‹, rief der Intendant, in heftigster Erregung, ›ich habe keine Angst, dass man mir ... dass man mich – ich diskutiere hier nicht. In meinem Haus bestimme ich!‹«

Da bricht die Freundin des Ich-Erzählers in heftiges Schluchzen aus und verwirrt das politische Konzept vollständig. Alle waren plötzlich wie verwandelt. »›Wir haben nur gesagt: Sie sollen es prüfen‹, ein Unbekannter, ›wir haben es nicht selbst gelesen.‹ – ›Machen wir es für jetzt ... später – können wir immer noch sehn‹, die Dramaturgin ... ›Wir haben die Situation nicht gemacht. Wir können uns jetzt nicht auf Diskussionen einlassen und jeden fragen, jetzt. Wir kämen in Teufels Küche!‹«[22]

Die Geschichte bleibt seltsam offen. Auf der nächsten Probe erkennt der Autor selbst, wie unvollkommen sein Stück ist. »Ich sah noch zu, und sah mich selbst plötzlich selbst in dieses Spiel gestellt. (...) Wann würde das Spiel aufhören? Durfte das aufhören? Wir kamen immer mehr hinein.«[23]

In einem erst 1990 veröffentlichten Nachsatz aus dem Jahr 1968 richtet Volker Braun seinen eigenen Text gnadenlos hin: »Was ich zeigen wollte, konnte ich nur so gering andeuten, musste das Milieu so idyllisieren, das (tatsächliche) Geschehen so abbauen, dass mir nun klar ist: es ist noch keine Zeit für sozialistischen Realismus. Schon die Filter der inneren Zensur lassen nur einen manipulierten Abglanz auf das Papier, entschärft und entmutigt. Es fügt sich fast alles in prästabilisierter Harmonie der Schemata, an deren Rändern das Leben abgehackt wird – oder das Werk abgesägt.«[24]

Übrigens waren sich in Bezug auf *Hans Faust* das Publikum, die Kritik, die SED-Kulturfunktionäre und der Autor selbst selten so einig wie in diesem Falle. Es wurde allgemein als Flop gesehen, und Volker Braun arbeitete das Material zum Prosastück um.

Noch mehr Staub wirbelte die Aufführung von Goethes *Faust I* im Deutschen Theater zu Berlin auf. Die Inszenierung von Adolf Dresen und Wolfgang Heinz hatte am 30. September 1968 Premiere. Fred Düren spielte den Faust, Dieter Franke den Mephisto, Bärbel Bolle das Gretchen. Die Aufführung wurde zu einem der größten Theaterskandale der DDR-Geschichte.

Über 30 Jahre später schrieb Adolf Dresen: »Die Fiktion eines allgemeinen Konsens, einer Übereinstimmung von Bevölkerung und Regierung, von Künstlern und Politikern gehörte zur Staatsdoktrin. Die wenigen Skandale waren dann umso auffallender und erregten die Öffentlichkeit in einem heute kaum noch vorstellbarem Maße. Wie oft haben mich Leute gefragt, was denn an diesem Berliner *Faust* von 1968 so furchtbar gewesen sei, und blieben unbefriedigt, wenn ich es zu erklären versuchte.«[25]

Zunächst war die schlichte Tatsache, dass sich die Zuschauer köstlich amüsierten, eine Sensation. Dem erhabenen Werk hatte man sich nach Auffassung der Bildungsbürger wie der Kulturfunktionäre mit Ehrfurcht zu nähern. Bei Klassikern hatte feierliche Langeweile zu herrschen. Die Inszenierung kitzelte die komödiantische Dimension des Stückes heraus, das ja seine Ursprünge aus dem Geist der Jahrmarktsbude nicht verleugnet. Ein westlicher Kritiker nannte die Inszenierung »den heitersten *Faust*, der je die Bühnenbretter betrat«. Adolf Dresen erinnerte sich an seine »Verblüffung, dass in der

Premiere fast jeder Satz als Pointe ankam und einen Lacher brachte«. Die Regie schonte ganz im Sinne Goethes »Prospekte nicht und Maschinen«. Die Walpurgisnacht war – auch ganz im Sinne des Textes – eine regelrechte Orgie mit einer Menge leicht bekleideter Hexen auf der Bühne. Das wäre vielleicht alles noch durchgegangen. Doch der Walpurgisnachtstraum war voller aktueller Anspielungen. An einer Stelle wurde mit geschlossenem Mund gesummt. Da war die Zensur schon wirksam geworden. Die Herren der Politprominenz standen auf und verließen empört den Saal. Trotzdem wurde vor den leeren vorderen Reihen weitergespielt. Nach der Schlussszene herrschte einen Moment angespanntes Schweigen. Dann brach gewaltiger Beifall los. Dresen meinte, es war wohl der gewaltigste Beifall, den er in seiner Laufbahn erlebt hat. Die Konsequenzen ließen nicht auf sich warten. Schon am nächsten Morgen saßen Mitarbeiter des Ministeriums für Kultur beim Intendanten und legten eine Liste mit 60 »Änderungsvorschlägen« vor. Die Theaterleitung akzeptierte diese Weisung, um ein Verbot der Inszenierung zu vermeiden. Die amputierte Fassung wurde an die 100 Mal vor ausverkauftem Haus gespielt. Doch der Theateropposition war das Rückgrat gebrochen. Wolfgang Heinz wurde als Intendant abgelehnt, zu der geplanten Inszenierung des zweiten Teils der *Faust*-Tragödie kam es nicht mehr, Adolf Dresen ging einige Zeit später in den Westen.

Die literarische Sensation der Buchsaison 1968 gehörte ebenfalls in das Umfeld des *Faust*-Stoffes. Allerdings stammte sie nicht aus der DDR, sondern aus der Sowjetunion. Es handelte sich um Michail Bulgakows *Meister und Margarita.* Das Manuskript hatte fast 30 Jahre in den Panzerschränken der sowjetischen Zensurbehörden gelegen, ehe es 1966/67 in der Literaturzeitschrift *Moskwa* wenigstens in einer verstümmelten Fassung erscheinen konnte. Wie fünf Jahre zuvor, als Alexander Solschenizyns *Ein Tag im Leben des Iwan Denissowitsch* in *Nowij Mir* erschienen war, standen die Moskauer Literaturfans die ganze Nacht Schlange, um morgens ein druckfrisches Exemplar der Zeitschrift mit Bulgakows *Meister und Margarita* zu ergattern. Aus dem Geheimtipp war eine Sensation geworden. Es folgten bald die DDR-Ausgabe in der Übersetzung von Thomas Reschke und eine Lizenzausgabe bei Luchterhand.

Der Autor, Michail Bulgakow, war 1940 vergessen und verfemt in Stalins Sowjetunion gestorben. Sein Name war in Deutschland gänzlich unbekannt. Doch es sprach sich schnell herum, dass es hier ein ganz großes Stück Weltliteratur zu entdecken gab.

Es geht in diesem Roman um den Teufel. Ein Spruch des Mephistopheles ist dem Roman vorangestellt: »Ich bin ein Teil von jener Kraft, die stets das Böse will und stets das Gute schafft.« Genau dies tut der Satan. Er kommt im Jahre 1929 nach Moskau und wirbelt die Stadt gründlich durcheinander. Monsieur Voland – so nennt sich auch Goethes Mephisto in der Walpurgisnacht –, der Hexenmeister und Konsultant für schwarze Magie, lässt Köpfe rollen, und das im ganz wörtlichen Sinne. Er lässt im Varieté echte Rubelscheine regnen, die sich am nächsten Tag in weiße Mäuse verwandeln. Er zaubert einen Modesalon auf die Bühne und kleidet das Publikum neu ein. Vor dem Theater lösen sich die Sachen in Luft auf, und die Damen rennen in Unterwäsche durch die Straßen.

Vor allem aber kümmern sich Voland und sein Gefolge um den Meister und dessen Geliebte Margarita. Der Meister hatte einen Jesus-Roman verfasst, der eigentlich ein Pilatus-Roman war. Heftig angefeindet von der Presse wegen der »Pilatuserei« hat sich der Meister ins Irrenhaus zurückgezogen. Voland erhebt Margarita zur Ballkönigin des Hexensabbats, befreit den Meister aus der Anstalt und entschwindet mit ihnen in die Unendlichkeit.

Hineinmontiert in die Moskauer Turbulenzen ist des Meisters Version der Passionsgeschichte. Der Prokurator von Judäa, Pontius Pilatus, und der Wanderprediger Jesus, dessen Kreuzestod er nicht hatte verhindern können, finden sich am Ende ins Gespräch vertieft. Sie setzen in der Ewigkeit ihr Gespräch fort, das vor genau 1900 Jahren durch missliche Umstände unterbrochen worden war. Jesus hatte beim Verhör gesagt, dass »eine Zeit kommen werde, in der keine Kaiser noch sonst jemand die Macht hat. Der Mensch wird eingehen in das Reich der Wahrheit und der Gerechtigkeit, wo es keiner Macht mehr bedarf«.[26] Diese Worte hatten den Prokurator seltsam berührt. Sei es nun Satire oder Utopie – Bulgakows Pontius Pilatus alias Josef Stalin hat seinen Meister in Einsamkeit und Verbitterung sterben lassen. In Moskau, dem neuen Jerusalem des Weltkommunismus, war der Dialog zwischen Geist und Macht verstummt.

Der eigentliche Held des Sozialismus war nicht Faust, sondern Mephisto, mit dem in dieser oder jener Form der Pakt geschlossen werden musste. Es ist kein Zufall, dass der ungarische Film *Mephisto* von István Szabó (1981) eines der besten Leinwandstücke war, die jemals östlich des Eisernen Vorhanges gedreht wurden. In dem Film wie in der Romanvorlage von Klaus Mann geht es um die Verführbarkeit des Intellektuellen durch die Diktatur. Der Schauspieler Hendrik Höfgen schließt seinen Teufelspakt mit der Macht, um weiter im Rampenlicht stehen zu können. Der Selbstbetrug, dadurch Freiheitsräume bewahren zu können, war Teil des Paktes. Der Film gelangte in der DDR zunächst nur im ungarischen Kulturzentrum und in Studiokinos zur Aufführung, zu deutlich waren die Parallelen zur Gegenwart.

Die sozialistische Intelligenz der DDR hatte 1968 ihr Abkommen mit dem Bösen besiegelt, um weitere 21 Jahre neben den Herrschenden in der Proszeniumsloge des Welttheaters sitzen zu dürfen, bis sie 1989 – sinnbildlich gesprochen – endlich der Teufel holte.

ZWÖLFTES KAPITEL

Abschied

Der beste DEFA-Film des Jahrgangs 1968 war die Literaturverfilmung *Abschied* nach einem Roman von Johannes R. Becher. Das Drehbuch stammte von Günter Kunert. Regie führte Egon Günter. Der Film erlebte am 10. Oktober 1968 im Kino *Kosmos* seine feierliche Uraufführung im Rahmen einer Feierstunde anlässlich des zehnten Todestages des Dichters. Neben Walter und Lotte Ulbricht saß Bechers Witwe Lilly im Publikum. Alexander Abusch, einer der Chefideologen der SED, hielt eine Festrede, die das *Neue Deutschland* am nächsten Tag abdruckte. In der Rede sparte er sich auch einen Seitenhieb auf die tschechoslowakischen Intellektuellen nicht. »Wir haben gesehen, wie sie einen ›neuen Sozialismus mit einem menschlichen Gesicht‹ propagierten, aber gleichzeitig durch ihre provinzielle Nachäffung der spätbürgerlichen westlichen Dekadenz in Filmen und Theaterstücken das Gesicht der Menschen ihres sozialistischen Vaterlandes verunstalteten und deformierten.« Abusch behauptete in seiner Rede, Becher wäre, lebte er noch, »als Internationalist den freiwilligen und unfreiwilligen Helfern der psychologischen Kriegsführung der Imperialisten genauso konsequent entgegengetreten, wie er es 1928 und 1956 gegenüber ähnlichen Erscheinungen getan hat«.[1]

Zu behaupten, Bechers Haltung im Jahre 1956 sei konsequent gewesen, ist eine vollkommene Verdrehung der Tatsachen. In Wahrheit schwankte das Verhalten des Dichters angesichts der dramatischen Ereignisse zwischen hysterischer Überreaktion und schamloser Feigheit. Das hat Abusch natürlich gewusst. Alfred Kantorowicz nannte ihn in seinem Tagebuch den »Wurmfortsatz« Bechers.[2] Doch es sollte ja eine Festrede sein, und Abusch war jener »aalglatte Lakai« geblieben, als den ihn Kantorowicz schon 1950 charakterisiert hatte.[3]

Der Film, der im Anschluss an die Feierstunde aufgeführt wurde, spielte zunächst eine untergeordnete Rolle. Er schien den hohen Herrschaften mehr oder weniger gefallen zu haben. Dabei war er weit entfernt von einer der üblichen Literaturverfilmungen. Zunächst war es nicht ohne Pikanterie, dass der Säulenheilige der DDR-Nationalkultur als Anarchist und Kaffeehausliterat gezeigt wurde. Tatsächlich hatte der junge Becher 1910 gemeinsam mit seiner Geliebten einen »einseitig erfolgreichen Doppelselbstmordversuch« durchgeführt – wie es im damaligen Amtsdeutsch hieß.[4] Das Mädchen war tot, und der Verführer lebte. Bechers Vater, einem hochgestellten bayerischen Juristen, gelang es, den missratenen Filius für unzurechnungsfähig zu erklären und ihn dadurch vor dem Zuchthaus zu bewahren. Sogar die Schulbehörde reagierte relativ kulant und ließ den Schüler Becher an einem anderen Gymnasium das Abitur nachholen.

Doch nicht darum ging es bei den kritischen Stimmen zum Film, die sich bald häuften. Der Fall Becher wurde in dem Film als exemplarischer Vater-Sohn-Konflikt gezeigt. Die Bürgerwelt der Zeit vor dem Ersten Weltkrieg, die Münchener Boheme, der Kriegsausbruch von 1914 sind eigentlich nur die Folien für eine Darstellung der individuellen Rebellion gegen die Welt der Väter. Der Film zeigt, wie die politischen Konflikte der Zeit sich im Aufstand gegen den Vater manifestieren und umgekehrt, wie die Rebellion des Sohnes politischen Inhalt gewinnt. Jan Spitzer war die ideale Besetzung der Hauptrolle. Sein Gestus, seine bis an die Grenzen der Arroganz gehende kühl intellektuelle Art, sein verächtlicher Blick auf die Väterwelt verkörperte genau jene Körpersprache, jene Mimik und Gestik der rebellischen Jungintellektuellen auch in der DDR. Er zeigt aber dabei, dass die Kaffeehausrevoluzzer materiell wie geistig alles ihren Vätern verdankten. Das war in der Wilhelminischen Bürgerwelt von 1910 nicht anders als in der Bundesrepublik und der DDR der sechziger Jahre. Die romantische Phrase, die diesen Widerspruch in rosaroten Nebel tauchte, erscheint im Film in stilisierten Traumszenen. So wird der Revolver als *Corpus Delicti* des Doppelselbstmords symbolisch von Rosen umkränzt, der Selbstmord selbst durch eine Zeitlupensequenz ästhetisiert. Doch gerade durch diesen Kunstgriff wird die konkrete historische Situation der Zeit vor dem Ersten Weltkrieg ins Allgemeingültige erhoben.

Es dauerte einige Zeit, bis die SED-Funktionäre erkannten, was ihnen da für ein Kuckucksei ins Nest gelegt worden war. Nach einigen sehr freundlichen Rezensionen begann in der Leserbriefsparte der Kulturseite des *Neuen Deutschland* eine inszenierte Kampagne gegen den Film. Unter der Überschrift »Ist das noch Bechers Weltsicht?« kritisierten Leser den Film. Besonderen Anstoß erregten die stilisierten Traumszenen. »Jugendliche Besucher und Mitglieder sozialistischer Brigaden bestätigen, dass sie gerade diese Szenen (...) als Komödie oder Groteske empfanden, die zum Lachen reizt, aber nicht zum Nachdenken.«[5] Ein anderer Leser schrieb: »Zum 6. Oktober, dem Vorabend des 19. Jahrestages unserer Republik, lud das Klubhaus ›Haus am See‹ in Strausberg zu einer Vorpremiere des Films ›Abschied‹ (...) ein. Voll freudiger Erwartung auf ein dem Tage angemessenes Ereignis folgte ich dieser Einladung. Doch welch tiefe Enttäuschung. In einer zusammenhanglosen Folge wird das Leben eines jungen Menschen aus der Zeit vor dem ersten Weltkrieg geschildert, der durch seine Umgebung – Elternhaus und Gymnasium – auf einen imperialistischen Krieg vorbereitet wird, von seinen Freunden mit sozialistischem Gedankengut vertraut, letztlich dem Elternhaus den Rücken kehrt. Was soll die Überbrückung der Episoden dieses Lebens mit nichts sagenden Fragmenten von Sex und rosenumrankten Pistolen?«[6]

Klug geworden aus früheren Filmskandalen, verbot die SED den Film nicht sofort, sondern zog ihn nach einer Anstandsfrist still und leise aus dem Vertrieb.

Der Abschied und nicht der Aufbruch war das heimliche Grundthema des Jahres 1968 – Abschied von der Welt der Väter, Abschied von der Illusion des Sozialismus, Abschied von den Kindheitsmustern. Es sollte – was damals noch niemand ahnen konnte – ein qualvoll langer Abschied werden.

Das Jahr Walter Ulbrichts?

Der Jahreswechsel von 1968 zu 1969 stand in der DDR ganz im Zeichen des 50. Jahrestages der Gründung der KPD. Am 30. Dezember 1918 hatte sich inmitten der Revolutionswirren in Berlin der Spartakusbund als Kommunistische Partei Deutschlands konstituiert. Wenige Tage später ließ sie sich in einen schlecht vorbereiteten Aufstandsversuch verwickeln, der Rosa Luxemburg und Karl Liebknecht das Leben kostete. Dennoch wurde die KPD bis 1933 eine Partei von beachtlichem Einfluss. Nach der Zeit in der Emigration und der Illegalität erstand sie 1945 in allen vier Besatzungszonen neu und schloss sich in der sowjetischen Zone am 21. April 1946 mit der Sozialdemokratischen Partei Deutschlands zur SED zusammen.

In den letzten Tagen des Jahres 1968 kannten die DDR-Zeitungen kaum ein anderes Thema als das 50. Jubiläum der KPD-Gründung. Immer wieder wurden die wenigen Bilder aus jener Zeit veröffentlicht. Viele Personen aus der Gründungsphase der Partei fehlten in der Bildergalerie, weil sie Stalins Terror zum Opfer gefallen waren oder die Kommunistische Partei verlassen hatten. Umso mehr war von Ulbricht die Rede, der damals noch in ganz untergeordneter Position in Leipzig tätig gewesen war. Dennoch gab es ausführliche Würdigungen von Ulbrichts Rolle. Auf der Titelseite des *Neuen Deutschland* vom 30. Dezember 1968 erschien sein Bild neben den Porträts von Karl Liebknecht, Rosa Luxemburg und Ernst Thälmann. In der Bildunterschrift heißt es: Ulbricht »verkörpert für die jungen Revolutionäre von heute die Kontinuität des siegreichen Kampfes der deutschen Marxisten-Leninisten«.[7]

Am selben Tag fand im Berliner Friedrichstadtpalast eine Festsitzung statt. Die Festansprache hielt Walter Ulbricht. Sie füllt dreieinhalb großformatige Seiten der Silvesterausgabe des *Neuen Deutschland*. Als Ulbricht geendet hatte, brach »stürmischer lang anhaltender Beifall« los. »Die Teilnehmer der Festveranstaltung erhoben sich von ihren Plätzen und stimmten die Internationale an.«[8]

Zwei weitere Zeitungsseiten waren mit Bildern vom Festakt sowie mit Glückwünschen von den Bruderparteien gefüllt, so dass für den Rest des Weltgeschehens oder gar für Silvesterspäße wenig Platz übrigblieb.

Bereits in den Tagen zuvor wurden Erfolgsbilanzen veröffentlicht. Selbst das Westfernsehen wird vom *Neuen Deutschland* als Kronzeuge zitiert. »Das westdeutsche Fernsehen«, heißt es, »sah sich (...) zu der Feststellung genötigt, ›dass die DDR 1968 stärker war als je zuvor (...). Walter Ulbricht hat in diesem Jahr seinen Staat, die DDR, in eine Position gebracht, an der im Guten wie im Bösen politisch nicht mehr vorbeigehandelt werden kann.‹«[9]

In einem Jahresrückblick jubelte der Kolumnist des Zentralorgans am 29. Dezember 1968: »Wir haben gesiegt, weil die Ideen des Gründungsparteitages der KPD das geschichtlich Notwendige zum Ausdruck brachten, weil unsere Vorstellungen vom kommenden, besseren Deutschland den Forderungen der Zeit entsprachen. Ihre geschichtliche Probe haben unsere Ideen mit Ausgezeichnet bestanden. (…) Was haben die Herren Pseudodemokraten, einschließlich der opportunistischen Führer der Sozialdemokratie, aus diesen 50 Jahren aufzuweisen, außer Mitschuld an dem Furchtbaren, von dem das deutsche Volk betroffen wurde? Wir aber ziehen weiter auf der Straße des Sieges – zusammen mit der so großartig aufstrebenden Sowjetunion, gemeinsam mit den anderen sozialistischen Ländern, im Bunde mit den jungen Völkern. Unaufhaltsam ist die Macht der Ideen des Marxismus-Leninismus.«[10]

In der Tat stand Walter Ulbricht 1968 im Zenit seiner Macht. Innerhalb des Ostblockes war er der Musterknabe unter lauter unerzogenen Taugenichtsen. Allerdings gehörte er zu der unerträglichen Sorte von naseweisen Strebern, die gerne den Lehrer belehren wollen. Das stieß in Moskau auf wenig Begeisterung. Doch hatte Ulbricht bewiesen, dass er in der Lage war, in seinem Staat Ruhe und Ordnung zu halten. Und nichts war für die Sowjetunion wichtiger als Stabilität an ihrer militärischen Westgrenze. Wirtschaftlich konnte die DDR sich sehen lassen. Wenigstens die offizielle Statistik vermeldete große Erfolge. Deutschlandpolitisch führte wohl kein Weg an der Forderung nach staatlicher Anerkennung der DDR vorbei. In der SED-Führung war Ulbricht vorläufig unangefochten.

Dennoch bleibt die Frage: War Ulbricht ein heimlicher Reformer? Hatte er auf seine alten Tage erkannt, dass der Sozialismus nur durch eine gründliche Erneuerung an Haupt und Gliedern zu retten sei? Wollte er mit anderen Mitteln nicht das Gleiche erreichen wie Alexander Dubček in der Tschechoslowakei – ein wirtschaftlich effizientes ökonomisches System, das dem Wettbewerb mit dem Kapitalismus gewachsen gewesen wäre? Im Jahr 1968 sah die Welt Walter Ulbricht und Alexander Dubček als Antipoden. Dies haben auch die inzwischen zugänglichen Akten der geheimen Archive der SED bestätigt. Die SED-Führung hetzte intern und öffentlich gegen die Reformpolitiker in Prag, wo sie nur konnte. Umgekehrt war die Verachtung der politisch führenden Köpfe in Prag für Moskaus Satrapen in Ost-Berlin grenzenlos. Dubček schrieb in seinen Memoiren über Ulbricht: »Er war in der Tschechoslowakei neben Breschnew der unpopulärste ausländische Staatsmann. (…) sich mit dem spitzbärtigen Ulbricht über irgend etwas zu einigen, erforderte eine ganz besondere Toleranz. Ulbricht war ein irgendwann in der stalinistischen Zeit versteinerter Dogmatiker, und ich fand ihn persönlich abstoßend.«[11]

Dennoch gibt es zwischen Ulbricht und Dubček eine seltsame spiegelbildliche Verflechtung. Beide Politiker glaubten fest an die welthistorische Überlegenheit des Sozialismus, hielten allerdings das damalige System für renovierungsbedürftig. Beide meinten auch, der Vormacht Sowjetunion mit ihrem Modell ein Beispiel geben zu können. Die Loyalität gegenüber dem großen Bruder war das Fundament ihres gesamten politischen Lebens, doch in beiden Fällen gemischt mit einem Element von Patriotismus. Ulbricht schien die Vorstellung nicht fremd gewesen zu sein, dass am deutschen Wesen wenn nicht die Welt, so doch der Sozialismus genesen könne. Die tschechischen Reformer sahen sich gern in der Nachfolge der Hussiten, die das Licht der Wahrheit über ganz Europa verbreitet hatten.

Als im Sommer 1970 im Politbüro des ZK der SED unter Honeckers Führung die Palastrevolte gegen Ulbricht begann, wurde ihm neben anderen Verfehlungen vorgeworfen, seit 1967 – ähnlich wie Dubček – immer stärker die Ansicht vertreten zu haben, dass »die Sowjetunion nur das Grundmodell« des Sozialismus sei. Rückblickend stellten die Verfasser der Anklageschrift gegen Ulbricht fest: »Nach seiner Rückkehr im Februar 1968 aus Prag äußerte er seine tiefe Befriedigung darüber, dass mit dem Einsatz A. Dubčeks als Erster Sekretär des ZK der KPTČ die Beseitigung der Dogmatiker in der Führung der KPTČ eingeleitet worden wäre. Er selbst habe Dubček, so sagte Ulbricht, den Vorschlag gemacht, weitere fünf Dogmatiker aus dem Präsidium des ZK der KPTČ zu entfernen und durch junge Kräfte aus der wissenschaftlich-technischen Intelligenz zu ersetzen.«[12]

Am 26. Oktober 1971 kam es ungefähr ein halbes Jahr nach dem Machtwechsel an der Spitze der SED zu einer neuerlichen Auseinandersetzung mit Ulbricht, der immerhin noch Staatsoberhaupt war. Dieser hatte versucht, nach seiner Genesung wieder eine Rolle in der Politik zu spielen. Nun fielen jene Genossen, die in seinem Windschatten groß geworden waren, über ihn her wie junge Wölfe über das zu Tode verwundete Leittier.

Wieder wurde Ulbricht seine damals zu nachgiebige Haltung gegenüber dem Prager Frühling vorgehalten. Seine Reise nach Karlovy Vary am 12./13. August 1968 wurde als der Versuch interpretiert, Dubček und dessen Reformpolitik im letzten Augenblick zu retten.

Waren diese Angriffe mehr als nur bösartige Denunziationen? War Ulbricht ein gescheiterter Reformer? Manche Altgenossen aus der Ulbricht-Zeit begannen dies schon Ende der achtziger Jahre zu glauben und versuchten in den Jahren nach der Wende 1989 das Bild der Ära Ulbricht aufzupolieren. Nach dem kläglichen Scheitern des SED-Systems ging der Blick zurück auf der Suche nach historischen Momenten, in denen es eine Chance zur Erneuerung gegeben hätte. Die sechziger Jahre gerieten schnell ins Blickfeld einer Neuinterpretation. Gab es damals nicht viele richtige Ansätze, die in der Zeit Erich Honeckers leichtfertig beiseite geschoben wurden?

Tatsächlich gab es nach dem rigorosen Abbruch der Wirtschaftsreformen 1970/71 keinen Versuch mehr, die Gesellschaft von Grund auf zu modernisieren. Auf Ulbricht folgte eine zwei Jahrzehnte dauernde Fortwurstelei. Statt der notwendigen Investitionen in Forschung, Wissenschaft und Technik gab es unzureichend gegenfinanzierte Sozialgeschenke. Alle Strukturreformen waren auf Eis gelegt. Stattdessen regierten Stagnation, Gleichgültigkeit, Rückzug ins Private. Allerdings auch eine gewisse »negative Freiheit« als Folge von Gleichgültigkeit, Stagnation und Lethargie. So dümpelte die DDR der finalen Katastrophe entgegen. Die halbherzigen Reformpapierchen, die SED-Wissenschaftler Ende der achtziger Jahre im verschlossenen Kämmerchen wälzten, blieben in der Substanz hinter den Ideen der sechziger Jahre zurück. Wurde damals eine echte Chance versäumt?

Sicher hat Ulbricht geahnt, dass der »friedliche Wettstreit der Systeme«, den er propagierte, nicht durch Parolen, sondern durch harte ökonomische Tatsachen entschieden werden würde. Um den Wettlauf mit dem Westen zu gewinnen und eines Tages über ganz Deutschland einen Einfluss ausüben zu können, brauchte er neue Ideen und fortschrittliche Methoden der Lenkung der komplizierten Produktionsprozesse. Er ließ sich schließlich in seinen Entscheidungen lieber von kompetenten Wissenschaftlern als von Parteifunktionären beraten. Der Arbeiterjunge aus dem Leipziger Osten hatte einen Riesenrespekt vor Bildung und Wissen. Doch der Reformpolitiker Ulbricht hatte einen unüberwindlichen Feind – den Machtpolitiker Ulbricht. Der von der Parteiführung mit der Suche nach den Systemfehlern beauftragte »strategische Arbeitskreis« hätte sehr schnell auf den zentralen Fehler im entwickelten gesellschaftlichen System des Sozialismus kommen können. Der Fehler hieß nicht Ulbricht – das wäre zu viel der Ehre –, aber er war verkörpert durch Ulbricht. Er personifizierte seit 1945 den unbedingten Willen der Partei zur Alleinherrschaft, aus der sich fast zwangsläufig die Autokratie des Generalsekretärs ergab. Am Beginn eines fundamentalen Reformprozesses hätte Ulbrichts Absetzung stehen müssen. Eine glaubwürdige Politik hätte nur durch neue Männer vertreten werden können.

Vielleicht hat er auch persönlich Alexander Dubček so heftig abgelehnt, weil er ahnte, dass dieser Mann die Alternative verkörperte. Er hätte weder der Dubček der DDR sein wollen noch sein können. Er sah in dessen Bescheidenheit nur Schauspielerei, in seiner Unsicherheit allein Schwäche, in seinen Bekenntnissen zur Demokratie reine Phrasendrescherei. Dutzendfach widerspiegelt sich diese Verachtung in den internen Dokumenten des Politbüros. Er bezeichnete die Begeisterung der Tschechen und Slowaken für Dubček in seiner Rede vor dem ZK der SED am 23. August 1968 als »Personenkult«. Er konnte sich nicht vorstellen, dass die Zuneigung der Menschen zu dem unsicher und bescheiden wirkenden Dubček echt war. Die Tatsache, dass erstmals in der Geschichte eine kommunistische Staatsführung demokratische Wahlen nicht zu fürchten brauchte, schätzte er gering ein. Demokratie war für den Pragmatiker der Macht eine Art Spiel mit bunten Seifenblasen. Vor allem aber hatte er das Gefühl, die tschechischen Reformer würden auch seine eigenen, natürlich viel klüger durchdachten Reformpläne in den Augen Moskaus diskreditieren. Er hasste Dubček, weil er sich in ihm selbst scheitern sah. Und auf dialektisch komplizierte Weise tat er dies schließlich auch.

So war 1968 schließlich das Jahr von Ulbrichts Scheitern. Der Motor seines Reformprojektes stotterte schon seit 1965. Den orthodoxen Kritikern gingen die Strukturreformen zu weit. Jedenfalls wurde das Reformprojekt 1970 rigoros abgebrochen und Ulbricht 1971 aufs Altenteil geschickt. Ihm hatte eine zukunftsorientierte, wissenschaftlich und technisch innovative Gesellschaft der sozialen Harmonie vorgeschwebt, die von einer jungen, hochqualifizierten und motivierten Elite geführt wird, welche die Zukunft meistert, eines Tages sogar Westdeutschland in den Schatten stellen und für die Werktätigen der BRD von großer Anziehungskraft sein könnte. All das war 1968 mit dem Einmarsch in die ČSSR gescheitert. Eine Modernisierung der Gesellschaft war nur zum Preis einer wenigstens partiellen Machtaufgabe der Partei zu haben. Diesen Weg konnte und wollte die Ulbricht-Führung nicht gehen. Sie berauschte sich lieber am Weihrauch, den sie selbst anlässlich des 50. Jahrestages der KPD verbreitete.

Dass Ulbricht, als ihm die Macht zwischen den Fingern zerrann, von den eigenen Genossen als heimlicher Sympathisant des demokratischen Sozialismus denunziert wurde, ist eine jener ironischen Pointen, welche die Geschichte so liebt.

Aktion »Jubiläum«

Am 7. Oktober 1969 kam es in Ost-Berlin anlässlich des 20. Geburtstages der Republik zu einem denkwürdigen Nachspiel zu den Ereignissen von 1968.

Am Anfang stand ein Gerücht. Es tauchte schon im September des Jubiläumsjahres auf und wollte seitdem nicht verstummen. Am 7. Oktober 1969, dem Tag der Republik, so wurde gemunkelt, würden auf dem Dach des Springer-Hochhauses direkt an der Mauer die Rolling Stones ein Konzert geben und ganz Ost-Berlin beschallen. Jeder denkende Mensch hätte wissen können, dass dieses Gerede jeder Grundlage entbehrte. Es gab auch aus dem Westen keinerlei offizielle Meldung. Dennoch war das Gerücht nicht totzukriegen. Unter den Rockfans der DDR-Provinz hieß es, sie hätten es im RIAS gehört. Diese Aussage wurde nach den Ereignissen oft kolportiert, aber niemals verifiziert. Wie dem auch sei. Gerüchte haben ihre eigenen Gesetze. Die Fans glaubten es, wohl weil es so schön gewesen wäre, und viele beschlossen, zu diesem Anlass nach Berlin zu fahren.

In den Akten des MfS taucht das Gerücht zum ersten Mal am 13. September 1969 auf: »Der Beschuldigte schrieb in der Straße am Schenkenbusch in Dessau auf die Asphaltdecke: ›Rollingstones-Fans fahrt nach Ber.‹ Aufgrund sich nähernder Passanten nahm er davon Abstand, das Wort Berlin zu vervollständigen.« Zwei Wochen später tauchten im Berliner Stadtbezirk Prenzlauer Berg Flugzettel auf: »Die Rolling Stones kommen nach Westberlin«. Aus den Schulen trafen Meldungen ein, dass unter den Schülern und Lehrlingen die Meinung kursiere, im RIAS und auf Radio Luxemburg sei gemeldet worden, dass am 7. Oktober die Stones auf dem Springer-Hochhaus spielen würden.

Das MfS leitete Gegenmaßnahmen ein. »Jugendliche mit dekadentem Äußeren« außerhalb Berlins wurden zu Aussprachen bestellt. Ihnen wurde mitgeteilt, dass sie während der Feierlichkeiten Berlin-Verbot hätten. Teilweise wurde ihnen der Personalausweis entzogen und ein Ersatzpapier ausgehändigt. An diesem Ersatzausweis konnte jeder Volkspolizist sofort erkennen, wes Geistes Kind der Betreffende war, ihn zu Vernehmungen festsetzen, unter Aufsicht nach Hause schicken usw.

Das MfS recherchierte in West-Berlin, ob ein Gastspiel der Musikgruppe Rolling Stones geplant sei. Die Tschekisten konnten aber nichts dergleichen vermelden. Auch in der Umgebung des Springer-Hochhauses konnten sie keine Vorbereitungen für eine Musikveranstaltung wahrnehmen. In den Tagen vor dem Republikgeburtstag verstärkten die Sicherheitsorgane die Kontrollen rund um Berlin. Jugendliche mit langen Haaren, Kutten und Jeans wurden zugeführt, vernommen und unter Strafandrohungen nach Hause geschickt. Nach diesen Festnahmen erfolgten oft Mitteilungen an den Betrieb oder die Schule. Allein am 7. Oktober wurden 238 solcher Jugendlichen, die bis Berlin durchgekommen waren, auf den Bahnhöfen der Hauptstadt dingfest gemacht. Während die ordentlichen Bürger der Hauptstadt noch bei der Militärparade in der Karl-Marx-Allee Spalier standen, tauchten in der Leipziger Straße Gruppen von Jugendlichen auf, die offenbar nichts mit dem Treffen junger Sozialisten zu tun hatten. Es kam zu ersten Zuführungen. Gegen 14 Uhr verstärkte sich der Zustrom. Erstaunlicherweise war die Polizei trotz der vielen Vorwarnungen des MfS schlecht auf die Situation vorbereitet. Angesichts der Grenznähe verlor die Volkspolizei die Nerven. Sie ging mit Schlagstöcken und Hunden gegen Ansammlungen von Jugendlichen vor. Der U-Bahnverkehr wurde eingestellt, um einen weiteren Zustrom von Jugendlichen zu verhindern, und die Polizei versuchte, die Leipziger Straße zu sperren. Die Antwort waren Sprechchöre wie »Wir wollen Stones«, »Wir wollen Freiheit«. Es wurde im Chor »Dubček, Dubček« gerufen. Der Name des tschechoslowakischen Reformers war für viele ein Symbol der Freiheit geblieben. »Ordnungsgruppen« im Blauhemd der FDJ drängten die Stones-Fans in Nebenstraßen ab. »Unter Hochrufen auf unsere Republik und die Partei der Arbeiterklasse waren sie bald Herr der Lage.«[13]

Insgesamt wurden 430 Jugendliche festgenommen. Sie wurden auf Lastkraftwagen verladen und zu den Zuführungspunkten verbracht. Dort wurden sie angebrüllt, geprügelt und brutal verhört. Stundenlang mussten die Zugeführten mit gespreizten Beinen und erhobenen Händen an der Wand stehen. Dann wurden die meisten laufengelassen.

Im Abschlussbericht des MfS zur Aktion »Jubiläum« werden Verbesserungsvorschläge gemacht. Künftig solle die Abfertigung der Zugeführten zügiger vonstatten gehen. Auf der Straße schlug man den »Einsatz vielfältiger und flexiblerer Mittel der Massenarbeit wie Lautsprecherwagen, Singeklubs der FDJ, Verbreitung von Gegengerüchten« vor.

In der Tat waren die Vorfälle während des 20. Jahrestages an Peinlichkeit kaum zu überbieten. Natürlich sind überall in der Welt am Rande von Großveranstaltungen Vorkommnisse dieser Art normal. Doch in der DDR war das massenhafte Auftauchen von Anhängern der streng verpönten Rolling Stones ein hochbrisantes Politikum. Auf den Plakaten, in den Wochenschauen und im Fernsehen sahen die DDR-Jugendlichen immer adrett aus, hatten einen militärischen Fassonschnitt und waren ordentlich gekleidet, möglichst mit einem frisch gebügelten FDJ-Hemd. Die heile Bilderwelt der DDR hatte einen Riss bekommen. Die Teenager in den ausgefransten Jeans und verwaschenen Parkas, die zusammenströmten um westliche dekadente Musik zu hören, waren ein Schlag ins Gesicht der Jugendfunktionäre. Eine echte Gefahr für das Staatswesen waren die Beatfans keineswegs. Ihr Protest war unpolitisch und spontan. Er wurde erst durch den Außendruck künstlich politisiert.

Allerdings hatte das Zusammenströmen von mehreren Tausend Beatfans blitzlichtartig die labile Lage an der Mauer erhellt. Die Grenzsicherungsmaßnamen rund um West-Berlin waren inzwischen fast perfekt. Doch die Sicherung war ausschließlich geeignet, um Einzelpersonen mit Gewalt an der Flucht zu hindern. Was sollte geschehen, wenn sich größere Gruppen den Grenzsicherungsanlagen nähern würden? Dafür gab es kein Konzept.

Es zeigte sich an jenem Tag, wie brüchig die für den Einzelnen so unüberwindliche Mauer war.

Niemand konnte ahnen, dass die DDR am 7. Oktober 1969 sozusagen ihre Halbzeit erreicht hatte. 20 Jahre hatte sie hinter sich und noch 20 Jahre vor sich. Gerade zu diesem »Bergfest« zeigte es sich, dass ein belangloser Vorfall die politische Stabilität des scheinbar so festgefügten Staates erschüttern konnte. Natürlich waren die Sicherungskräfte in der Lage gewesen, Ruhe und Ordnung wiederherzustellen. Doch die inszenierte Harmonie des Jubelfestes war durch einen schrillen Misston gründlich verdorben worden.

EPILOG

Von 1968 zur friedlichen Revolution von 1989

Die Krawalle an der Mauer boten der SED-Führung Anlass, über ihre Jugendpolitik nachzudenken. Fünf Jahre war die Beatmusik nun verboten. Doch für die Rockfans waren diese Verbote ein Grund mehr, den heißen Klängen aus den Kofferheulen zu lauschen. Jahrelang eiferten Lehrer, Lehrmeister und FDJ-Funktionäre gegen Jeans, Kutten, lange Haare und kurze Röcke. »Jugendliche mit negativ-dekadentem Äußeren« wurden in die Nähe von Staatsfeinden und Konterrevolutionären gerückt. Am 29. August 1968 veröffentlichte das *Neue Deutschland* ein Foto mit einigen Prager Jugendlichen, die sich vor dem Denkmal des Heiligen Wenzel mit Protestplakaten versammelt hatten. Einige der nach heutigen Maßstäben eher adrett gekleideten jungen Leute hatten die Haare über die Ohren gekämmt. Das sollte beim Leser des Zentralorgans Abscheu erregen. Entsprechend lautete die Bildunterschrift: »Solcher Typen bedient sich die Konterrevolution, um Hass und Pogromstimmung zu verbreiten.«[14] Wer sich damals als Mann mit langen Haaren in die Oberschule oder zur Universität wagte, musste riskieren, vom Kollektiv der kapitalistischen Unkultur angeklagt zu werden und im Wiederholungsfalle der Bildungsstätte verwiesen zu werden. Die stereotype Replik, auch Karl Marx und Friedrich Engels hätten Bärte und lange Haare gehabt, wurde als besondere Respektlosigkeit gegenüber den Klassikern des Marxismus-Leninismus geahndet.

Doch Ende der sechziger Jahre zeigte sich, dass der Feldzug gegen die bürgerliche Dekadenz verloren war. Die neue Führung unter Erich Honecker bot den Jugendlichen einige kleine Freiheiten, um sie die große Unfreiheit vergessen zu lassen. »Man darf Jugendliche nicht nach ihrem Äußeren beurteilen«, wurde ein Wort des neuen Generalsekretärs kolportiert. Obwohl sich diese Neuerung nur langsam bis in das letzte Provinzstädtchen herumsprach, waren lange Haare nun gestattet. Es dauerte nicht lange, bis auch FDJ-Funktionäre so in der

Öffentlichkeit auftraten. Das Bestreben, dem langhaarigen Begründer des wissenschaftlichen Kommunismus auch äußerlich zu ähneln, wurde nun wohlwollend zur Kenntnis genommen.

Selbst ein bisschen revolutionäre Romantik begann die Partei allmählich zu dulden. Die Poster und Sticker mit dem Bildnis von Ernesto Che Guevara, die aus dem Westen einsickerten, waren keine staatsgefährdende Konterbande mehr. Lehrer und FDJ-Funktionäre knüpften gern an die jugendliche Abenteuerlust des modernen Robin Hood an, um ihre politischen Inhalte zu transportieren. Werner Heiduczek legt dies der positiven Heldin aus seinem Studentenroman *Mark Aurel oder ein Semester Zärtlichkeit* in den Mund: »Staatsbürgerkunde war bisher todlangweilig gewesen. Wir paukten auswendig, was verlangt wurde. (…) Und dann hieß es in der zwölften Klasse: Ihr bekommt einen anderen. (…) Wir nannten ihn Che Guevara. Ich weiß selbst nicht warum. Er trug keinen Bart und sah auch sonst nicht nach Revolution aus. Vielleicht nannten wir ihn deshalb so, weil er in der ersten Stunde immerzu von Che Guevara redete. Er sprach über die verschiedenen Taktiken der proletarischen Revolution und sagte, wir sollten mal ›Horizont‹ lesen, da werde das Tagebuch von Che Guevara abgedruckt. Die meisten von uns wussten gar nicht, wer das war. Die Jungen besorgten sich dann auch gleich die Zeitung und hörten überhaupt nicht auf, von Che Guevara zu reden. Einige wären am liebsten sofort nach Südamerika gefahren, um dort Revolution zu machen und andere sagten, was der gemacht hat, ist falsche Romantik, ohne Proletariat und Massenbasis ist das Quatsch. Sie machten alle Lehrer verrückt mit Che Guevara und merkten nicht, dass das alles nur ein Trick von Herrn Stengle war. Er macht FDJ-Stunden über Che Guevara und ließ dabei Referate halten über Lenins ›Staat und Revolution‹ und ›Zwei Taktiken‹ und über das ›Kommunistische Manifest‹«.[15]

Tatsächlich begann die neue Wochenzeitung *Horizont* in ihrem ersten Heft am 1. November 1968 mit dem Abdruck des bolivianischen Tagebuchs von Che Guevara. Das galt als kleine Sensation und machte das neue Periodikum zur begehrten Ware. Die neue Zeitung war Resultat der Überlegungen der Agitationskommission des ZK der SED unter Werner Lamberz darüber, wie man die Propaganda wirkungsvoller und interessanter gestalten könne. Als Journal für internationale Politik hob sich *Horizont* damals durchaus positiv von den anderen Presseerzeugnissen der DDR ab.

Auch auf anderen Gebieten gab es Versuche der Öffnung und Lockerung. Seit 1970 fand in Ost-Berlin regelmäßig das »Festival des politischen Liedes« statt, zu dem Gruppen aus der ganzen Welt anreisten. Was freilich durch den Spalt der internationalen Öffnung hineinströmte, war dreifach ideologisch gefiltert und gesiebt. Als verhältnismäßig unbedenklich galten Gruppen aus der Dritten Welt mit ihrer Mischung aus Revolutionsgesängen und Folklore. Jedes Jahr in den Winterferien reisten Tausende von Schülern, Lehrlingen und Studenten in die Hauptstadt der DDR und stellten sich eine Nacht oder länger in die Kälte, um eine der begehrten Karten zu ergattern. Die Ersatzprotestkultur bediente sich mit offizieller Duldung der Posen und Erkennungszeichen westlicher Protestbewegungen. Die angehenden Akademiker aus dem Osten reckten die Arme zum proletarischen Gruß nicht schlechter als ihre Kommilitonen aus Marburg oder Heidelberg. Solange sie sich nicht direkt gegen die SED-Herrschaft richteten, galten ein bisschen »linke Abweichung« und »revolutionäre Ungeduld« als verzeihliche Sünden. Manche jungen Leute hefteten sich ein rotes Sternchen an die schwarze Baskenmütze oder den verwaschenen Parka. Die Emailleplaketten und die zur Schau gestellten Plakate kamen ebenso aus dem Westen wie die krausen Ideen von der Weltrevolution. Gegen den schmutzigen Krieg der USA in Vietnam, gegen die Inhaftierung von Angela Davis, gegen den faschistischen Militärputsch in Chile oder das Obristenregime in Athen konnte man nun auch in der DDR ganz locker und spontan protestieren. Und wenn dann »Griechische Inseln« von Mikis Theodorakis erklang, schlugen die Herzen unter den Blauhemden höher: »Wer kann die Lieder der Freiheit verbieten? / Keine Gewalt, kein Befehl, kein Gericht. / Denn das Volk wird sie immer behüten. / Und zum Schweigen bringt man sie nicht.« So mancher wird die Zweischneidigkeit dieser Revolutionsromantik wohl empfunden und während der vom Publikum mitgesungenen Anklage lateinamerikanischer Gruppen gegen die Panzer auf der Plaza Moneda in Santiago de Chile heimlich an die sowjetischen Panzer auf dem Wenzelsplatz in Prag fünf Jahre zuvor gedacht haben.

Viele haben die X. Weltfestspiele der Jugend und Studenten, die vom 28. Juli bis zum 5. August 1973 in Ost-Berlin stattfanden, als echten Kulturbruch empfunden. Es wurde retrospektiv sogar von einem »roten Woodstock« und einem »Summer of Love« phantasiert, die staatlich gelenkte Massenveranstaltung der DDR also mit dem legendären Freiluftkonzert von 1969 in Woodstock verglichen. Immerhin haben es viele damals so empfunden. Der Blick hinter die Kulissen lässt nicht viel übrig von dieser naiven Sichtweise.

Die Weltfestspiele von 1973 sollten der SED als Nagelprobe für Honeckers Politik der kontrollierten Öffnung dienen. Die DDR war nun ein international anerkannter Staat. Diplomaten und Journalisten aus aller Welt waren in Ost-Berlin akkreditiert worden. Eine strikte Isolation der eigenen Bevölkerung war nicht mehr zeitgemäß. Zudem legte die DDR Wert auf ihre außenpolitische Reputation. Sie wollte sich der ganzen Welt als fortschrittlicher, offener Staat mit einer lebensfrohen und optimistischen Jugend präsentieren.

Auf der einen Seite erlebten Teilnehmer und Beobachter in jenen bunt bewegten Sommertagen eine weltoffene, tolerante und fröhliche Atmosphäre. Auf der anderen funktionierte ein Repressionssystem, das bereits im Vorfeld der Ereignisse die Schrauben eher anzog als lockerte. Im Unterschied zu früher waren die Überwachungs- und Disziplinierungsmethoden weniger sichtbar und deshalb weitaus effektiver geworden. Erich Mielke brachte die neue Taktik auf den kurzen Nenner: »Im übrigen haben wir klar orientiert, dass man sich als Kommunist, als Tschekist diesmal wie die drei Affen verhalten muss und trotzdem sehen, hören und richtig und konsequent handeln, wo es sein muss.«[16] Während des Festivals war fast alles erlaubt. Niemanden belästigte die Volkspolizei wegen seines »feindlich-dekadenten« Äußeren. Bis in die Nacht hinein saßen junge Leute aus aller Welt gemeinsam auf dem Rasen vor dem Fernsehturm, und keiner kontrollierte, welche Lieder sie zur Gitarre sangen. Westliche Gruppen verteilten ungehindert ihre Flugblätter und Broschüren und forderten zum Meinungsstreit heraus. Die diskutierenden Menschentrauben auf dem Alexanderplatz gehörten zum charakteristischen Erscheinungsbild.

Trotzdem trog der schöne Schein. Partei und Staatssicherheit hatten sich langfristig und sorgfältig auf alle Eventualitäten vorbereitet. Schon frühzeitig begannen auf breiter Front die ideologischen und organisatorischen Vorbereitungen. FdJler aus der ganzen Republik wurden in Schulungslagern zusammengefasst und erhielten genaue Anweisungen über den Umgang mit feindlichen Argumenten und Provokationen. Dort fanden regelrechte Diskussionsübungen statt, bei denen ein als ideologisch besonders sattelfest geltender Funktionär den Part des *Advocatus Diaboli* übernahm und den Jungfunktionären vor allem die Pflicht zur Meldung jedes abweichenden Verhaltens und jeder ideologischen Unklarheit einschärfte. Unter dem Decknamen *Aktion Banner* baute das MfS einen gigantischen Kontroll- und Sicherungsapparat auf.[17] Gleichzeitig zeigten sich Honecker und Mielke als Meister der Camouflage und nutzten den konkreten Anlass zu einem allgemeinen »Großreinemachen«. In der ganzen DDR ließen sie Asoziale, Geisteskranke, Vorbestrafte und HWG-Personen – die Abkürzung stand für Frauen mit angeblich »häufig wechselndem Geschlechtsverkehr« – regelrecht »einsammeln«. Mit stolzem Gestus hervorragender Planerfüllung wurden der Zentrale in Berlin beeindruckende Zahlen von Ermittlungsverfahren, Einweisungen in psychiatrische Kliniken, Jugendwerkhöfe und Heime gemeldet. Einer Aufstellung der Hauptabteilung IX des MfS zufolge wurden im ersten Halbjahr 1973 in der gesamten DDR 6635 Ermittlungsverfahren gemäß Paragraph 249 des Strafgesetzbuches (Gefährdung der öffentlichen Ordnung durch asoziales Verhalten) eingeleitet.[18] Allein im Juli 1973 gab es weitere 2720 Ermittlungsverfahren gegen angeblich Asoziale.[19] Darüber hinaus sollen zwischen 1. Januar und 23. Juli 1973 nicht weniger als 917 »kriminelle Gruppen« mit 5258 Mitgliedern aufgelöst und 1824 Personen in Haft genommen worden sein.[20] Weiter ist der Aufstellung »mit Stand vom 23. Juli 1973« folgendes zu entnehmen: 25 927 Personen befanden sich »unter Kontrolle«; gegen 2982 Personen waren »staatliche Kontrollmaßnahmen« wirksam; 477 Personen wurden in psychiatrische Einrichtungen, 639 in Jugendwerkhöfe, 1163 in Spezialkinderheime und 53 Frauen mit HWG in Heime eingewiesen; 327 Personen entzog man die Zeltplatzgenehmigung und 637 zeitweilig den Personalausweis; 574 Personen erhielten Urlaubssperre; gegen 2577 Personen wurden sonstige Maßnahmen eingeleitet (Überwachung der Wohnung oder illegaler Quartiere, zusätzliche Betreuungsprogramme, Verkürzung der Meldepflicht, Aufenthaltsbeschränkung für Ost-Berlin). Bei 2293 Personen wurden »Haftstrafen angewandt«. Mit 19 779 Personen führte man Gespräche, um ihre Reise in die Hauptstadt der DDR während der Weltfestspiele zu verhindern.

Danach stand der erfolgreichen Demonstration von Weltoffenheit, Souveränität und Toleranz durch das SED-Regime nichts mehr im Wege. Die in einer Instruktion des MfS ausdrücklich befohlene Taktik, gegenüber abweichendem politischem Verhalten ausländischer Delegationen »maximale Großzügigkeit« zu beweisen,[21] zeitigte großen Erfolg. Tatsächlich ereigneten sich kaum nennenswerte Zwischenfälle.

Die Weltfestspiele von 1973 waren ein Modell für die Zukunft. Ein bisschen Freiheit war nun gestattet, solange sie nur Gesten und Symbole betraf, ein klein wenig Toleranz war angebracht, solange sie sich nur auf Äußerlichkeiten bezog, und ein Stück revolutionäre Romantik erfreute sich wohlwollender Duldung.

So starben in der DDR die sozialistischen Ideale sehr langsam. Sie erlebten anders als in Polen und der Tschechoslowakei im Zeichen von Perestroika und Glasnost sogar eine späte Blüte und spielten selbst im Revolutionsherbst 1989 zunächst eine gewisse Rolle. Man hat die Wende des Jahres 1989 die Revolution der 40-Jährigen genannt. Solche Thesen sind kaum statistisch zu verifizieren, dennoch stimmen sie mit dem allgemeinen Erscheinungsbild überein. Die Bürgerrechtsbewegung der späten achtziger Jahre war keineswegs eine Jugendrevolte und schon gar keine Bewegung der Studenten oder jungen Intellektuellen. In den kirchlichen Friedens- und Umweltgruppen sammelten sich nach Herkunft und Alter ganz unterschiedliche Menschen, doch war eine gewisse Dominanz der 40-Jährigen nicht zu übersehen, zumindest bei den Wortführern und Protagonisten. Deutlicher sichtbar waren die geistesgeschichtlichen Wurzeln der Bewegung. Dort spielten Ökologie und Pazifismus christlicher Prägung eine Rolle, aber eben auch die reformsozialistischen Gedanken eines freiheitlichen Marxismus und demokratischen Kommunismus. Auffallend war die Orientierung an Rosa Luxemburg, vor allem aber an den Vorgängen in der Sowjetunion, die unter den Schlagworten Perestroika und Glasnost eine Erneuerung der Sowjetgesellschaft erstrebten.

War nach 1985 in Moskau »Prager Frühling« angesagt? Die Frage stellten sich damals manche verwirrte Zeitgenossen. In der Tat ähnelten sich die Parolen und Floskeln. »Die Menschen brauchen die Demokratie, wie die Luft zum Atmen«, meinte der Generalsekretär der Kommunistischen Partei der Sowjetunion, Michail S. Gorbatschow. Dem mochte man freudig zustimmen. Doch es war zu spät. Der schöne Frühlingsblumenstrauß von 1968 schien unwiderruflich verwelkt. Die Träume von einer Neugeburt des Sozialismus aus dem Geist der Freiheit wirkten wie eine vertrocknete Blume, die aus einem alten Roman herausfällt und nun unter den Händen zerbröselt.

Dann kam der Oktober 1989 mit seinen großen dramatischen Augenblicken. Endlich schien sich zu vollziehen, wovon manche seit dem Ende des Prager Frühlings geträumt hatten. Wurde jetzt endlich mit 21 Jahren Verspätung die Revolte von 1968 nachgeholt und historisch vollendet? Es waren die Traumbilder von damals, die nun Wirklichkeit wurden. In den Demonstrationszügen am 7. und 8. Oktober 1989 wurde die Internationale gesungen. Als es am 24. Oktober 1989 in Ost-Berlin zur Demonstration gegen die Wahl von Egon Krenz zum Staatsoberhaupt kam, wurde von der Gethsemanekirche im Prenzlauer Berg bis zum Staatsratsgebäude am Marx-Engels-Platz als einziges Symbol den Demonstranten eine rote Fahne vorangetragen. Es waren die Gesten und Symbole von damals. Es war großartig, traumhaft schön, einmalig – aber eben ein Märchen. Die politischen Inhalte hatten sich gewandelt.

Das Volk, das dabei war, die SED-Diktatur abzuschütteln, strömte nach dem 9. November 1989 in hellen Haufen in den Westen, um die 100 D-Mark Begrüßungsgeld abzuholen. Sie dürsteten keineswegs nach neuen sozialistischen Experimenten, sondern nach Coca-Cola und anderen westlichen Köstlichkeiten. Dies war ohne Zweifel ein Sieg des Historischen Materialismus ganz im Sinne von Karl Marx, der die ökonomischen Interessen als Triebkraft der geschichtlichen Entwicklung gesehen hatte. Wie denn überhaupt der Zusammenbruch des realen Sozialismus keine Widerlegung, sondern eine Bestätigung des Marxismus war. Die Bürgerrechtler der DDR-Opposition erlebten mit ihren Ideen einer Rettung der DDR bei den ersten freien Wahlen am 18. März 1990 ein Desaster. Die Leute wollten Helmut Kohl, den freundlichen Onkel aus dem Westen mit dem dicken Portemonnaie. Jahrelang hatte die Propaganda behauptet, die CDU sei die Partei des Großkapitals. Nun sagten sich die Leute, Großkapital ist doch genau das, was wir brauchen.

Hinzu kam, dass die flink gewendete SED sich frech, aber entschlossen des Begriffs demokratischer Sozialismus bemächtigte, um ihn endgültig zu diskreditieren. Die ehemaligen Stasioffiziere und SED-Funktionäre, die bis 1989 schon beim Wort demokratischer Sozialismus nach dem Staatsanwalt gerufen hatten, räsonierten plötzlich von der großen Utopie eines menschlichen Sozialismus.

Die West-68er träumten von der Revolution und haben eine evolutionäre Wandlung des Systems bewirkt. Sie bewiesen durch ihre Biografien, was sie hatten widerlegen wollen, nämlich die Reformfähigkeit der bürgerlichen Gesellschaft. Die Ost-68er dagegen wollten den Sozialismus reformieren und haben mit 21 Jahren Verspätung – teilweise gegen ihren Willen – eine Revolution ausgelöst, die zur Vernichtung des sozialistischen Systems führte. Die versäumte Revolte von 1968 ließ sich in der DDR nicht mehr nachholen. So vollzog sich geschichtlich gesehen in Deutschland ein doppeltes Scheitern, das sich gegenseitig aufhob. West und Ost fanden sich gemeinsam wieder in einer Gesellschaft, deren Scheitern sie oft prognostiziert hatte, in der es sich aber sichtlich gut leben ließ.

Die gemeinsame Achse der antiautoritären Revolte im Westen und der Reformdiskussion im Osten war der Versuch eines Ausbruchs aus der Logik des Kalten Krieges, die Suche nach neuen Wegen jenseits der etablierten Systeme. So entstand aus zwei unterschiedlichen Perspektiven eine virtuelle Projektion, geboren aus verschiedenen Wurzeln, aber vereinigt in der Negation der existierenden Gesellschaft. Das positive Leitbild hieß aus Mangel an einem besseren Begriff demokratischer Sozialismus. Es war eigentlich ein Märchen. Aber als solches hatte es einen wichtigen Platz im Seelenhaushalt der Generation.

Wie Schneewittchen hatte der sozialistische Traum 20 Jahre unter Glas gelegen und sah so weiß wie Schnee und so rot wie Blut aus. Und die Tiere des Waldes beweinten die Königstochter. Dann kam ein Prinz des Weges und verliebte sich in das schöne Kind. Die Zwerge ahnten wohl Böses und wollten den Sarg nicht herausrücken. Doch der Prinz nahm ihn mit sich. Seine Diener stolperten, und Schneewittchen erwachte zu neuem Leben. Hier endet das Märchen, und die Wirklichkeit beginnt. Das bleiche Geschöpf wandelt seitdem auf der Erde. Es wird bewundert und geschmäht, zur toten Formel erklärt oder zum Zukunftsprojekt. Doch die Geschichte kommt nicht los von der schönen Königstochter. Wo die rationale Analyse als Instrument der Welterkenntnis endet, beginnt die Weisheit des Märchens. Und Märchen enden immer gut. Eines der wenigen Dinge, die man aus der Geschichte lernen kann, ist die einfache Tatsache, dass der Traum von einer gerechten Gesellschaft unsterblich ist. Er wird mit jeder Generation neu geboren.

Anhang

Anmerkungen

Prolog (S. 7–14)

1 Berliner Morgenpost, 20. August 1968.
2 BStU, MfS, Verwaltung Groß-Berlin, A 1140/2, Einzel-Information 56/58 vom 26. September 1968 über Einschätzung der schriftlichen staatsfeindlichen Hetze im Zeitraum 21. August 1968 bis 8. September 1968, Bl. 2.

1. Durch die Erde ein Riss (S. 16–34)

1 Annelie und Andrew Thorndike: Das russische Wunder. Bilder, Geschichten, Dokumente vom Werden des ersten Landes des Kommunismus nach dem gleichnamigen DEFA-Film, Berlin 1962. Bis 1967 erschienen weitere vier Auflagen des Buches, Lizenzausgaben für Österreich und die BRD sowie Übersetzungen ins Ungarische und Slowakische.
2 Ebd., S. 322.
3 Ebd., S. 326f.
4 Ebd., S. 213.
5 Walter Heynowski/Gerhard Scheumann: Der lachende Mann. Bekenntnisse eines Mörders, Berlin (DDR) 1966; vgl. zum Film Rüdiger Steinmetz/Tilo Prase: Dokumentarfilm zwischen Beweis und Pamphlet. Heynowski & Scheumann und Gruppe Katins; Tilo Prase: Dokumentarische Genres. Gattungsdiskurs und Programmpraxis im DDR-Fernsehen (Materialien, Analysen, Zusammenhänge, Bd. 19), Leipzig 2006, S. 160ff.
6 Zitiert nach Der Spiegel, 21. Jg. (1967), H. 48, S. 24.
7 Neues Deutschland, 12. November 1967.
8 Wochenpost, 15. Jg., (1968), H. 17, 19. April 1968, S. 1.
9 Volker Braun: KriegsErklärung, in: Texte in zeitlicher Folge, Bd. 2, Halle/Leipzig 1990, S. 155. Der Text besteht aus zwei Teilen. Der erste Teil »Geschäftsbericht« wurde 1966 für eine Solidaritätsmatinee »Der ferne Krieg« des Berliner Ensembles geschrieben und teil-

weise von Paul Dessau vertont. Der zweite Teil »Bericht vom Volk«wurde 1966 auf Anregung des Friedensrates der DDR geschrieben. Beide Teile erschienen 1967 im Mitteldeutschen Verlag Halle/Saale.

2. Wirtschaft als Laborversuch (S. 35–45)

1 Wörterbuch der Ökonomie des Sozialismus, Berlin (DDR) 1969, S. 473.
2 Kurt Hager in: Einheit 11/1971, S. 1215.
3 Zitiert nach Detlef Borchers: Aktion »Weltspitze«, in: Frankfurter Allgemeine Zeitung, 27. Oktober 2002.
4 Wochenpost 15. Jg., H. 6, 2. Februar 1968, S. 31.
5 Neues Deutschland, 13. September 1968.
6 Alle Angaben nach: Wochenpost, 15. Jg., H. 6, 2. Februar 1968, S. 8f.

3. Die sozialistische Menschengemeinschaft (S. 46–72)

1 Walter Ulbricht: Unser guter Weg zur sozialistischen Menschengemeinschaft, in: Das System der sozialistischen Gesellschafts- und Staatsordnung in der DDR, Berlin (DDR) 1969; dass. in: Hermann Weber (Hrsg.): DDR, Dokumente zur Geschichte der Deutschen Demokratischen Republik 1945–1985, München 1986, Dokument 173, S. 306.
2 Nikolai Nossow: Priključenija Neznajki i ego drjuszej, Moskau 1954; dt. Übers. v. Liselotte Remané, Berlin (DDR) 1956 u. d. T. Nimmerklug im Knirpsenland, Zitat S. 5.
3 Nikolai Nossow: Nimmerklug in Sonnenstadt, Berlin (DDR) 1960ff., S. 43.
4 Ebd., S. 59.
5 Ebd., S. 110.
6 Ebd., S. 160f.
7 Eberhardt del'Antonio: Titanus. Zukunftsroman, Berlin (DDR) 1959, S. 136.
8 Zu Eberhardt del' Antonio vgl. Erik Simon/Olaf R. Spittel, Sciencefiction in der DDR. Autoren und Werke. Ein Lexikon, Berlin (DDR) 1988, S. 94ff.; allg. zur SF-Literatur in der DDR vgl. Horst Heidtmann: Utopisch-phantastische Literatur in der DDR. Untersuchung zur Entwicklung eines unterhaltungsliterarischen Genres von 1945–1979, München 1982.
9 Del'Antonio, Titanus, a. a. O., S. 350.
10 Nachwort von Welta Ehlert in: I. A. Jefremow: Das Mädchen aus dem All, Berlin (DDR) 1965, S. 431–435, Zitat S. 435.

11 Neues Deutschland, 21. September 1963.
12 Hans Noll: Abschied. Journal meiner Ausreise aus der DDR, Hamburg 1985, S. 234f.
13 SAPMO-BArch, DY 24/6030, Beschluss des Politbüros des ZK der SED über »Probleme, die sich aus der Einschätzung des Deutschlandtreffens ergeben«.
14 Neues Deutschland, 10. Juli 1964.
15 Junge Welt, 25./26. Februar 1967.
16 Neues Deutschland, 6. März 1967.
17 Berliner Zeitung, 6. März 1967.
18 Neues Deutschland, 21. September 1963.
19 Klaus Trummer (Hrsg.): Unter vier Augen gesagt ... Fragen und Antworten über Freundschaft und Liebe, Berlin (DDR) 1966, S. 71.
20 BStU, MfS, Dokumentenstelle, 23/66. Dienstanweisung Nr. 4/66 zur politisch-operativen Bekämpfung der politisch-ideologischen Diversion und Untergrundtätigkeit unter jugendlichen Personenkreisen in der DDR vom 15. Mai 1966, Bl. 6.
21 BStU, MfS, Verwaltung Groß-Berlin, 9/67, Einzel-Information vom 28. Februar 1967 über Einschätzung der Ergebnisse der Untersuchung in den Ermittlungsfällen gegen Rädelsführer und Teilnehmer an den Zusammenrottungen Jugendlicher auf dem Humannplatz in Berlin, Prenzlauer Berg.
22 Ebd.
23 BStU, MfS, Verwaltung Groß-Berlin, A 1141/3, Bericht vom 14. November 1967 über Gruppierungen von Jugendlichen in der Milch-Mocca-Eisbar, Bl. 1.
24 BStU, MfS, Verwaltung Groß-Berlin, A 1141/3, Einzel-Information 8/68 vom 27. Februar 1968, Bl. 2.
25 Ebd.
26 BStU, Archiv der Außenstelle Chemnitz, XX – 565, MfS, BV Karl-Marx-Stadt, Abt. XX, Politisch-operative Lage unter der Jugend, im Bereich der Volksbildung sowie die Ergebnisse der operativen Bearbeitung von Waffendelikten von Hauptmann Lange (Leiter der Abt. XX) vom 5. August 1968, Bl. 1.

4. Die Welt in Aufruhr (S. 74–92)

1 Hanuš Burger: Der Frühling war es wert. Erinnerungen, München 1977, S. 383.
2 Josef Maxa: Die kontrollierte Revolution. Anatomie des Prager Frühlings, Wien/Hamburg 1969, S. 72.
3 Pavel Kohout: Aus dem Tagebuch eines Konterrevolutionärs, München 1970, S. 180f.
4 Zitiert nach Paul Lendvai: Antisemitismus ohne Juden. Entwicklungen und Tendenzen in Osteuropa, Wien 1972, S. 182.

5 Neues Deutschland, 25. August 1968.
6 Vgl. Richard Lourie: Sacharow. Biographie, München 2003, S. 289 ff.
7 Sacharow, Andrej D.[mitrijewitsch]: Wie ich mir die Zukunft vorstelle. Gedanken über Fortschritt, friedliche Koexistenz und geistige Freiheit, Nachwort von Max Frisch, Zürich 1968.
8 Ebd., S. 77.
9 Ebd., S. 78 f.
10 BStU, Archiv der Außenstelle Chemnitz, XX – 565, MfS, BV Karl-Marx-Stadt, Abt. XX, Politisch-operative Lage unter der Jugend, im Bereich der Volksbildung und der Fachschulen sowie der Ergebnisse der operativen Bearbeitung der Waffendelikte vom 10. Juni 1968, Bl. 1–3.
11 Ebd., Einschätzung auf dem Gebiet de Ideologie und Kultur von Hauptmann Lange (Leiter der Abt. XX) vom 19. Juni 1968, Bl. 1.
12 Ebd., Bl. 2.
13 Ebd., Einschätzung von Hauptmann Lange (Leiter der Abt. XX) vom 15. August 1968, Bl. 1.
14 Ebd., Bl. 2.
15 BStU, ZA, MfS, AIM 560/85.
16 BStU, MfS, AIM 560/85, Bericht von IM »Ekkehard«vom 13. Mai 1969.
17 SAPMO-BArch, DY 30/IV A2/2.028/141; Büro Albert Norden: Information vom 20. Juli 1968 über den Mitarbeiter der Staatliche Zentral für Strahlenschutz in Berlin-Friedrichshagen, Dr. K.
18 BStU, MfS, Verwaltung Groß-Berlin, Abt. XVIII/A, 9. Informationsbericht vom 1. August 1968: Berichterstattung über die Reaktion der Bevölkerung zum gemeinsamen Brief an das ZK der KPČ und die weitere Entwicklung in diesem Zusammenhang, Bl. 1.
19 Ebd., 8. Informationsbericht vom 30. Juli 1968: Berichterstattung über die Reaktion der Bevölkerung zum gemeinsamen Brief an das ZK der KPČ und die weitere Entwicklung in diesem Zusammenhang, Bl. 1.
20 Ebd., 9. Informationsbericht vom 1. August 1968: Berichterstattung über die Reaktion der Bevölkerung zum gemeinsamen Brief an das ZK der KPČ und die weitere Entwicklung in diesem Zusammenhang, Bl. 1.

1 Der Spiegel, 22. Jg. (1968), H. 12, S. 129.
2 Vgl. Hubertus Knabe: Hetzer, Fälscher, Meinungsmacher. Die Anti-Springer-Kampagne: Wie SED und MfS die Westberliner Studentenbewegung manipulierte, in: Frankfurter Allgemeine Zeitung, 22. März 2001.
3 SAPMO/BArch J IV/2/202; Anschreiben Albert Norden an Walter Ulbricht vom 21.6.1967 u. Information über Gespräche mit dem Konventspräsidenten der Dahlemer Universität in Westberlin, Wolfgang Lefèvre (SDS-Bundesvorstandsmitglied) sowie weiteren Westberliner Studentenfunktionären im Zentralrat der FDJ und in Westberlin am 20.6.1967, 6 Bl., Zitat Bl. 1; vgl. Bernd Rabehl: Feindblick. Der SDS im Fadenkreuz des »Kalten Krieges«, Berlin 2000.
4 Ebd., Bl. 2.
5 Ebd.
6 Ebd.
7 Ebd., Bl. 6.
8 SAPMO-BArch, J IV/2/202; Anschreiben Albert Norden an Walter Ulbricht vom 5.7.1967 u. Information über ein Gespräch mit Wolfgang Lefèvre (Mitglied des SDS-Bundesvorstandes und Präsident des Studentenkonvents der Dahlemer Universität in Westberlin) am 27.6.1967 im Zentralrat der FDJ, 7 Bl.; Zitat Bl. 2.
9 SAPMO-BArch, IV A 2/2028/106, Information über das Seminar vom Zentralrat der FDJ und SDS am 25.–28. Juli in Berlin, 11 Bl.
10 BArch-SAPMO, IV A 272028/107, Information vom 19.1.1968 über Aussprache mit Westberliner SDS-Mitgliedern und Zentralrat der FDJ.
11 Ebd.
12 BArch-Koblenz, Bundesnachrichtendienst, B 206/428, Gescheiterter Annäherungsversuch der FDJ an den SDS.
13 Ebd.
14 Herbert Marcuse: Das Ende der Utopie. Vorträge und Diskussionen, Frankfurt am Main 1980; vgl. Siegward Lönnendonker/Bernd Rabehl/Jochen Staadt: Die antiautoritäre Revolte. Der Sozialistische Deutsche Studentenbund nach der Trennung von der SPD, Bd. 1 1960–1967, Köln 2002, S. 367ff.
15 Herbert Marcuse: Der eindimensionale Mensch. Studien zur Ideologie der fortgeschrittenen Industriegesellschaft (Sammlung Luchterhand, Bd. 4), Frankfurt am Main 1967.
16 Marcuse, Ende der Utopie, a.a.O., S. 48.
17 Ebd., S. 17.
18 Forum, 22. Jg. (1968), H. 2–5.
19 Robert Steigerwald: Herbert Marcuses dritter Weg, Berlin (DDR) 1969; eine Lizenzausgabe erschien parallel im Kölner DKP-Verlag Pahl-Rugenstein.

20 Ebd., S. 219 ff.

21 Nelli Motroschilowa/Jurij Samoschkin: Marcuses Utopie der Antigesellschaft (Zur Kritik der bürgerlichen Ideologie, 4), Berlin 1971; Gertraud Korf: Ausbruch aus dem ›Gehäuse der Hörigkeit‹? Kritik der Kulturtheorien Max Webers und Herbert Marcuses (Zur Kritik der bürgerlichen Ideologie; 5), Berlin (DDR) 1971.

22 Korf, Ausbruch, a. a. O., S. 64 f.

23 MfS, Verwaltung Groß-Berlin, A 1140/2, Einzel-Information vom 19.7.1968 über negatives Verhalten des Studenten der Humboldt-Universität, Fachrichtung Historiker, II. Studienjahr, K. Reinhard, Bl. 3.

24 BStU, MfS, Abt. XII/2, Abwehrinformation vom 27.12.1971: Hinweis auf oppositionelle Studenten an der Sektion Geschichtswissenschaft der Humboldt-Universität, Gruppe Archivwissenschaft, III. Studienjahr, 2 Bl: Zitat Bl. 2.

25 Neues Deutschland, 10. und 11. März 1968; vgl. Die Welt, 5. März 1968; Telegraf, 14. März 1968 u. a.

26 Forum 9/1968.

27 MfS, Verwaltung Groß-Berlin, A 1142/5, Stadtarchiv Berlin, Bericht 7/65 vom 30.4.1965 über einige negative Erscheinungen und Vorkommnisse in der Hauptstadt der DDR, die auf Einflüsse der politisch-ideologischen Diversion des Gegners zurückzuführen sind, Bl. 16.

28 BStU, MfS, Verwaltung Groß-Berlin, A 1140/3, Bericht vom 10. Januar 1969 über Jugendklub für Literatur und Musik »Freundschaft« 1017 Berlin, Fredersdorfer Straße 38, Bl. 2 f.

29 Ebd., Bl. 3.

30 BPA Berlin IV B – 2/9.02/643, Information des Sekretariats des ZK vom 28. Januar 1969 zur politisch-ideologischen Situation unter den Studenten, Bl. 1.

31 Ebd.

32 BPA, IV B – 2/3/039, SED-Bezirksleitung Berlin, Berichte über die Einflussnahme der evangelischen Kirchen, Januar 1968.

33 BStU, MfS, Verwaltung Groß-Berlin, A 1140/2, Einzel-Information 48/68 vom 24. Juli 1968 über die Haltung von Mitgliedern des Studentenkreises im evangelischen Jungmännerwerk zu den Ereignissen in der ČSSR, Bl. 1 f.

34 Ebd., Bl. 2 f.

35 BPA Berlin IV B – 2/9.02/643, Information des Sekretariat des ZK vom 28. Januar 1969 zur politisch-ideologischen Situation unter den Studenten, Bl. 4 f.

36 MfS, Verwaltung Groß-Berlin, A 1141/3, Stadtarchiv Berlin, Bericht 63/67 vom 12.10.1967 über Vorkommnisse, die im Zusammenhang mit der chinesischen Botschaft stehen, 5 Bl.; Zitat Bl. 1.

37 Ebd., Bl. 3.

38 Ebd., Bl. 5.

39 BStU, MfS, Verwaltung Groß-Berlin, A 1141/1, Bericht 15/66 vom 23.4.1966 über Treffen von Personen der Philosophischen Fakultät der Humboldt-Universität Berlin mit Studenten der Freien Universität von Westberlin.
40 Ebd., Bl. 2.
41 Ebd., Bl. 3.
42 MfS, Verwaltung Groß-Berlin, A 1141/3, Information 57/67 vom 19.1.1967 über Erscheinungen der politisch-ideologischen Zersetzung und der ungenügenden gesellschaftspolitischen Erziehung an der Humboldt-Universität Berlin, 29 Bl.
43 Deutsches Rundfunkarchiv Babelsberg, Historisches Archiv, 20/39/71, anonymer Hörerbrief vom 15.5.1968.
44 Ebd., anonymer Hörerbrief vom 19.4.1968.
45 Jürgen Miermeister/Jochen Staadt (Hrsg.): Provokationen. die Studenten- und Jugendrevolte in ihren Flugblättern 1965–1971, Darmstadt/Neuwied 1980, S. 122.
46 Christian Zak: Bewahrung des Bewährten – Axiom für Revolutionäre. Anmerkungen zum Weg des Sozialistischen Deutschen Studentenbundes, in: Forum 21/1968.
47 Siegfried Prokop, Studenten im Aufbruch. Zur studentischen Opposition in der BRD, Berlin (DDR) 1974, S. 121.

6. Reform und Beharrung (S. 122–136)

1 MfS, Information 57/67, a.a.O., Bl. 22.
2 Programm der SED, Berlin (DDR) 1963, S. 99.
3 Studenten-Verpflichtung und studentischer Fahneneid, Situationsbericht des Untersuchungsausschusses freiheitlicher Juristen vom 15. November 1967, zitiert nach: SBZ Archiv, 19. Jg. (1968), H. 1, S. 5.
4 BStU, ZA, MfS, Dokumentenstelle, Durchführungsbestimmung Nr. 1 zur Dienstanweisung Nr. 4/66 des Ministers für Staatssicherheit vom 10. Januar 1968.
5 BStU, MfS, ZAIG, Z 1467, Einzel-Information 355/68 vom 30. März 1968 über die Wirksamkeit der politisch-ideologischen Diversion an Universitäten, Hochschulen und anderen Bildungseinrichtungen und Mängel, die diesen Einfluss begünstigen, Bl. 2.
6 Ebd., Bl. 2 f.
7 BStU, MfS, Verwaltung Groß-Berlin, A 1140/1, Einzel-Information 27/68 vom 23. Mai 1968, Anlage.
8 Ebd., Bl. 2 f.
9 Ebd., Einzel-Information 29/68 vom 25. Mai 1968, Bl. 1.
10 Ebd.
11 Wolf Biermann: Der Sturz des Dädalus, Köln 1992, S. 165 ff.

7. Die DDR und der Prager Reformkurs (S. 138–145)

1 Neues Deutschland, 6. Januar 1968.
2 MfS, Büro des Ministers, ZAN, Schreiben vom 12.3.1968 an Ltr. der Abt. des ZK, Anlage: Information zur gegenwärtigen Lage in der ČSSR, 14 Bl., Zitat Bl. 11.
3 Ebd., Bl. 13.
4 MfS, ZAIG, Z 1564, Einzel-Information 301/68 vom 15.3.1968 über die Reaktion der Bevölkerung der DDR über die Vorkommnisse in der ČSSR und in der VR Polen, 8 Bl. u. 1 Bl. Anl., Zitat Bl. 1.
5 Neues Deutschland, 27. März 1968.
6 Alfred Kurella: Der Frühling, die Schwalben und Franz Kafka, in: Sonntag 31/1963, dass. in: Kritik der Zeit. Literaturkritik der DDR 1945–1975, Bd. 1, Halle/Leipzig 1978, S. 380 ff.
7 Ludvík Vaculík: Zweitausend Worte, gewidmet den Arbeitern, Bauern, Angestellten, Wissenschaftlern und Künstlern und allen, in: Rudolf Sievers (Hrsg.): 1968. Eine Enzyklopädie, Frankfurt am Main 2004, S. 272 ff.
8 Neues Deutschland, 18. Juli 1968.
9 Lutz Prieß/Václav Kural/Manfred Wilke (Hrsg.): Die SED und der »Prager Frühling« 1968. Politik gegen einen »Sozialismus mit menschlichem Antlitz« (Studien des Forschungsverbundes SED-Staat an der FU Berlin), Berlin 1996, S. 222.
10 Neues Deutschland, 14. August 1968.

8. Heißer Sommer (S. 146–150)

1 Günter Kunert: Kramen in Fächern, Berlin/Weimar 1968, S. 149 ff.
2 BArch, MdI, Informationsgruppe Stab des MdI, 5. Informationsbericht vom 5.8.1968, Anlage: Information an E. Honecker vom 6.8.1968 über Stimmungen unter unserer Grenzbevölkerung an der Grenze zur ČSSR
3 BArch, MdI, Kopie eines Schreibens Borning (Abt. Sicherheitsfragen des ZK der SED) an Hörnig (Abteilung Wissenschaft des ZK der SED) vom 16.7.1968.
4 Ebd.
5 BArch, MdI, Kopie eines Schreibens Borning (Abt. Sicherheitsfragen des ZK der SED) an Prof. Albert Norden (Politbüro) vom 16.7.1968.
6 BArch, MdI, Zollchefinspektor Stauch (Leiter Zollverwaltung der Deutschen Demokratischen Republik) an Abt. für Sicherheitsfragen des ZK der SED, Wocheninformation zu Feststellungen im grenzüberschreitenden Verkehr über die Staatsgrenze Süd vom 18.7.1969, Berichtszeitraum: 8.–14.7.1968.

7 Ebd., Bl. 4.
8 Ebd., Bl. 5.
9 SAPMO-Barch, DY 30, NL 2/31, Schreiben Albert Norden an Walter Ulbricht vom 26.7.1968.
10 BStU, MfS, Verwaltung Groß-Berlin, Abt. XVIII/A, 10. Informationsbericht vom 2. August 1968: Berichterstattung über die Reaktion der Bevölkerung zum gemeinsamen Brief an das ZK der KPČ und die weitere Entwicklung in diesem Zusammenhang, Bl. 1.
11 BStU, MfS, Verwaltung Groß-Berlin, Abt. XVIII/A, 11. Informationsbericht vom 9. August 1968: Berichterstattung über die Reaktion der Bevölkerung zum gemeinsamen Brief an das ZK der KPČ und die weitere Entwicklung in diesem Zusammenhang, Bl. 1.

9. Die Invasion (S. 151–183)

1 Zitiert nach Jiři Pelikán (Hrsg.): Panzer überrollen den Parteitag. Protokolle und Dokumente des 14. Parteitages der KPČ am 22. August 1968, Wien/Frankfurt am Main/Zürich 1969, S. 25f.
2 Ebd., S. 102.
3 BStU, MfS, Bezirksverwaltung Groß-Berlin, A 1140/1, Schreiben von Generaloberst Erich Mielke (Minister für Staatssicherheit der DDR) an alle Leiter der Operativen Haupt- und selbständigen Abteilungen vom 27. August 1968, Bl. 1.
4 BStU, MfS, HA XVIII, 7769, Information zu den Ereignissen in der ČSSR, Bl. 3.
5 BStU, MfS, Verwaltung Groß-Berlin, A 1140/2, Einzel-Information 56/68 vom 26. September 1968 über Einschätzung der schriftlichen Staatsfeindlichen Hetze im Zeitraum 21. August 1968 bis 08. September 1968, Bl. 1.
6 Ebd., Bl. 1f.
7 Ebd., Bl. 2.
8 BStU, MfS, HA IX, 2670, Statistische Übersicht über den Gesamtanfall an Ermittlungsverfahren wegen Straftaten im Zusammenhang mit den Maßnahmen der verbündeten sozialistischen Staaten zur Sicherung der sozialistischen Ordnung in der ČSSR vom 2. Dezember 1978.
9 BStU, MfS, Allg. S. 629/70, Bd. 6a, Übersicht über Zuführungen und Inhaftierungen von Personen in Zusammenhang mit feindlichen Aktionen gegen die Maßnahmen zur Sicherung der sozialistischen Verhältnisse in der ČSSR.
10 Ebd.
11 Ebd.
12 Ebd.
13 BStU, MfS, HA XVIII, 7769, Information zu den Ereignissen in der ČSSR, Bl. 4.

14 Übersicht über Zuführungen, a.a.O.
15 BStU, MfS, VVS I-06018, 3. Bericht über die mit Wirkung vom 21.08.1968, 00.00 Uhr eingeleiteten Maßnahmen, Bl. 1.
16 Ebd., Bl. 2.
17 BStU, MfS, HA IX, 2670, Bericht o.D. über Straftaten in der Zeit vom 20.8. bis 30.9.1968, die sich gegen die Schutzmaßnahmen der fünf verbündeten sozialistischen Staaten zur Sicherung des Sozialismus in der ČSSR richteten.
18 BStU, MfS, HA IX, Einschätzung vom 27. November 1968 zu den Ermittlungsverfahren der vom MfS festgestellten Angriffe gegen die Hilfsmaßnahmen der fünf sozialistischen Bruderstaaten zur Sicherung der sozialistischen Staats- und Gesellschaftsordnung der ČSSR, Bl. 1.
19 BStU, MfS, HA IX, 2670, Bericht über Straftaten in der Zeit vom 20.8. bis 30.9.1968, die sich gegen die Schutzmaßnahmen der fünf verbündeten sozialistischen Staaten zur Sicherung des Sozialismus in der ČSSR richteten, Bl. 1.
20 Ebd.
21 BStU, MfS, HA IX, Einschätzung vom 27. November 1968 zu den Ermittlungsverfahren der vom MfS festgestellten Angriffe gegen die Hilfsmaßnahmen der fünf sozialistischen Bruderstaaten zur Sicherung der sozialistischen Staats- und Gesellschaftsordnung der ČSSR, Bl. 6.
22 BStU, MfS, ZA, Allg. S. 629/70, Übersicht über Zuführungen und Inhaftierungen von Personen in Zusammenhang mit feindlichen Aktionen gegen die Maßnahmen zur Sicherung der sozialistischen Verhältnisse in der ČSSR, 2. Zusammenfassung vom 28. August 1968, Bl. 1.
23 BStU, MfS, HA IX, 2670, Bericht über Straftaten in der Zeit vom 20.8. bis 30.9.1968, die sich gegen die Schutzmaßnahmen der fünf verbündeten sozialistischen Staaten zur Sicherung des Sozialismus in der ČSSR richteten, Bl. 12.
24 BStU, MfS, ZA, Allg. S. 629/70, Bd. 4 b.
25 Ebd.
26 BStU, MfS, Archiv der Außenstelle Chemnitz, Mb 236, MfS, BV Karl-Marx-Stadt, KD Marienberg, Tatortbesichtigungsbericht vom 27. August 1968, Bl. 1.
27 Ebd., Aktennotiz vom 6. September 1968 über Aussprache mit dem Hausmeister Sch. und dem Pionierleiter M., Bl. 1 f.
28 Ebd., Aktennotiz vom 4. September 1968 über Aussprache mit dem Lehrer Manfred H., Bl. 1.
29 Ebd., Aktennotiz vom 4. September 1968 über Aussprache mit dem Malermeister Gottfried N., Bl. 1.
30 Ebd., Aktennotiz vom 5. September 1968 über Aussprache mit dem VP-Angehörigen W., Bl. 1.
31 Ebd., Maßnahmeplan OV »Schanze«vom 14. Mai 1969.

32 Ebd., Bl. 5.

33 BStU, MfS, ZA, Allg. S. 629/70, Bd. 4, Bericht der HA IX vom 9. Januar 1969 über die bis zum 23. Dezember 1968 entsprechend dem Schreiben des Generalstaatsanwaltes vom 19. Dezember 1968 und der dazu ergangenen Dienstanweisung 6/68 des Ministers für Staatssicherheit aus dem Strafvollzug und der Untersuchungshaft entlassenen Personen.

34 Pavel Kohout: Aus dem Tagebuch eines Konterrevolutionärs, München 1970, S. 139.

35 SAPMO-BArch, DY 30, IV, A 2/4/5, Information vom 12. Dezember 1968 über Auseinandersetzungen mit Mitgliedern und Kandidaten der Partei, die im Zusammenhang mit den militärischen Hilfsmaßnahmen der fünf sozialistischen Länder vom 21.8.1968 durchgeführt wurden, Bl. 1 f.

36 Ebd., Bl. 5.

37 Christoph Hein: Der Tangospieler, Berlin/Weimar 1994, S. 198.

38 Adolf Dresen: Wieviel Freiheit braucht die Kunst? Reden, Briefe, Verse, Spiele 1064 bis 1999, hrsg. von Maik Hamburger, Berlin 2000, S. 102.

10. Politik als Normalität des Absurden (S. 186–203)

1 Milan Kundera: Die unerträgliche Leichtigkeit des Seins, München/Wien 1984, S. 28 f.

2 BStU, MfS, Verwaltung Groß-Berlin, A 1140/2, Einzelinformation Nr. 57/68 vom 29. Oktober 1968 über ČSSR-Ausstellung im Internationalen Ausstellungszentrum, Bl. 1.

3 Ebd., Bl. 2.

4 Berliner Morgenpost, 27. Juni 1999.

5 BStU, MfS, Verwaltung Groß-Berlin, Abt. XVIII/2, Ergänzungsbericht des IMS »Nitzsche«vom 23. August 1968 zu der Kurzversammlung am 21. August 1968 im VEB Güterkraftverkehr Berlin, Bl. 2.

6 LA Berlin, C 51/1, Bezirksleitung der SED Groß-Berlin, Sektor Parteiinformation, 15. November 1968, Politische Schwerpunkte, die sich im Zusammenhang mit der Entwicklung in der ČSSR in der Diskussion in Berliner Betrieben und Institutionen zeigen, Bl. 2.

7 SAPMO-BArch, IV A 2/9/04/21, ZK der SED, Abt. Wissenschaften, Material zur Analyse über die politisch-ideologische Situation unter den Studenten nach dem 21.8.1968, Bl. 1.

8 Ebd., Bl. 1 f.

9 Ebd., Bl. 2 f.

10 Ebd., Bl. 9.

11 Hein, Tangospieler, a. a. O., S. 202 f.

12 BPA Berlin IV B – 2/9.02/643, Information des Sekretariats des ZK

vom 28. Januar 1969 zur politisch-ideologischen Situation unter den Studenten, Bl. 3.

13 Albrecht Charisius/Julius Mader: Nicht länger geheim. Entwicklung, System und Arbeitsweise des imperialistischen deutschen Geheimdienstes, Berlin (DDR) 1969, S. 369–400.

14 Ebd., S. 369f.

15 BStU, ZA, MfS, HA IX, 2671, Materialdokumentation über die konterrevolutionäre Entwicklung in der ČSSR und über den gegen die politisch-gesellschaftliche Normalisierung gerichteten Widerstand durch konterrevolutionäre Kräfte, September 1968.

16 Ebd., Bl. 9a

17 Ebd., Bl. 94.

18 Ebd.

19 Charisius/Mader, Nicht länger geheim, a.a.O., S. 394.

20 SAPMO-BArch, DY/30/IV 2/2.106, Agitationskommission beim Politbüro des ZK der SED, Einladungsschreiben von Werner Lamberz an die Mitglieder der Agitationskommission des ZK der SED vom 12.9.1968.

21 Es kann als gesichert gelten, dass sich während der Okkupation der ČSSR keine Truppen der NVA auf dem Territorium des Nachbarlandes befanden. Dennoch berichteten bundesdeutsche Medien viele Einzelheiten über das Verhältnis der Bevölkerung gegenüber den deutschen Soldaten, zitierten Augenzeugen und veröffentlichten sogar Bilder. Auch die SED-Propaganda hielt die Fiktion der DDR-Beteiligung aufrecht; vgl. SAPMO-BArch, DY 30/IV A 2/2.028, »Objektive«Berichterstattung der westdeutschen Monopolpresse über den Einsatz der Nationalen Volksarmee der DDR bei der militärischen Hilfsaktion der verbündeten sozialistischen Länder zum Schutz der Freiheit und des Sozialismus in der ČSSR nebst Anschreiben von Werner Hübner an Albert Norden vom 9. September 1968.

22 SAPMO-BArch, DY/30/IV 2/2.106, Agitationskommission beim Politbüro des ZK der SED, Schlussfolgerungen aus den jüngsten Ereignissen für die weitere Qualifizierung der journalistischen Arbeit (Vorschlag für eine Diskussionsgrundlage) vom 24.9.1968 nebst Anschreiben von F.J. Herrmann an die Mitglieder der Agitationskommission des ZK der SED vom 25.9.1968.

23 Ebd.

24 Ebd.

25 Kundera, Unerträgliche Leichtigkeit, a.a.O., S. 65f.

11. Kafka und Faust (S. 204–220)

1 Der Panzer zielte auf Kafka. Heinrich Böll über seine vier Tage in Prag, in: Der Spiegel 40/30. September 1968, S. 153; dass. in: Christian Schmidt-Häuer/Adolf Müller/Heinrich Böll: Viva Dubček, Köln/Berlin 1968, S. 16.

2 Klaus Hermsdorf: Kafka in der DDR. Erinnerungen eines Beteiligten, hrsg. v. Gerhard Schneider u. Frank Hörningk (Theater der Zeit Recherchen, Bd. 44), Berlin 2007, S. 151 f.

3 Eduard Goldstücker/František Kautmann/Paul Reimann (Hrsg.): Franz Kafka aus Prager Sicht 1963, Prag 1965, S. 168.

4 Günter Erbe: Die verfemte Moderne. Die Auseinandersetzung mit dem »Modernismus«in Kulturpolitik, Literaturwissenschaft und Literatur der DDR (Schriften des Zentralinstituts für sozialwissenschaftliche Forschung der Freien Universität Berlin, Bd. 68), Köln 1993, S. 102.

5 Tagebuch 7/8, 1963, S. 5 ff.

6 Roger Garaudy: Kafka et le printemps de Prague, in: Les Lettres françaises, 11. November 1963.

7 Alfred Kurella: Der Frühling, die Schwalben und Franz Kafka, in: Sonntag 31/1963, dass. in: Kritik der Zeit. Literaturkritik der DDR 1945–1975, Bd. 1, Halle/Leipzig 1978, S. 380 ff.

8 BStU, Archiv der Außenstelle Chemnitz, XX – 565, MfS, BV Karl-Marx-Stadt, Abt. XX, Politisch-operative Lage unter der Jugend, im Bereich der Volksbildung und der Fachschulen sowie der Ergebnisse der operativen Bearbeitung der Waffendelikte vom 10. Juni 1968, Bl. 1–3.

9 Karl Otto: Und setzet ihr nicht das Leben ein, Berlin 1958.

10 Eduard Goldstücker: Prozesse. Erfahrungen eines Mitteleuropäers, München/Hamburg 1989, S. 289.

11 Walter Ulbricht: Die Entwicklung der sozialistischen Kultur in der Deutschen Demokratischen Republik, in: Einheit 11/1969, S. 1267 ff., Zitat S. 1274; dass. in: Dokumente zur Kunst-, Literatur- und Kulturpolitik der SED, hrsg. v. Elimar Schubbe, Stuttgart 1972, S. 1576 ff., Zitat S. 1583.

12 SAPMO-BArch, DY 30/IV A 2/2.021/918, Niederschrift über die Aussprache mit dem Ersten Sekretär des ZK der KPČ, Gen. Dr. Husak, und seine Begleitung anlässlich der Leipziger Frühjahrsmesse am 8. März 1970, Bl. 8.

13 Anna Seghers: Die Reisebegegnung, in: diess.: Sonderbare Begegnungen, Berlin/Weimar 1973; dass. Darmstadt/Neuwied 1973; in der DDR erschienen 1974 und 1975 weitere Auflagen der Novellensammlung sowie eine bibliophile Separatausgabe der »Reisebegegnung«, Leipzig 1981, dass. in: diess.: Erzählungen 1963–1977, Berlin/Weimar 1981, S. 497 ff.

14 Seghers, Erzählungen 1963–1977, a. a. O., S. 505 f.

15 Ebd., S. 516.
16 Eduard Goldstücker: Warum hatte die kommunistische Welt Angst vor Franz Kafka?, in: Franz Kafka in der kommunistischen Welt. Kafka-Symposium Klosterneuburg 1991, Wien/Köln/Weimar 1993, S. 21.
17 Zitiert nach ebd., S. 31.
18 Milan Kundera: Das Buch vom Lachen und Vergessen. Roman, München 2000, S. 9.
19 Ebd., S. 213 f.
20 Zitiert nach Adolf Dresen: Der Fall Faust. Zu dem Berliner Theaterskandal 1968 (Rede im Leipziger Schauspielhaus am 19. November 1999), in: Dresen, Wieviel Freiheit braucht die Kunst, a.a.O., S. 81.
21 Volker Braun: Texte in zeitlicher Folge, Halle/Leipzig 1990, Bd. 3, S. 9.
22 Ebd., S. 27 f.
23 Ebd., S. 41.
24 Ebd., S. 42.
25 Dresen, Wieviel Freiheit braucht die Kunst, a.a.O., S. 75.
26 Michail Bulgakow: Der Meister und Margarita, (Spiegel-Edition, Bd. 29), Hamburg 2006, S. 40.

12. Abschied (S. 221–231)

1 Neues Deutschland, 11. Oktober 1968.
2 Alfred Kantorowicz: Deutsches Tagebuch, München 1961, Bd. 2, S. 107.
3 Ebd., S. 129.
4 Carsten Gansel: Potenzierter Expressionist. Die Akte Becher, in: NDL. neue deutsche literatur, 40/8 (1992).
5 Neues Deutschland, 1. November 1968.
6 Ebd.
7 Neues Deutschland, 30. Dezember 1968.
8 Ebd.
9 Neues Deutschland, 29. Dezember 1968.
10 Ebd.
11 Alexander Dubček: Leben für die Freiheit, München 1993, S. 253.
12 SAPMO-BArch, DY 30, J NL 2/32, Zur Korrektur der Wirtschaftspolitik Walter Ulbrichts auf der 14. Tagung des ZK der SED 1970; vgl. Monika Kaiser: Machtwechsel von Ulbricht zu Honecker. Funktionsmechanismen der SED-Diktatur in Konfliktsituationen 1962 bis 1972 (Zeithistorische Studien, Bd. 10), Berlin 1997, S. 288 f.
13 BStU, MfS, BV Groß-Berlin, AS 234/69, Bericht vom 9. Oktober 1969 über feindliche Störversuche anlässlich des Pfingsttreffens der Jugend.

14 Neues Deutschland, 29. August 1968.
15 Werner Heiduczek: Mark Aurel oder ein Semester Zärtlichkeit, Berlin 1971, S. 93f.
16 Siegfried Suckut (Hrsg.): Das Wörterbuch der Staatssicherheit. Definitionen zur »politisch-operativen Arbeit« (Analysen und Dokumente. Wissenschaftliche Reihe des Bundesbeauftragten für die Unterlagen des Staatssicherheitsdienstes der ehemaligen DDR), Berlin 1996, S. 34.
17 BStU, MfS, VVS 680/73, Protokoll der Einweisung der Repräsentanten der Partei- und Staatsführung und weiterer führender Genossen in den Gesamtplan der Maßnahmen zur Gewährleistung der Sicherheit während der X. Weltfestspiele durch den Minister für Staatssicherheit, 5.7.1973, Bl 8.
18 BStU, MfS, HA IX, 5353, 24.7.1973.
19 Ebd., Bl. 2.
20 Ebd., Bl. 6.
21 BStU, MfS/GM, 1758, Standpunkte zum Verhalten gegenüber Provokationen oder anderen abweichenden Verhaltensweisen bei politischen Veranstaltungen, 12.7.1973, Bl. 2.

Epilog (S. 232–239)

1 Neues Deutschland, 29. August 1968.
2 Werner Heiduczek: Mark Aurel oder ein Semester Zärtlichkeit, Berlin 1971, S. 93f.
3 Siegfried Suckut (Hrsg.): Das Wörterbuch der Staatssicherheit. Definitionen zur »politisch-operativen Arbeit« (Analysen und Dokumente. Wissenschaftliche Reihe des Bundesbeauftragten für die Unterlagen des Staatssicherheitsdienstes der ehemaligen DDR), Berlin 1996, S. 34.
4 BStU, MfS, VVS 680/73, Protokoll der Einweisung der Repräsentanten der Partei- und Staatsführung und weiterer führender Genossen in den Gesamtplan der Maßnahmen zur Gewährleistung der Sicherheit während der X. Weltfestspiele durch den Minister für Staatssicherheit, 5.7.1973, Bl 8.
5 BStU, MfS, HA IX, 5353, 24.7.1973.
6 Ebd., Bl. 2.
7 Ebd., Bl. 6.
8 BStU, MfS/GM, 1758, Standpunkte zum Verhalten gegenüber Provokationen oder anderen abweichenden Verhaltensweisen bei politischen Veranstaltungen, 12.7.1973, Bl. 2.

Abkürzungsverzeichnis

AP	Associated Press
APO	Außerparlamentarische Opposition
ASta	Allgemeiner Studentenausschuss
BRD	Bundesrepublik Deutschland
BPA	Bezirksparteiarchiv
BStU	Bundesbeauftragte für die Unterlagen des Staatssicherheitsdienstes der ehemaligen DDR
BV	Bezirksverwaltung
CIA	Central Intelligence Agency
ČSSR	Tschechoslowakische Sozialistische Republik
ČTK	Tschechoslowakische Nachrichtenagentur
DDR	Deutsche Demokratische Republik
DEFA	Deutsche Film AG
DKP	Deutsche Kommunistische Partei
DRV	Demokratische Republik Vietnam
FDGB	Freier Deutscher Gewerkschaftsbund
FDJ	Freie Deutsche Jugend
FU	Freie Universität
HA	Hauptabteilung
IML	Institut für Marxismus-Leninismus beim ZK der SED
IOC	International Olympic Committee
KD	Kreisdienststelle
KGB	Komitee für Staatssicherheit der Sowjetunion
KPČ	Kommunistische Partei der Tschechoslowakei
KPdSU	Kommunistische Partei der Sowjetunion
LA	Landesarchiv
MdI	Ministerium des Inneren der DDR
MfS	Ministerium für Staatssicherheit der DDR
NÖPL	Neues ökonomisches System der Planung und Leitung der Volkswirtschaft
NVA	Nationale Volksarmee
OMRO	Freiwillige Reserve der Bürgermiliz
OV	Operativer Vorgang
RGW	Rat für gegenseitige Wirtschaftshilfe
RIAS	Rundfunk im Amerikanischen Sektor
SAPMO-BArch	Stiftung Archive der Parteien und Massenorganisationen der DDR im Bundesarchiv
SDS	Sozialistischer Deutscher Studentenbund
SED	Sozialistische Einheitspartei Deutschlands
StGB	Strafgesetzbuch
TASS	Presseagentur der Sowjetunion
TU	Technische Universität
VDS	Verband deutscher Studentenschaften
VEB	Volkseigener Betrieb
VP	Volkspolizei
VVB	Vereinigung Volkseigener Betriebe
VVS	Vertrauliche Verschlusssache
ZA	Zentralarchiv
ZAIG	Zentrale Auswertungs- und Informationsgruppe des MfS der DDR
ZK	Zentralkomitee der SED